愛知大学国際問題研究所設立70周年記念論集

愛知大学国研叢書 第4期第4冊

グローバルな視野と
個性とのバランスを考える
ローカルの思考

愛知大学国際問題研究所［編］

あるむ

刊行に際して

　本書は、愛知大学国際問題研究所（国研）の設立70周年を記念して編纂されたものである。国研は、1948年6月24日に愛知大学の最初の研究機関として設置され、一昨（2018）年に設立70周年を迎えた。同年7月14日には、そのための記念行事が、当時の黄英哲所長のご指導の下で多くの参加者を得て執り行われた。本書は、その際の国際シンポジウム「グローバルな視野とローカルの思考——個性とのバランスを考える」における基調講演とパネルディカッションとをベースに編集されている。

　ご承知の通り、愛知大学は、東亜同文書院（大学）を中核的な母体として1946年11月15日に創立された。その設立趣旨には、地方への貢献を念頭に置きつつも、同書院（大学）が体現していた国際的教養と視野をいわばDNAとして引き継ぐ旨が明記されている。本学の最初の研究機関として国研が設置されたのも、そのことを端的に示すこととして理解できる。また、設立当初（初代所長から第4代所長まで）は、学長が所長を兼務していたことに象徴されるように、愛知大学の創学を研究面で支える重要な機関として国研が位置付けられてきたと考えられる。

　さて、この機会に、本研究所の研究活動を、成果の公表という観点から簡単に振り返っておきたい。まず、設立の翌年には研究機関誌『国際政経事情』が発刊された。同誌は、1958年には『国際問題研究所紀要』に改名され、これが今日に至るまで本研究所の研究活動の成果を発表する基幹的役割を担っている。かつては年3回刊行された時期もあったが、現在は、年2回の刊行を原則的に継続しながら、70周年を迎えた段階では第151号まで刊行されている。なお、2012年度からは、査読制度が導入されている。研究成果の発表の機会として、この『紀要』と並んで重要なのは、『国研叢書』の刊行である。『国研叢書』は、第1期が1989年に始まり（全5冊）、以後、

3

第 2 期（全 6 冊）、第 3 期（全 8 冊）と続いて、現在、第 4 期が刊行中である。実は、本書は、この第 4 期の 4 冊目に当たる。

　これら以外には、『中華人民共和国の国家体制と基本動向』（1954年）、『中華人民共和国憲法』（1957年）、『中国政経用語辞典』（1990年）などの刊行も、本研究所の歴史上重要な位置を占めているが、日中平和友好条約締結40周年でもある一昨年、本研究所が所蔵する『LT・MT 貿易関係資料』（影印復刻版）が、第10代所長を務められた嶋倉民生・本学名誉教授のご尽力により、ゆまに書房から発刊されたことも特筆に値する。同年12月20日には、その出版記念会が設立70周年のもう一つの記念行事として開催された。本書には、その際の井上正也・成蹊大学教授／国研客員研究員による特別講演を基礎として改めて同氏によってとりまとめられた論説も収録されている。

　最後になるが、本書の実質的な編纂は、70周年の時点で所長であられた黄英哲教授を編集委員長とし、当時の運営委員でもあった加納寛、塩山正純、松岡正子、太田幸治の 4 名（順不同）の同僚の先生方が編集委員となって進められた。記して感謝申し上げるとともに、この機会に、歴代の所長の先生方をはじめ、所員などとして本研究所を支えていただいた数多くの関係者の皆さまに心から敬意を表したい。

愛知大学国際問題研究所所長　佐藤元彦

グローバルな視野とローカルの思考

個性とのバランスを考える

目次

I

華夷の変

70周年記念国際シンポジウム基調講演

華夷の変

——華語語系研究の新しいビジョン——

王 徳威（濱田麻矢 訳）

Sinophone/Xenophone Studies:
Toward a Poetics of Wind, Sound, and Changeability

Abstract: This lecture seeks to contest the current paradigm of Sinophone studies, which is largely based on postcolonialism and empire critique. While Sinophone studies derives its critical thrust from confronting China as a hegemonic force, some approaches have taken a path verging on Sinophobia, the reverse of Sinocentrism. This lecture proposes the model of "hua-yi feng," by engaging with the time-honored discourse of "Sinophone/Xenophone differentiation" (huayi zhibian), and the concept of "feng," which etymologically means wind, sound, trend, and above all, propensity. The lecture begins with a review of the thought of "macro-China" versus "micro-China" in early modern East Asia and the debate over "unified China" in the Republican era. It then moves to the pros and cons of Sinophone Studies as it is received in academia, and concludes with a provocation of Sinophone/Xenophone Studies that highlights ethnic and cultural alterity and changeability within and without China.

Keywords: Sinophone/xenophone, the "altered state of China and the Other," wind, propensity, changeability

一、前言*

　「華夷の弁」は中国研究において永遠に古びることのないテーマである。華夷に関する論述ははるか上古まで遡ることができる。黄河の中下流に漢

---

* 本論は葛兆光、劉秀美、高嘉謙教授、李浴洋、鍾秩維、張斯翔各氏の提供してくださった意見や資料に助けられて完成したものである。ここに深謝する。

族が集まって形成した農業文明は華夏（諸夏）と自称し、周辺の遊牧、狩猟文明とは「華夷」を分かつという概念を作り上げた。この概念は、おそらく初めは地理的な方位を判断基準として「中国」と「東夷西戎、南蛮北狄」という区別をつけたのだろうが、文化に高低の差をつけるという寓意もすでに見ることができる。「華夷の弁」にまつわる論述は中国史に数え切れないほどあり、その影響ははかりしれない。東アジアでも日本から韓国にいたるまで、互いを比定しあうよく似た構造が見られ、具体的かつ微かなこだまを響かせてきた[1]。

　清末以来の中国が世界の近代化という衝撃に出会い、日本や西洋と頻繁に接触したことによって、華夷の秩序に新たな変動が生じた。この長い対話の過程において、どのように現代の「中国性」を描述し、定義するかは絶えず弁証すべき話題となった。20世紀の中国が内憂外患を次々に経験し、民族国家主義が政治的また思想的論述を主導した結果、ポピュリズム政権に行き着いた。新世紀以来、「中国の崛起」「天下」「王覇」「朝貢体系」などの伝統的理論が捲土重来した。と同時に、学者たちは紛紛と「中国とは何か」について新たに理解し、反省する必要について述べてきた。許倬雲教授が強調するように、華夏文明が古代から複雑で多義なものであるとしたら、同時代の中国がこのようになっているのは、民族が何千何百年にわたって内と外、「我」と「他者」との間で抗争したり交流したりしてきた結果なのだろう[2]。そして葛兆光教授は、「周辺から中国を見る」という方法を提起し、中国をはっきり見据えるためには、まず中国の周辺国家がどのように中国を想像し、記述し、接触したかを理解しなければならないと述べている[3]。

　近年華語語系研究が盛んになり、反ディアスポラ、脱中国、ローカライゼーションなどの声が高くなって、「むしろ夷たるとも華たることなかれ」という結論すら導かれている。論者の立場は無論尊重に値するが、それぞれ

1　このことに関する研究はすでに多くあるので、本稿では繰り返さない。最近の研究には黄興濤『重塑中華：近代中国「中華民族」観念研究』（北京：北京師範大学出版社、2017）や姚大力『追尋「我們」的根源：中国歴史上的民族与国家意識』（北京：三聯書店、2018）がある。

2　許倬雲『我者与他者：中国歴史上的内外分際』（台北：時報出版公司、2009）、第1－3章。

3　葛兆光『宅茲中国：重建有関中国的歴史論述』（台北：聯経出版社、2011）、第1章、及び同『歴史中国的内与外：有関「中国」与「周辺」概念的再澄清』（香港：香港中文大学出版社、2017）。

理論を盾にしつつも、歴史観及び歴史的知識の欠如を露呈している。このような環境の中で近代の華夷論述の消長を論じることは、非常に切迫した意味を持つと言っていい。注目に値するのは、もしも華夷についての論述が21世紀の今日にまだ意義を持つならば、我々はどのように問題を提起し、どのように答えを探すのかということだ。本論では四つの方向から考えたい。まずは、近世以来日本と朝鮮で起こった「華夷変態」論及びそれに対する中国の反応。次に現代中国が「華夷共同体」を打ち出した過程。さらに新世紀以降巻き起こった「華夷風起」現象。最後に「華夷の変」芻議である。本論の第一、第二部分については先行研究に多くを負っており、論述の重心は第三、第四部分に置くこととなる。

　私の論点は、ここ三百年来の華夷論述における劇的な転換が我々に何らかの反省材料を提供してくれるとすれば、それはまさに華夷の「弁」と華夷の「変」の間の弁証性なのだ、というところにある。同じように歴史に相対したとき、前者は種族、文化、政治的立場を区別して「領土化」（territorialization）しようという設定を暗に含んでいるのに対して[4]、後者は「風」と「勢」の能動性を利用して華夷の関係の可能性を更新し、さらには反転させようとするものだ。華夷の「弁」と「変」を解く鍵になるのは、「文」——文字、文学、文化、文明——の再解釈に他ならない。だからこそ、中国と周辺諸国との関係がまた洗い出されようとしている今日において、人文学者による華夷論述への新たな解釈は代え難い価値を持つのである。

二、「華夷変態」

　「華夷」の説は上古の時代に黄河の中下流地域で生活していた華夏族（諸夏）——漢族の祖先の古称——から起こった。華夏は比較的早い時期に農業文明に進んだので、周辺の遊牧、ないしは狩猟を生業とするエスニックグループと接触するうち、文明に高低があるために「華夷」を区別するとい

4　ここで述べているのはドゥルーズとガタリ（Gilles Deleuze and Félix Guattari）が『反オイディプス』で説いた「領土化」と「脱領土化」（deterritorialization）という観点である。*Anti-Oedipus*, trans. Robert Hurley, Mark Seem and Helen R. Lane (London and New York: Continuum, 2004)。少なからぬ華語語系論者が中国の覇権に対して「脱領土化」的立場から詰問しているが、論述の枠組みは依然として伝統的な政治地理における内外の区分を脱するものではない。

う概念がうまれたのである。こうして中土、中原あるいは中国に対して、周辺をいわゆる「東夷西戎、南蛮北狄」とする呼称が生まれた。最初の意義から考えると、「夷」や「狄」には初めは明確な褒貶の意味は込められていなかっただろう。しかし夷と夏に区別が生まれた以上、やはり華夏には「夷」「狄」に対する潜在的な文化的優越感があったはずだ[5]。だが考古学者は、初期の華夏民族にはすでに夷狄蛮戎といった他者が入り混じっており、「華夷」の区別とは絶対的なものではありえなかったと繰り返し教えてくれている[6]。

秦の始皇帝は中国史上初めての中央集権帝国を作り上げ、「華夷秩序」の最初の基礎を構築した。この体系は漢の時代には日本列島の倭奴国、朝鮮半島の三韓国諸国、そしてインドシナ半島や南洋群島の小国をも取り込んでいった。「華夷秩序」は唐代に長足に発展し、中央アジアを飛び越してアラビア帝国及びイスラム世界と矛を交えたのである。北宋及び南宋は北方の遼、金、西夏といった政権の脅威をうけていたが、東や南に向かっては唐代を継承し、超越して進出していった。モンゴル元帝国は「華夷秩序」という枠組みを保留したものの、軍事征伐の段階にとどまり、この体系の文化的な内包にまで踏み込もうとはしなかった。明代初期、鄭和は当時の世界において最大規模の艦隊を率いて七度も大西洋までゆき、いっときはアフリカ東海岸までがその勢いに靡いたため、朝貢体系を基準とする国際関係は頂点にまで達した[7]。しかし明代後期、華夷体系には質的な変化が生じた。宣教師たちの文化と植民勢力が東を訪れたことと、満州族が中原入りしたことは華夏文明に空前の衝撃を与えたのである。

1644年、満族は明を滅ぼし、大清皇朝をたてた。漢族の知識人たちは天子の統治が滅び、天地が崩壊する時が来たと考え、東アジア諸国も大き

---

5 これは宮崎市定の論を踏まえたものだ。「文の有無で華夷の別が定まるのである。之を云いかえると、文は華にだけ存在する、又これあるによって始めて華が華たり得るものなのである」。宮崎市定著、中国科学院歴史研究所翻訳組編訳「中国文化的本質」『宮崎市定論文選集』下巻（北京：商務印書館、1965）、304頁。原載は『亜細亜史研究』第2巻、東方学術協会での講演〔訳注：日本語訳は「中国文化の本質」『宮崎市定全集』17、岩波書店、1993年、277頁に従った〕。さらに許紀霖の議論、『家国天下：現代中国的個人、国家与世界認同』（上海：上海人民出版社、2017）、55頁を参照。
6 「中国」が「天下」から民族国家にいたるまでの論述と、「華夷」関係のうつろう歴史については王柯『中国、従天下到民族国家』増訂版（台北：政治大学出版社、2017）を参照。
7 檀上寛著、王暁峰訳『永楽帝：華夷秩序的完成』（北京：社会科学文献出版社、2015）。

な衝撃を受けたのである。江戸幕府の儒官林春勝（1618–1680）、林信篤（1644–1732）父子は『華夷変態』なる本を編み、明清交代時期の中国の様々な変化を記載した[8]。林春勝は序言（1674年）で以下のように述べる。

　　崇禎帝は天に帰ってしまった。弘光帝は捕虜となり、唐以来の中華文明は南の隅にようやく命脈を保っているありさまで、満州の蛮族が中原に横行している。華は夷に態を変えようとしているのだ。はるか遠いところの話なので、その経緯は明らかではない。『勧闘小説』『中興偉略』『明季遺聞』なども概要を記すにとどまっている。明王朝を興した朱氏が天下を失ったのは我が国の正保年間のことだ。爾来三十年、福州や漳州の商船が長崎にやってきた時に話を聞き取っているが、そのうち江戸まで伝わり、公に伝わったものについては、その記録を読み取り、理解する上で、必ず我が一族が関わっている。その草案は反故の山に埋もれているため、失われてしまいそうなので、ここにその次第を述べ、書き留めて冊子となし、『華夷変態』と名付けることにする。聞くところによると鄭氏は各省に檄を飛ばし、復明を目指しているそうだ。その勝敗の行方は分からないが、もしも前途有為な夷が華に態を変じうれば、異域をほしいままにできるわけで、痛快なことだ。[9]

『華夷変態』の形式は徳川幕府時期の唐船風説書に遡る[10]。つまり、中国語に通暁した役人が、往来する中国船から聞き取った報告を記したものであり、その内容は日中貿易、カトリック教会の地下活動、そして中国と世界との形勢にまで及んでいた。林春勝のこの言は、当時の日本の学者が大明の滅亡に対して思ったことを反映しているだろう。「華夏が変じて夷の態となる」とは、明から清への政権交代が、華夏という儀礼の国が蛮夷に変化する過程に他ならないということだ。従来の華夷の秩序は失われようとしているので

8　『華夷変態』が収録する文書は1644年から1724年までで、中華が夷狄に変ずる過程を記録している。1958年、『華夷変態』は大冊三冊に補遺一冊という形で、東洋文庫から初めて世に刊行された。

9　林春勝・林信篤編、浦廉一解説『華夷変態』（東方書店、1981）、1頁。孫文『唐船風説：文献与歴史——『華夷初探』』（北京：商務印書館、2011）、39–40頁。

10　孫文の議論に見える。さらに唐通事についての別の研究も参考になる。廖肇亨『唐船風説：文献与歴史——『華夷変態』初探』（北京：商務印書館、2011）、39–40頁。

ある。ここには、日本が高みに立ち、自らが正当な華夏文明を受け継ぐと自称する微妙な立場が隠されている。

　明の滅亡後、日本、朝鮮、ベトナムは初めのうち清朝を認めなかった。東アジア及び東南アジアにあった「小中華」という概念はこの時純度を増したのである[11]。「小中華」は一方で自らを海外に移植された精髄であると任ずる一方、中華を「脱」してそれに取って代わろうとする野心をも意味した。朝鮮、グエン朝及び日本はみな自分たちを華夏の正統を海外で受け継ぐものであると自負していた。日本の儒学者、山鹿素行（1622-1685）は『中朝事実』において日本国を「中華」と称している[12]。朝鮮は清皇帝を「虜王」と呼び、グエン朝は「中夏」と自称して、インドシナ半島で「改土帰流」及び「以夏変夷」をすすめた[13]。当時の日本の図鑑や書籍も、大明の人と大清の人を違う国の人間だとみなしている。清朝が堅固になって長らくたったのち、日本などの国々はようやく満人が華夏を統治している事実を承認するようになったが、しかし清朝を華夏の正統とみなすかどうかというのはまた別の話となる。

　早くも漢代には、日本はまだ雛形の時期であった「華夷」秩序に組み込まれた。その後各部落間で戦乱が起こり、統一した政治共同体が成立するたびに、中国に使節を派遣して朝貢の礼を行い、中国の王朝を借りて権威付けを行ってきたのである。しかし日本の天皇は早くから中国と対等であるという意識を持っていた。607年、聖徳太子は小野妹子を「隋」に派遣したが、その国書において日本の天皇が「日出づる処の天子」と自称していたために隋の煬帝は怒り、日本が海隅に避居する「夷人」であると認めるよう迫ったのである。その後、日本は自前の華夷秩序を作りだそうとし、朝鮮を「西藩」と称していた。大化の改新後には、大唐、朝鮮半島諸国と日本の島嶼部を「化外」とみなすようになったのである[14]。それからの千年、日本と中国の関

11　白永瑞「中華与去中華的文化政治：重看「小中華」」張崑将編『東亜視域中的「中華」意識』（台北：国立台湾大学出版中心、2017）、299-314頁。また孫衛国『大明旗号与小中華意識：朝鮮王朝尊周思明問題研究（1637-1800）』（北京：商務印書館、2007）。
12　王柯「従「中華」思想到「中華思想」説」『民族主義与日中関係：「民族国家」、「辺疆」歴史認識』（香港：香港中文大学出版社、2015）、267-300頁。
13　張崑将「朝鮮与越南中華意識比較」張崑将編『東亜視域中的「中華」意識』第8章。
14　「化外」は「隣国」「番国」「夷狄」を含む。「隣国」とは大唐（中国）、「番国」とは新羅を首とする朝鮮半島諸国であり、日本列島の南北端にある蝦夷、隼人、耽羅、舎衛や多褹島などの南

係はせめぎ合いを繰り返してきた。「三国一」（中国、日本、インド）と言ったと思えば「神国観」が生まれ、足利義満が日本国王として冊封されたと思えば豊臣秀吉は二度にわたって朝鮮を攻め、明朝の宗主国としての地位を揺るがしたのはその例と言えるだろう。江戸時代の日本の思想は朱子学、古学から国学へと移り、明治のイデオロギーの下地を作り上げた。それに付け加えられた「和魂洋才」も、「華夷変態」の延長線上にあると言える。

　朝鮮では、古くからある「箕子朝鮮」説に、各時代によっていろいろな解釈がなされてきたが、特に16世紀には性理学（朱子学）が大いに興って発展した。しかしのちには「箕子」ではなく「檀君」を朝鮮の先祖とする説が広まったのだが。いずれにせよ、「小中華」という思想は途切れることなく続いていた。文禄・慶長の役ののち、朝鮮には全般的に崇華思想と「崇明」意識が広がっていったので、甲申政変は大きな衝撃をもたらした。18世紀になって、士人金鍾厚（1721–1780）は清朝への朝貢使節に随行した洪大容（1731–1783）への書簡で、「思慮深い者は明朝亡き後中国がなくなることを憂えるのみだ。私は彼ら（中国人）が明朝を思わないと責めているのではなく、中国を思わないことを責めているだけなのだ」と書いている[15]。さらに一歩進むと、朝鮮が中国を「中華として尊ぶのはその位置のためか？　その統治のためか？　位置のためだとするなら、捕虜となった者が隆盛となっても称えられるべきだということになる。統治のためだとするならば、呉楚蛮戎に聖賢の後代でないものはほとんどいないことになってしまう」[16]。朴趾源（1737–1805）は「夷狄に接近してそこから学ぶ」と言ったものの、むしろ経世厚生といった実学的立場に注目していた。

　我々はまた、台湾が近代史に浮かび上がった意義にも注目しなければなるまい。17、8世紀に大量の漢人が台湾に移民する前、台湾にはすでにさまざまな土着の民族がいた。これらの民族はみなオーストロネシア語系に属して

島の人々は、天皇の感化恩沢を受けることのできぬ「夷狄」とされたのである。華夷思想は一種の政治思想として、律令法体系を貫いていた。

15　葛兆光「従「朝天」到「燕行」：17世紀中葉後東亜文化共同体的解体」『中華文史論叢』81（2006年1月）、30頁。さらに、朝鮮、日本、ベトナムと中国の文化交流とイメージの変遷については葛兆光『想像異域：読李朝朝鮮漢文燕行文献札記』（北京：中華書局、2014）を参照。

16　同前注。また呉政緯『眷眷明朝：朝鮮士人的中国論述与文化心態（1600–1800）』（台北：秀威資訊、2015）、12頁を参照。

いたとはいえ、言語文化や社会組織はかなり複雑なものだった。1661年に鄭成功が台湾を攻め、オランダの植民者を破ったのちに依拠した名目は「明招討大将軍」であった。それからの23年間、鄭一族は台湾を統治していた間、海外にいる正統な後継者であると自認していたのである。1683年に鄭克塽が清に降り、明王室の後代であった寧靖王朱術桂（1622–1683）が台南で縊死して、大明の後継者は台湾から消えたのだった。

　楊儒賓が指摘するように、明の滅びたあと、儒家の伝統を継ぐ学者が勤王の挙に出ることが続いた。たとえば劉宗周が福王に仕え、黄道周が唐王に仕え、王夫之や方以智が永暦帝に仕え、黄宗羲や朱舜水が魯王に仕えたのがいい例である。台湾の明鄭はこのような大儒を後ろ盾として擁していたわけではないが、「国亡び、天下滅びるという二重の道徳的圧力の下、中国東南地区の士人はみな鄭氏政権にしたがって入台したであろうことは想像に難くない」[17]。しかし台湾は、明宗室を代表とする中華の正統の継続のみならず、東アジアと東南アジアの「華夷変態」を促す作用も持っていたのである。鄭家は明末に東アジア及び東南アジアの海域に威勢を振るったが、その日本との血縁関係、貿易関係のために江戸の文明の影響を所々に受けていた。たとえば日本の黄檗宗の開祖である隠元禅師が日本に渡ったときは、鄭氏の水軍が護衛したのだ。またフィリピンにおけるスペイン植民政府が鄭成功及び鄭経の兵力を恐れ、マニラの漢人を厳しく弾圧するようになったことにも、歴史の深層における構造的要素を見て取ることができるだろう[18]。

　しかし、もっと重要な華夷の変は中国で起きていた。満人が中原を統治してのち、遺民や志士たちは様々な方法で清に抵抗を試みては失敗した。のちに方向性を転換し、正統性の興亡とはもはや一家一姓の宗室王朝と無関係であるとして、王朝を越え、はるか昔から存在する礼楽の伝統にその源を求めたのである[19]。顧炎武（1613–1682）や王夫之（1619–1692）といった遺民は、亡国という事実は小さい、恐れねばならぬのは天下を失うことである、と強調している。顧炎武は亡国、亡天下の説においてこう述べた。「皇帝の

17　楊儒賓「明鄭亡後無中国」『中正漢学研究』31期（2018年6月）、16頁。

18　同前注、22頁。

19　顧炎武「正始」『原抄本日知録』（台北：台湾明倫書店、1970）巻17、378–379頁。また、楊念群の討論をも参照。『何処是江南：清朝正統観的確立与士林精神的変異』（北京：生活・読書・新知三聯書店、2010）、第六章。

姓が変わり、年号が改まることを国亡ぶという。仁義が行き詰まり、獣を率いて人を食らい、人がお互いを喰らおうとするに至ると、天下亡ぶというのだ」[20]。呂留良（1629–1683）は、「華夷の別とは君臣の倫よりも大きい。華と夷との関係は、人と物とのそれであり、第一に優先せねばならない概念なのである」[21]と述べている。

雍正帝の時代、中国の統治はしだいに堅固なものとなったが、華夏の正統性を侵食しているという非難の声は絶えることがなかった。1728年、漢族の文人曽静（1679–1735）と張熙は呂留良の華夷論の影響を受け、川陝総督であった岳鍾琪に遊説して反清をもちかけたが、ことが露顕して下獄している。雍正帝は自らこの案件に介入し、上諭、口供及び曽静の自述『帰仁録』を合わせて一書となし、『大義覚迷録』と名付けて広く世に行った。曽静たちの非難に返答したのみならず、満清の正統的地位を補強する有力な叙述としたのである。雍正は清朝の政権とは天が賦与したものであるとして、「華夷之弁」を否定しようとはしなかった。

> 華夷の説とは晋宋六朝の頃、王朝の全きかたちが損なわれた時に生まれたものだ。どちらも、土地も人徳も似たようなもので飛び抜けて優れているわけではないのに、北人は南をそしって島夷と言い、南人は北を蔑んで索虜と言ったのである。当時の人々が、徳を修め仁を行おうともせず、ただ口先で罵り合っていたのは卑しさ極まるというべきだ。現今、天下が統一され華夷が一家をなしている時に、逆賊が妄りに中外の別を口にし、誤った誤解を引き起こしているのは天理に悖るものだ。これこそ父もなく君も認めない、蟻や蜂にも劣る異類の輩ではないだろうか。[22]

雍正は『孟子』の言葉をなぞりつつ、「本朝が満州の出であるのは、中国人に原籍があるようなものだ。舜は東夷の人だったし、文王は西夷の人だったが、その聖徳は何ら損なわれてはいない」[23]、「徳のあるものだけが天下の

20　顧炎武「正始」『原抄本日知録』、379頁。
21　雍正皇帝編纂『大義覚迷録』巻上（フフホト：遠方出版社、2002）、130–131頁。
22　同前注、3頁。
23　雍正帝編纂『大義覚迷録』巻上、3頁。孟子は「舜は諸馮に生まれて負夏に移り、鳴條で亡くなった東夷の人である。文王は岐周に生まれ、畢郢に死した西夷の人だ。距離の離れること千

君になれるのだ」[24]と強調してみせている。

　ここにあるパラドックスは、雍正は文化、徳行こそが基準であり、地域や血統は華夷を判断する基準にならないと言っているが、その実、これはまさに伝統的な華夷論述の述べる理想（必ずしも実践されたとは限らないが）に対応した発言だということだ。もちろん、夷夏の攻防が本当に聖なる徳をもつ名君によってのみ分化するならば、このように錯綜した残虐な歴史は起こらなかったことだろう。文化や徳行という名のもとに隠れて行われた、種々の動機による合従連衡を見逃すべきではない。従来、学界は多く清朝皇帝の高圧的な政治を強調してきたが、近年になって、楊念群を始めとする研究者はその懐柔作の効果を指摘している。特に甲申政変で激烈な抵抗を受けたあと、江南の士人がどのように立場を変え、清王朝の統治を受容するようになったかは、夷夏意識の転換が困難であることを示すのみならず、時局を識る者が心ならずも折り合いをつけ、さらには唱和を共謀するにまで至ったさまざまな配慮をも表しているのである[25]。

　とにかく、明清の変革を経て、17世紀の「中華」はすでに満州人にとって代わられ、「徳のある者のみが天下の君たりうる」という「大中華」観を形成した。そして海外の「小中華」は、日本や朝鮮、ベトナムなどの国によって発揚されたのである。藤井倫明は17世紀末の山崎闇斎学派を例に、華夷論述は三つの方向を目指していたと指摘している。道徳風俗の優劣、主客自他の関係、地理地形の環境だ。最初の指向は私たちのよく知っている文化決定論であり、種族と血縁というものは華夷を分かつ絶対的な要素ではない、と強調する。文化的な蓄積と養成こそが決定的な要素となるというのだ。二つ目は主体を位置付ける自己決定論で、政治の実体とは必ず自身の立場を出発点として自他の別をつけるべきだとする。三つ目の環境決定論は地理的環境が華夷区別の要素となりうることを強調するものだ[26]。白永瑞は韓

　　余里、時代にして後れること千年あまりだが、志を立てて中国で実行したことは割り符を合わせたように一致している。先の聖人も後の聖人も、みな軌を一にしているのである」と言う。劉暁東「雍乾時期清王朝的「華夷新弁」与「崇満」」、張崑将編『東亜視域中的「中華」意識』、85–101頁。

24　雍正帝編纂『大義覚迷録』巻上、1頁。

25　楊念群『何処是江南：清朝正統観的確立与士林精神的変異』を参照。

26　藤井倫明「日本山崎闇斎学派的中華意識探析」張崑将編『東亜視域中的「中華」意識』177–207頁。

国を例にして、東アジア諸国は「脱中華」及び「復中華」というせめぎ合いの中で、伝統的な「絶対的華」を相対化し、さらには異質化して政治の「際」を創造し、自ら「柔軟な主体」を作り出していったのだと述べる[27]。

　それぞれの立場は違うものの、これらの論述者はみな東アジア周辺の立場から中華の意義を振り返り、文化、主体、地理的要素から、元来当然視されてきた中原の華夏伝統に挑戦してきた。こうして華夷構造は塗り替えられ、極端なところでは「中華文化」の母体たる中国が「中華」の外に追いやられるまでになった。17世紀日本の「華夷変態」への観察は、その後中国を凌駕しようという野心の伏線となった[28]。「中国」あるいは「中華」は絶えず拡散し、置換される時空間となり、想像の共同体となった。「中国」とはその虚実及び断続にかかわらず、ブロックチェーンのようなネットワークを形成してきた。隠しようもないのは、華夷の変とは文化、文明を論述の要素としているけれども、政治経済、軍事、エスニシティ、そして環境といった要素から終始逃げられなかったということである[29]。

三、華夷混同

　華夷の秩序は、晩清期さらに激変した。17世紀以来、西洋諸国は政治・産業革命を経て国家主義、資本主義、植民地主義を中心とする政治経済システムを発展させ、全世界に向かって膨張し始めたのである。こうした背景のもと、秦漢以来二千年近く継承されてきた華夏の正統性が揺らぐことになった。1840年、林則徐（1785–1850）たちは西洋の軍事脅威にさらされ、国際関係の変化を直視し始めた。1842年、魏源（1794–1857）は林則徐の委託を受けて『海国図志』を著し、「夷の技に学んで夷を制せよ」と提唱した。これは疑いなく、驚天動地の立論であった。伝統的な華夷論は一貫して天朝たる中国を主体とし、四夷八荒をそこに従属させ、政治、文化秩序のみならず

27　白永瑞「中華与去中華的文化政治」、314頁。
28　馬場公彦「近代日本対中国認識中脈絡的転換」張崑将編『東亜視域中的「中華」意識』271–295頁。
29　ティモシー・ブルックは元明、明清の大変革はどちらも自然気候の変化や環境災害と密接な関係を持っていたと述べている。卜正民（Timothy Brook）著、廖彦博訳『掙扎的帝国：気候、経済、社会与探源南海的元明史』（台北：麦田出版社、2016）、第三、五、十章。

倫理的秩序もそこから作り上げてきたのである。雍正帝や乾隆帝は満州族の
立場から華夷論を提唱したが、それも「中国」を中心としなかったことはな
かったのだ。

　魏源の華夷区分には二つの意義がある。一見したところでは、「夷の技に
学んで夷を制せよ」とは功利主義に満ちた暗示であり、毒を以て毒を制すと
いった意味合いを有していた。これは晩清の中体西用論の濫觴であり、洋務
運動の基礎であるとされてきた。保守主義者たちが西洋の技術とは目くらま
しの奇術に過ぎないと考えていたのに対し、魏源は羅針盤は周公に始まり、
漏刻は『周礼』に見える[30]として、古代の聖人は「船をくり抜き楫を削って
通れなかったところを渡れるようにし、弓を作り矢を作って天下に権威を示
してきたのだ」[31]と言う。まさかこれらも取るに足らない器物だというのか。
夷の技に学ぶことは、実は聖人の「道」にも合致しており、創造性の転化と
も言えるものなのだ。

　魏源の論述は、更に「夷」についての多様な解読を発揮し、晩清の華夷世
界図に新たな位置づけをもたらした。魏源は、いわゆる「蛮狄羌夷の名」が
指しているのは、中国の周辺に居住し、未だ「王化」されていない少数民族
のことであって、欧米からやってくる高度な文明をもつ西洋人ではないと考
えていた。欧米人のことを「夷」と呼んではいるが、実際には彼らは伝統中
国が認定していた「夷」とは異なる存在なのだ。彼らは「礼に明るく儀を行
い、上は天象に通じ下は地理を察し、物情に通暁し古今を貫く」[32]天下の「奇
士」であり域外の「良友」であって、中国の識者が学ぶに価する相手なので
ある。

　言い換えれば、魏源は中華と西夷との間に平等な互恵関係を結ぼうという
憧憬を作り出したのと同時に、伝統的な、広義の「夷」に内在する上下の価
値判断を創出したのだ。まるで「西夷」とは中国周辺の蛮狄羌夷を凌駕し、
われわれと同等であるもう一つの礼儀の邦となれるかのように。それだけで
はなく、夷における高下の区別とは、主体の中国が「学ぶべき」か「学ぶべ

30　「挈壺氏は挈壺を掌り、以て軍のために井をうがつ」「夏官・挈壺氏」『十三経注疏・周礼』（台
　　北：藝文印書館）、461頁。
31　魏源『海国図志』（鄭州：中洲戸籍出版社、1999）、103頁。
32　同前注、63頁。

からざるべき」かに関わるのだ。いわゆる「学ぶべき」とは宗法、歴史、知識などの夷の事情を掌握し、時機を洞察することが中国にとって功を奏するということだ。ここで言っているのはただ知識や技術だけではなく、外交技術の掌握でもある。敵我の区分が、従来これほど曖昧になったことはなかった。

　華夷の弁に関わる論述は、清朝最後の70年の間、微妙ながら絶えず展開し続けていた。郭嵩燾（1818-1891）は晩清において初めて西洋に出使した外交人物である。欧州での見聞を経て、彼は西洋文明とはもはや古人の理想によって語れるものではないと理解した。「古にすでにこれ有り」というロジックは変換を迫られたのである。「三代以前は、中国のみが教化されており、要服、荒服などの名のもと、中国より遠いところはみな夷狄と呼ばれていた。漢代以来、中国の教化は日々弱まって、政教風俗においては欧州各国がたちまさっており、中国を三代盛んなりしときの夷狄のように見なしている。中国の士大夫にそのことを知るものがまだいないとは、悲しむべきことだ」[33]。言い換えると、もしも華夷を分ける基準が文化文明の有無にあるのだとしたら、いまや西洋各国はすでに中国を超越しており、中国は三代の時における夷狄のような存在とみなされているということだ。晩清の重要な文人、王韜（1828-1897）もまた華夷区分の不確かさについて述べている。「『春秋』の法は、諸侯が夷礼を用いると夷とみなし、夷狄が中国に入ってくるとそれを中国とみなしてきた……だから呉、楚など、文物が名高いところも『春秋』は全て夷と称したのだ。しかし実は華夷の別とは、地理的な内外ではなく、礼のあるなしで決まることは明らかである。礼があれば夷も華となり、礼がなければ華も夷に変ずるのに、どうして自らを甘く他人を辛く評価して嬉しがっていられるのか」[34]。

33　郭嵩燾『倫敦与巴黎日記』第4巻（長沙：岳麓書社、1984）、491頁。
34　王韜「華夷弁」『弢園文録外編』（北京：中華書局、1959）、296頁。「春秋が夷狄といい中国というのは、もともと地理について言うのではなく、中国に入れば中国とし、夷狄に流れれば夷狄とみなしていた。教化文明の進み具合だけを基準にしていたのだ。もしも地理について言うとするならば、湘や楚は春秋の夷狄ということになるが、今はどうだろう。我が国の驕りはこれだけではなく、ややもすれば西洋人には倫常がないと譏るが、これは忌むべきことだ。倫常がなければ国がたつものか。倫常なくして今日のように強い国が作れるのだとすれば、国を治めるものに倫常など必要なくなるではないか。決して欠くことができぬもので、西洋人が最も重視しているものこそ倫常であり、より精緻でより実質的なものになっている。たとえば民

　さらに注目すべきなのが譚嗣同（1865-1898）である。青年時代の譚は中体西用論に追随していたが、日清戦争の後に彼の思想は変化した。「与唐紱丞書」の中で、彼は「三十歳になったのち、新学は一変してまるで別のものになった。三十の年はちょうど甲午にあたり、地球の勢い全てが変化したが、嗣同の学術には更に大きな変化が訪れたのだ」[35]と書いている。西洋に対しては、「彼の地には中国の聖人がいないけれども、才子に事欠きはしない」[36]と考えていた。聖人の道は中国だけでなく、外国にもあったのだ。「道とは聖人だけのものではない、中国が専有するものでもない」[37]。聖人の道が天に順い人に応じる学である以上、中国が西洋に劣っているとすれば、西洋を師と仰がない理由はない。「聖人の道は、果たして性を尽し命に至り、天と人とを貫澈するものであるから、広く四海にまで標準を広げてよいのだ」[38]。

主、君民共主などは、倫常の中でも最も大きく公平なものではあるまいか」。譚嗣同「論学者不当驕人」『譚嗣同全集』巻一（北京：生活・読書・新知三聯書店、1951）、131頁。

35　譚嗣同「与唐紱丞書」『譚嗣同全集増訂本』上（北京：中華書局、1981）、259頁。

36　譚嗣同「思緯壹壺短書：報貝元徵」『譚嗣同全集』、396頁。

37　同前注、391頁。

38　同前注、394頁。リディア・リウ（劉禾）は『帝国的話語政治』（*Clashes of Civilizations*）において、中国古代において夷の字には貶義はなく、ただ地理政治上における方位を表す語彙に過ぎなかったという。彼女はそこで、中英の外交交渉の過程において、英国人が故意に「夷」をbarbarian（野蛮）と曲解してみせ、そこから清朝の洋人蔑視を捏造して中国を攻める口実にしたというのだ。だからこそ、1858年の天津条約では「夷」という字の使用を厳禁したというのである。リウのこの翻訳／外交の過程に関する論はもとより卓見ではあるが、しかし「夷」という語が誤訳された意味を過大評価して、それこそが晩清の中西関係が激変した要であるとするのは明らかに偏った見方であろう。前述のように、伝統中国においては「夷」字には確かに全く貶義はなかった。しかし、少しでも華夷秩序の歴史を繙いてみれば、四夷に対しての天朝は、上からの視線で領地の割譲や和番政策を語っており、中央は動かないという概念、あるいは偏見を持っていたことがわかるはずだ。「夷」字の意義は歴史化されねばならない。雍正、乾隆は「華」／「夷」に対し、より大事なものを守るために重要度の低いものを犠牲にするという解釈をとった。そこには自ずから政治的、文化的な策略があったのである。わざわざ大英帝国が「夷」字の「本意」を歪曲したのだとして誤訳を作り上げ、歴史を反転させようとするには及ぶまい。リウは本来、西洋の植民地主義者たちが自己を投影させた野蛮な本質を批判しようとしたのだが、識者がすでに指摘しているように、リウのポストコロニアリズム的立場こそ未だ西洋の幽霊から脱しきれていないようだ。イギリス人が「夷」をbarbarianとして翻訳した権力を過度に強調することは、中国の文化的ポリティクスが歴史の文脈の中で果たしていた能動性を否定し、西洋の覇権があまねく行き渡っていたことを間接的に黙認、あるいは強化することになってしまうだろう。Lydia Liu, *The Clash of Empires: The Invention of China in Modern World Making* (Cambridge, MA: Harvard University Press, 2006), chapter 2. 清朝の中華論述については黄興濤『重塑中華』第一章を参照。

いずれにしても、天啓による太平天国の決起から義和団の乱における扶清滅洋まで、幼童たちのアメリカ留学事業における西学への憧憬から戊戌変法における新政の実践まで、すべては華夷間に横たわる信仰、知識そして政教体制までの緊張をよく表している。そしてこの緊張とは、今日まで続いているものなのだ。しかしこれはまだ、清末の華夷論述が西洋と東洋との間の刺激に向けておこした反応に過ぎない。中国内での華夷秩序にも、同様に変動が起こっていた。八ヶ国連合軍が中国北方を席巻していたその時、南方では革命勢力がすでに興っていた。そして革命のスローガンは、ほかでもない「韃虜を駆除し、中華を復興せよ」だったのだ——強烈な漢族主義である[39]。

　葛兆光教授は近年中華と域外との研究に尽力し、「納四裔入中華」の中で、晩清の反満論述には二種類のエネルギーが働いていたのだと述べておられる。それぞれの代表は章太炎（1869–1936）と梁啓超（1873–1929）だ。1901年以来、章太炎は一連の論文（「正仇満論」（1901年）、「中夏亡国二百四十二年紀念会書」（1902年）、「駁康有為論革命書」（1903年））で繰り返し中国とは炎黄の子孫、華夏の後裔であり、ただ東の小国が「関内に侵入し、神器を窃盗し、中華に毒を流している」[40]のに過ぎないのだと強調した。「正仇満論」の終わりに、章は漢族について「日親満疎」とまで述べている。「民族から言えば、満州も日本もみな黄色人種であるけれども、日本は同族と言えるが満州は同族ではない」[41]。さらに「中華民国解」では、中国が「中国」と称する所以はまさに「四裔」に対していうものであり[42]、満州はいうまでもなく、チベットやモンゴル、回族も「三荒服はその去来を任せる」として、中華民国の領域の中には入れなくてもよいと考えていた。それに対して、朝鮮とベトナム、ビルマは「故土に非ざると雖も」、長期にわたって中国の影響を受けているので、時勢によっては域内にひきいれてもよいとしたのである。

39　許紀霖「天下主義、夷夏之弁及其在近代的変異」『家国天下：現代中国的個人、国家与世界認同』、59–67頁。

40　「討満州檄」『章太炎全集』第四冊（上海：上海人民出版社、1985）、『太炎文録初編』巻二、190頁。以下の章太炎に関する討論については、葛兆光「納四裔入中華」『思想』第27期（2014年12月）、1–58頁によった。

41　章太炎「正仇満論」張枬・王忍之編『辛亥革命前十年間時論選集』第一巻上冊（北京：生活・読書・新知三聯書店、1977）、98–99頁。

42　「中国の名は、四裔とは別して言うものなり」。章太炎「中華民国解」『章太炎全集』第四冊、252頁。

　しかし章太炎の思想は複雑で、我々は慎重に相対しなければならない。林少陽のような研究者は章の民族主義には「拡大されたものがある」という。つまり、章の民族主義は必ずしも漢族中心主義に限られたものではなかったし、他の弱小民族の解放を助けたいという悲願も含まれていたということだ。これは章氏の「鼎革以文」という政治文化的立場に関わるのみならず、彼が荘子や仏学から得た「個体を真となし、団体を幻となす」という思想体系を前提にせねばなるまい[43]。章氏の民族主義のもう一つの側面は、彼の無政府、無聚落、無人類、無衆生、無世界という「五無論」だ。ここで形成される二律背反の関係は、現代の国家民族主義メカニズムとは大きく違うものである。

　同じ1901年、梁啓超は「中国史叙論」を発表し、漢、ミャオ、チベット、ビルマ、モンゴル、匈奴、ツングースを中国の範疇に入れるべきだと論じた。梁啓超は民族主義を支持していたけれども、彼の観点は章太炎の説と対照をなしている。章が華夷の弁を国内の民族革命へのエネルギーにしたのに対して、梁は華夷の弁をして中国を団結させ、西洋の帝国主義——西洋の夷——に抵抗するための系統だった概念としたのだ[44]。1905年、梁啓超はさらに「歴史上中国民族之観察」を発表し、再び「中華民族」を強調した。普通に言う漢族とは血縁に基づく単一民族ではなく、多くの民族が混合してなったものだというのである。歴史上の各種の民族が次第に融合したものだから、「現今の中華民族とは、もともと一つの民族ではなく、多数の民族が混合してなったものなのである」[45]。「異族」もみな「中国」に入れられるべき

43　林少陽『鼎革以文：清季革命与章太炎復古的新文化運動』（上海：上海人民出版社、2018）、298頁。

44　「民族主義とは世界で最も公明正大、公平な主義だ。他族には我らの自由を侵させず、我らもまた他族の自由を侵さない。本国内では、それは人の独立ということであり、世界においては、それは国の独立ということである」。梁啓超「国家思想変遷異同論」『飲冰室合集』「文集」之六（北京：中華書局、1989）、20–21頁。葛兆光が言うように、すでに「天演論」を読んでいた彼は「権力こそが道理だ」という帝国主義を導き出してはいたのだが、それでも「民族主義」を以て「帝国主義」に対抗することを望んだのである。

45　梁啓超「歴史上中国民族之観察」『飲冰室合集』「文集」之四十一、4頁。葛兆光が言うように、歴史の淵源について討論するとき、梁啓超は中華民族の来源として「炎黄一派の華族」（漢族）のほかに、さらに苗蛮族、蜀族、巴氏族、徐淮族、呉越族、閩族、百粤族、百濮族という八つの民族を含めている。そのうち、苗族と漢族以外は、すでに完全に"華族"に同化していた。『新民叢報』第56号（光緒三十一年二月十五日）、57号（光緒三十一年三月一日）。

ものなのだ。彼は民族そのものが歴史の過程において絶えず融合してきたのだから、漢族そのものも単数ではないのだと指摘する。漢族は黄帝の子孫だというけれども、彼らは「果たして同一の祖の出なのか？」[46] 梁啓超の「中国」イメージによれば、中国そのものには十八の省があるが、満州、モンゴル、回族、チベットなども含み込むべきなのだ。「中国とは天然の大一統の国である。人種一統、言語一統、文学一統、教義一統」[47]。

　梁啓超が鼓吹した華族の概念は20世紀初期の政治文化運動を経て、次第に国家の主流論述となっていった。孫中山の唱えた「五族共和」論、さらには今日の五十六族共和論まで、みなここに一脈通じている[48]。

　注意に値するのは、五四のあと、華夷の変に対して異なる意見を提起する勇気を持った学者が現れたことだ。一番知られている人物は顧頡剛（1893–1980）である。1920年代、顧は「古史弁」運動を推奨し、従来当然視されてきた三代の歴史及び経典、伝説を見直した。彼は「積み重ねて作られた古代史」観を提唱し、中華民族の象徴とされる炎帝、黄帝、堯、舜、禹、さらには歴史そのものすらも、絶えず積み重なり引き伸ばされたものであり、のちに神話として再造されたものだと見なしたのである。1923年の「与銭玄同先生論古書」で、顧は㈠「信頼できない歴史」の転覆と「民族は一元であるという概念の打破」、㈡「地域はずっと統一されてきたという概念の打破」、㈢「人と人でないものを混同する概念の打破」、㈣「古代こそは素晴らしい世界だという概念の打破」を提案した[49]。顧の歴史観はのちの時代のいわゆる「メタ」的思考に満ちている。華夷の分とは歴史化されたのみならず叙事化されていたというのだ。このように形成された中国版の想像の共同体が伝統的な歴史家に受け入れられるはずもなく、「国の基本を揺るがす」という非難を引き起こしたほどである。

46　梁啓超「中国史叙論」『飲冰室合集』之六、5–7頁。

47　梁啓超「中国地理大勢論」『飲冰室合集』之十、77–78頁。引用は葛兆光「納四裔入中華」による。また黄興濤による議論『重塑中華』60–70頁を参照。

48　多くの学者は楊度が「五族共和」論の創始者だと指摘している。1907年、楊は自分の創刊した『中国新報』の中で「五族君憲政」を鼓吹し、「金鉄主義」を唱えた。しかし彼の視野の中では五族は真に平等なものではなく、進化の程度に差異があった。

49　顧頡剛「与銭玄同先生論古書」『努力』週報増刊『読書雑誌』第9期及び顧頡剛「与劉胡二先生書」（初出は『読書雑誌』第11期、1923年7月1日）『古史弁』第一冊（上海古籍出版社重印本、1982）、96–102頁に所収。

　顧頡剛が気風を開いたあと、古代「何を中国としたのか」という研究が次から次に興った。王国維に師事した徐中舒（1898–1991）は1927年に「従古書中推測之殷周民族」で、三代が同一の源を持っているという伝統的な考え方に反旗を翻し、殷と周は異なる民族に属すると提起した。同年、蒙文通（1898–1968）は『古史甄微』にて「古史三系説」を発表し、中国上古の民族は江漢、海岱、河洛の三系統に分けられると述べた。部落、姓氏、居住地はそれぞれ異なっており、経済文化にはそれぞれの特徴があるというのである[50]。1933年、傅斯年（1896–1950）は「夷夏東西説」において、商代とは東夷と西夏がしだいに融合して成ったものだという学説を発表した[51]。東西少数民族の対峙、接触、そして融合が華夏文明を作ったというのである。これらの研究者は学脈も異なれば思想も同じではなかったが、みな中華民族の構成が多元的分岐を有していることを強調した。これは疑いなく五四以来の啓蒙精神に刺激を受け、世界の文明概念の変化を反映したものだろう。

　左翼側からは、早くも1922年に中共第二次全国代表大会の「二大宣言」においてモンゴル、チベット、回疆の三部が自治を実行し、民主自治邦となることが強調された。自由連邦制によって中華聯邦共和国を作ろうとしたのである。中共の早期の民族聯邦観は多くソ連の民族政策の影響を受けていた[52]。しかし当時の「自治」は現在の「自治区」とは意味合いが大きく異なり、民族自決の可能性を有していたのだ。文化政策については、瞿秋白（1899–1935）らがコミンテルンの立場から文化的革命を唱え、漢字漢文を廃止してラテン文字化しようと唱えた。瞿秋白のもっとも激烈なロジックによれば、華と夷とは同時に抹消され、国家民族を越えたプロレタリアート革命のために道を準備せねばならなかったのである[53]。

　しかし、このような熱心な議論は、抗戦前夜にはいきなり声を潜めてしまった。一致団結して日本の侵略に抵抗するため、上述の学者たちは次々に

50　葛兆光「納四裔入中華」における議論参照。また羅志田「事不孤起、必有其鄰：蒙文通先生与思想史的社会視角」『四川大学学報』（哲学社会科学版）2005年第4期、101–114頁も参照。

51　傅斯年「夷夏東西説」『民族与古代中国』（石家荘：河北教育出版社、2002）、3–60頁。

52　王柯『中国、従天下到民族国家』第十章。

53　湛暁白「拼写方言：民国時期漢字拉丁化運動与国語運動之離合」『学術月刊』2016年第11期、164–179頁。初期の中国共産党は実は民族自決を支持していたのだが、この立場は抗戦期の間に変化していった。王柯『中国、従天下到民族国家』247–248頁参照。

方向を転換し、民族統一の必要性を強調し始めたのである。華夷の弁は、内部の族裔の分類から、再び対外的な民族大義に変わったのだ。種族の歴史は多元であるという論をかつて熱烈に展開していた顧頡剛は、1939年には有名な「中華民族は一つ」という論文を発表した。「我々にはただ一つの中華民族しかない、悠久の歴史を有するこの中華民族！」「我々は、内部に対してはなんの民族的区分もない。外部に対しては、ただ一つの中華民族があるのみだ！」[54] 同じこの時、中共は民族自治の主張に対して態度を変えた。王柯は1934年の「中華ソヴィエト共和国憲法大章」から1944年に周恩来が提案した「中国境内的民族自決権」にいたるまでの民族政策の転変に注目している。中共の前期民族自決論は民族独立という選択肢を認めていたが、後期の民族自決論では民族の独立を否定し、中華国家内での平等な連合関係を提唱するようになったのだ[55]。

　しかし、「民族」とは一体何なのだろうか。顧頡剛の民族についての定義は多くの論戦を引き起こした。顧は中国国内の各「種族」にはもともと区別がなく、何千何百年もの間に融合、交錯をすすめつつ各々分立したのだと強調していた。しかし西洋と日本帝国主義の圧迫のもとでは、連合して敵に向かわざるを得なかった。一方で、著名な人類学者の費孝通（1910–2005）は、各少数民族の民族的特徴を消してはならないと強調し、団結抗戦という旗印のもとでも、エスニシティの多元性は確保せねばならないと主張した。顧と費の主張は真っ向から対立するもので、どちらにも偏りがあった。顧は法理上一体である民族–国家（nation-state）を強調したが、費は人類学的な意義での多元的民族–族裔を重視したのである。胡体乾が指摘したように、顧頡剛による民族の政治的解釈に国家主義的傾向があったのだとしたら、費孝通のほうはエスニックグループ間の齟齬がもたらす政治的摩擦を過小評価していた。彼ののちの名言「多元一体」もそううまくは働かなかったのである[56]。

54　顧頡剛「中華民族是一個」『益世報・辺疆週刊』第9期、1939年2月13日。1939年の大議論については、馬戎主編『中華民族是一個：囲繞1939年這一議題的大討論』（北京：社会文献科学出版社、2016）を参照。

55　王柯『中国、従天下到民族国家』248頁。

56　費孝通「中華民族的多元一体格局」『北京大学学報』第4期、1989年、1–19頁。胡体乾「関於中華民族是一個」『新動向』第2巻10期、1939年6月30日。費孝通「関於民族問題的討論」『益世報・辺疆週刊』第19期、1939年5月1日。引用は黄興濤『重塑中華』第四章、278–279頁による。また馬戎主編『中華民族是一個：囲繞1939年這一議題的大討論』をも参照。

柳鏞泰教授が指摘されるように、民国時期の領土と辺境についての論述は、一方で現代国家の主権、領土、自決要求を有していたが、もう一方ではなおも伝統的王朝（特に清朝）の藩属と朝貢国というイメージから脱しきれず、ベトナムから朝鮮まで、ビルマから琉球までを、大雑把な中華の域外延長上にあるものとして捉えていたのである[57]。

　焦点を海外へ転ずると、近現代の「夷」はいきなり姿を変え、中国疆域外の異族、異国の化身となる。華人の移民ないし遺民は異地へ到着すると、常に華と夷、番、蛮、鬼等との区別をつけ、自分たちの種族や文明の優越性を確保してきた。しかし異地、易地に身を置くうち、華人自身がすでに（その土地の人にとっての）他者、外人、異族——夷となっていることには気づかなかったのである。歳を経るうち、さらに中原の故郷に対しての他者となり、外人となってしまうことは言うまでもない。遺民は世襲せず、移民にも世襲はない。移民と遺民の世界の彼岸にあるのは易代であり、他郷であり、異国であり、外族である。誰が華で誰が夷なのか、アイデンティティの基準は実は揺れ動いているのだ。

　厳復、梁啓超、孫中山などによる華夷論述を振り返ると、入りまじっている部分があることに気づかされる。「漢族」「五族」「大中華」「大アジア」ないしは「世界」の認識は、おそらく同じ思想家の異なる時期、いや、もしかしたら同一時期に生まれたものなのだ。康有為から梁啓超まで、孫中山から李大釗、毛沢東に至るまで、みな熱烈な民族主義者であり、みな（広義の）アジア主義に賛同し、コスモポリタニズムにも親近感をもっていた。彼らは種族論と文明論の間を揺れ動き、伝統的な華夷の弁に返答しつつ、新たにやってくる華夷の変に向かっていたのである。許紀霖の言う通り、「古代には天下主義と夷夏の弁が複雑に絡み合っていたように、近代中国固有の種族論と世界的な文明論も互いに影響しあい、互いの理解背景の枠組みを作っている」[58]。そして誰が支配的な位置につくのかは歴史の大勢によるものであり、時、地、人によって異なる偶然の機会によるものなのだ。

57　柳鏞泰「以四夷藩属為中華領土：民国時期中国領土的想像和東亜認識」王元周編『中国秩序的理想、事実、与想像』（南京：江蘇人民出版社、2017）、180–204頁。

58　許紀霖『家国天下：現代中国的個人、国家与世界認同』72頁。

四、華夷風起

　21世紀に至って、華夷論述が捲土重来したようである。中国領域内では、前世紀末の「ノーと言える中国」や「大国の崛起」以後、民族国家主義は金棒を持った鬼となり、「新時代」共通の言説となった。「多元一体」「ただ一つの中華民族」「文明等級」は、政府及び左翼研究者が民族論を扱うときの金科玉条として機能している。中国の外に対しては、「一帯一路」と「孔子学院」という政策が世界に向けた国際的観点になっているのみならず、中華帝国が盛んであったときの伝統とはるかに呼応している。本論の観点から言えば、両者はどちらも「華夷秩序」の現代的反応なのである。

　そして海外で、いま最も注目を浴びているのは華語語系（サイノフォン）研究にほかならない。この系譜は、少なくとも杜維明教授の「文化中国」、王賡武教授の「地方／実践的中国性」、李欧梵教授の「さまよう中国性」、王霊智教授の「中国／異国の二重統合性」などの立論と、周蕾教授の「反血縁的中国性」、洪美恩（Ien Ang）教授の「中文を扱えない（反）中国性」、哈金教授の「英語への流亡」などの回顧を含みこむものだろう。これらの研究者はみな海外におり、それぞれ立論の動機を有している。ざっくり言えば、前者のグループの研究者たちは、華人ディアスポラの現況を認めながらも、その中から絶えることのない文明のつながりをさぐりだし、「花果は消え去っても根は自ずから植わる」という可能性をイメージしていた。そして後者グループの研究者たちは、「承認」された政治の全てに疑問を投げかけ、血縁、言語、書写、実践としての主権、あるいは想像の「中国」共同体の合理性合法性を脱構築し、根こそぎ引っこ抜こうとすら試みている。

　現在行われている華夷論述の両極は汪暉（1959–）と史書美（1961–）に代表されている。汪暉は中国大陸の新左派をリードする人物であり、著書『現代中国思想的興起』は朝貢体系の角度からはるかに遡って中華帝国が内外関係の問題処理においてとってきた策略と理想を述べたものだ。汪は近年国家−民族主義に接近し、チベット問題や朝鮮戦争、さらには琉球の帰属問題にまで独特の見解を表明している[59]。彼は地域的な、さらには世界的な角度

59　「民族主義」と「国家主義」が全く同じものではありえないということは必ず強調しなければ
　　ならない。現在の大陸における党国体制の具体的な言語環境のもとではなおさらである。汪暉

から問題を解釈し、中国の現代的経験は西洋的な論述に丸め込まれてしまう
べきでない、と強調するのに長けていて、反現代的とも言うべき独自の現代
性をなしている。チベットを例にすれば、彼はこの地域の複雑性が単一民族
―国家主義によっては解釈できないことを指摘し、チベット独特の政教／世
俗伝統、西洋の植民地勢力、現代の経済市場主義などを有機的に結びつけて
考えねばならないと言う[60]。さらに一歩進んで、彼は「超システム社会」説、
つまり「異なる文化、異なるエスニシティ、異なる地域が往来と伝播を通じ
て並存し、相互に関連しあう社会と文化の形態」[61]を提唱するのである。王
銘銘の「超社会システム」文明論が汪に与えた影響をはっきり見ることがで
きる――しかし、王銘銘の人類学は、汪暉のように鮮明な旗じるしを揚げる
ことなく「国族」と「文明」の間を揺れ動き、言外の意をにじませているの
だが[62]。

　汪暉の論は根拠がしっかりしており、厳密に論証されているが、いつも理
論（イデオロギーとも言える）が先行する傾向がある。彼の「超システム社
会」とは彼の朝貢体系説につながるものだが、その実、あらかじめ口に出さ
ないまでもあからさまな中国中心論によっているのである。彼自身も、この
中心が自ら脱構築してしまう可能性を想像しているけれども。

　　「一つの人類の社会」としての国家は物質文化、地理、宗教、儀式、
　　政治構造、倫理及び宇宙観、イメージの世界などの各種の要素に関わる

　　は民族主義者というよりも国家主義者というべきであろう。彼には「東西之間的「西蔵」問
　　題」のような著作もあるとはいえ、論述の枠組みは国家本位の思想によっている。ある意味に
　　おいて、国家（人民共和国）は彼の理論が構築する（歴史／価値の）原点であり基本的単位で
　　ある。だから彼によれば、毛時代と改革開放時期は特に断裂していない――両者の社会的性質
　　と構造には大きな違いがあるものの、国家意識のレベルではなんらの改変も生じておらず、む
　　しろ一貫して強化されてきたのである。
60　汪暉「東西之間的「西蔵問題」」『亜洲視野：中国的歴史叙述』（香港：オックスフォード大学
　　出版社、2010）、89-184頁。
61　汪暉「如何詮釈中国及其現代」『亜洲視野：中国的歴史叙述』x頁。
62　王銘銘『超社会体系：文明与中国』（北京：生活・読書・新知三聯出版社、2015）。王銘銘の人
　　類学的訓練及び中国を一種の「文明」とする眼差しのために、どうしても彼の理論は社会主
　　義「国家―民族主義」と彼のいわゆる「超社会体系」との間を揺れ動くことになる。現在の中
　　国の政治的雰囲気の中では、彼のこの方面への論述はごくあっさりとしたものにならざるを得
　　ず、言葉は尽くされていない。

だけではなく、異なるシステムの物質文化、地理、宗教、儀式、政治構造、倫理及び宇宙観、イメージの世界を結びつけるのだ。[63]

　事実上、朝貢—藩属—藩地などの関係は均質なものではなく、参与者の特質によって変化する。だから、儒家思想の政治性とは自身の境界への、時に厳格で時に柔軟な策定によって表現されるのだ。異なる形勢によって、夷夏の弁や内外の分は峻厳になったり相対的になったりする。それぞれの時代において、儒家—政治家は異なる経典とその解釈の伝統によりつつ、系列的な一つの解釈を下すだけでなく、これらの解釈を制度的、礼儀的な実践に転化してゆくのだ。[64]

論者はすでに、汪暉がいかに歴史のシステムが複雑なものだと強調したとしても、中国の多元一体とは畢竟一つの「超安定システム」であり、過去には朝貢体系に支えられ、現在はこれに「超システム社会」がとって代わったのだと指摘した。一元論の質疑に対して、彼は「「一つ」の含意とは「超システム」という意味の上でのみ理解され、「反システム的」あるいは「唯一」という意味からは理解できない」[65]と言った。ここでは「一」もまた「多」であり、「多」もまた「一」なのである。このように、「一」と「多」の弁証には彼が傾倒する章太炎「斉物論釈」に言う「不斉之斉」のロジックを用いている[66]ものの、「超システム」への願望にある穴は隠しきれていない。さきほど引用したように、汪暉の華夷秩序への解釈には曖昧模糊とした描写の

63　汪暉「如何詮釈中国及其現代」『亜洲視野：中国的歴史叙述』xiv 頁。

64　同前注、xv 頁。

65　同前注、xiii–xiv 頁。

66　ここで指しているのは汪暉の章太炎「斉物論釈」に対する創造的解釈であり、これを当代中国民族政治の理想の法案としている点である。英語世界で汪暉の学説にもっとも傾倒している研究者にヴァイレン・マーシー（Viren Murthy）がおり、その著書 The Political Philosophy of Zhang Taiyan: The Resistance of Consciousness (Amsterdam: Brill, 2011) は章太炎、魯迅、汪暉を現代中国の政治思想における三大巨人とした。中国語訳は『章太炎的政治哲学：意識之抵抗』張春田等訳（上海：華東師範大学出版社、2018）、第六章。しかし汪暉にしてもヴァイレンにしても、章学を論じる際、どのように章氏の唯識哲学の影響下にあった思想と当代中国政治とをつなげるのかという困難に向きあっている。章太炎の「破四惑」「五無」という基礎を欠いては、どのように「一は多である」という斉物論操作をしてみせても、結局は当代の国家民族政策のために牽強付会しているという印象を逃れられない。汪暉は明らかに章太炎が持っていた「破」あるいは「無」への超絶的な政治的決心もしくは思想的準備を欠いており、そのために彼の章学の論述は曖昧なものとなっている。

レトリックが少なくないし（「峻厳になったり相対的になったり」……）、さらに現在の国家覇権が少数民族に対してふるっている暴力的な圧政の記録をも回避してしまっている。かつて汪暉が朝鮮人民戦争を論じた文は厳正なものであった[67]。この論文における革命、解放、自決の論述によれば、チベットなどの地区の過去と未来に対しても同じような開放的な弁証を行う態度をとるべきであろう。しかしチベットは中国に属しているために、一切において「秩序維持」が至上とされるのだ。これでは、各地域によって差別しているという矛盾が現れていると言うしかあるまい[68]。

「大国崛起」の後の大論述に応じて、近年の大陸の学術界は文明論に改めて注目している。論者はもはや中国文明の起源を一点に求めることをやめ、歴史の発展は「満点の星」のような枠組みであったと強調し始めた。そのため、考古学者の蘇秉琦の研究が新たに肯定されるようになった[69]。しかしその一方で、こうした多元複数の文明起源論が、前述の汪暉の「一もまた多」「多もまた一」という結論を導き出してしまっている。「天下論」で知られる趙汀陽は中国を一つの「政治神学」とみなす概念まで生み出した——「政治神学」の創始者シュミット（Carl Schmitt）の魂が中国に生まれ変わったのだ。趙は、「早期中国の四方の万民は、最大の物質的利益と最大の精神的資源を奪い合う博打から、中原を中心とする『渦巻き』のエネルギーモデルを

---

67 汪暉「二十世紀中国歴史視野下的抗美援朝戦争」『文化縦横』2013年第6期、78-100頁。

68 汪暉の卓見と不明については、姚新勇の評論を参照。「直面与回避：評汪暉『東西之間的漢蔵問題』」『二十一世紀』132期（2012年8月）110-119頁。王柯は中国共産党の少数民族政策について論じ、初期の民族「自決」、「連邦制」がのちの民族「自治」に至るまでには、複雑な歴史、外交、及び国家民族主義の合法性に対する思慮が反映されていると言う。また、この問題は清代の「理藩」制度の盛衰と、近現代のモンゴル、チベット、ウイグル関係の紆余曲折とも絡み合っていると述べている。王柯『中国、従天下到民族国家』第十章参照。いずれにせよ、暴力的な要素は従来統治者と被統治者との間に深く横たわっている。近現代の辺疆史に現れる様々な血なまぐさい暴動と鎮圧という不安定要素は、つとに「超システム社会」に包括されていたものであり、社会の外部的要素ではありえない。統合と分離という力量の対決には、必ず厳粛に向き合うべきで、理論によって「脱政治化」するべきではない。とりわけ、フーコー（Michel Foucault）が批判した生物政治学（biopolitics）によって遂行されるマイクロガバナンス（micro governance）の暴力について、改めて考える必要があるだろう。

69 素秉琦著、趙汀陽・王星選編『満天星斗：蘇秉琦論遠古中国』（北京：中信出版社、2016）。そのほかに、何九盈が言語考古学の立場から「華夷語系」説を提起した。「「華」「夷」とはただ文化が違い言語が違うだけであって、種族上の区別ではない」。彼は羌戎、苗蛮、百越、華夏という四大語族の親族関係と、歴史上の分裂と合流の流れを証明しようと企図している。『重建華夷語系的理論和証拠』（北京：商務印書館、2015）。

形成した。渦巻きは一度形成されると、抵抗できない向心力と自己を強化する力を持つようになり、多くの参与者は抜け出すことが難しくなり、また抜け出そうとも思わなくなって、ついに巨大な渦巻きを作り上げ、中国の存在規模と実質的概念を定義したのである」[70]。「中国の精神的信仰とはすなわち中国そのものだ。あるいは、中国とは中国人の精神的信仰そのものであり、天に配されることを存在の原則としてきた中国はとりもなおさず中国の神聖な信念そのものなのである」[71]。こうなると、孟子に言う「過ぐる所の者は化し、存する所の者は神なり」の世紀的新解釈と言えるだろう。

　汪暉の新左翼的国家―民族論に対して、史書美はポストコロニアル―アンチ帝国主義の立場から華語語系研究を進めている。彼女は清帝国以来の中国（チベット、モンゴル、ウイグル及びその他の少数民族に対して）の「内陸植民性」（continental colonialism）と、中国の海外移民が略奪性に満ちた定住植民（settler colonialism）を進めていること、そして移民すればそこに根付くべきだという「反離散」（anti-diaspora）論を強調している[72]。中国の植民地的覇権を激烈に批判するという前提のもとで、彼女は研究の範囲を海外の華語地域と中国大陸内の少数民族区域に定めた。伝統的な大陸の漢語地域は完全に排除され、疑義を入れない一体化した民族とみなされたのだが、それは知らず知らずのうちに当代の漢族中心主権を「承認」したことになる。彼女は、華人がいったん海外に移民すれば、その地に根づき、ホスト社会文化に融合すべきだと考える。さらには、華人コミュニティが台湾からマレーシア、そして欧米にやってくれば、脱中国化するのが必然であり、年月が経てば「華」としてのアイデンティティはしだいに薄れ、自然に「夷」に転化し――「華」とは無関係なものになるという。

　史書美の「尊夷攘華」論は、しばしば海外の反中国主義者の共鳴を呼んだ。彼女の理論のソースはアメリカのアカデミズムにおけるポストコロニア

70　渦巻き理論の枠組みはあまりに大きく、あらゆるものを含み込む。まるで趙の天下論の焼き直しのようだが、因果を転倒させる可能性がないわけでもない。中華文化と遠く隔たったモンゴルやチベットは今なお中国の渦巻きの中にあるのに、なぜ中華文化と近い関係にあった韓国、日本、さらにチベットは渦巻きの外に出たのか。それとも、国家民族主義とは中国の政治神学の要ではないのだろうか。趙汀陽『恵此中国：作為一個神性概念的中国』（北京：中信出版社、2016）、17頁。

71　趙汀陽『恵此中国：作為一個神性概念的中国』17頁。

72　Shu-mei Shih, "The Concept of Sinophone", *PMLA*, Vol. 126, No. 3 (May 2011), pp. 709–718.

リズム、帝国批判、多元文化論、リベラルな人道的マルクス主義などである。確かに、我々が（現代）中国について論じる時、多くは主権の実態を持つ大陸を正当なものとみなしてきたが、そこから国家―民族主義コンプレックスや正統という神話、文学や歴史のグランドナラティブが派生して必然的に呼応してきた。史は華語語系研究に全く別の道を開くことができると考えたのである。彼女は正統的でない華語を座標として、雑駁で広大な華語世界の見取り図を描き出した。これはポリフォニックな世界であり、活発に律動する世界であり、大陸に位置して均質性を保つ中州の正韻と対比をなすばかりか、そこから次第に遠ざかっていくものである。その中に隠然とした政治的拮抗の姿勢があることは言うまでもない。

　しかし、史の立論には多くの破綻がある。理論を振りかざしたために、中国や中華の歴史の複雑さに対しての理解や興趣が抜け落ちている。彼女の論述はポストコロニアリズムから出発し、中国の各王朝各時代を植民帝国の様々なバージョンとして、弱小民族をほしいままに圧迫したのだとしている。我々は中国の王朝や国家の歴史が行ってきた様々な覇権の記録を隠蔽する必要はないが、まるごと植民帝国と名付けてしまうのは明らかに偏っている。中国民族、地理史、あるいは本論のテーマである華夷秩序史を少し渉猟すれば、その誤謬はすぐに了解される。中国文明の起源は満天の星で、漢族内であってもその地域、文化、時代の差異によって多くの異なる構造を生み出してきた――五胡が華を乱す以前の南方は蛮夷で言葉の通じない土地とみなされていたが、その後は華夏の中心となったのはその一例だ。歴代漢胡が混淆する現象は繰り返され、胡が漢に入ったり漢が胡に入ったりしてきた。多元的な交雑の生んだ結果はつねに歴史家が重視してきたところであり、異民族が中原に打ち立てた政権はさらに言うまでもない。モンゴル族の元と満州族の清は最も明らかな例に過ぎない。歴史の論点から言えば、これこそ華語語系の帝国勢力が漢族に「植民」した実例ではないか。

　ポストコロニアル理論を運用するため、史書美は内陸植民や定住植民などという現象を強調したが、海外華人の歴史的言語環境に対してきめ細やかに記述し、深く理解するという努力を怠った。華語語系（サイノフォン）の理論の源はもちろん英語（アングロフォン）や仏語（フランコフォン）といった植民地語系研究にあるが、これらの研究に付き従い、西洋の論述をコピー

する必要はないだろう。彼女は海外の華人がその根は中国にあると考えることに反対し、「反離散」(アンチディアスポラ)を力説するが、華人が移民先の国で受ける差別待遇を等閑視し、植民と同時に被植民者となって「被離散」(ディアスポラを強いられる)になるかもしれないという可能性をおろそかにしている。新世紀、人間と情報はかように頻繁に行き交うようになった。離散(ディアスポラ)が投射する(地平線版の)空間、境界からの別離と復帰は、必ずや多次元、はては異次元の空間において思考し直さねばならない。ましてや、「道行はれず、桴に乗りて海に浮かばん」となればなおさらのことだ。我々は「再離散」(ディアスポラ再び)に内在する政治的張力や主体的に自決する行動力を軽々しく放棄するべきではないのだ[73]。

　汪暉と史書美はどちらも当代の学術界で最も尊敬に値する研究者である。前者は当代の中国政権の合法性を苦心して定義し、後者は力を尽くして中国と海外華語コミュニティとの相関性を問うた。二人の言論はすれ違っているようだが、各々の言葉と志の過程を見て行くとぴったり一致している部分があるところに気づく。史が海外の華人は中国の影響から脱して移民先の多元的文化に溶け入り、ほかの反帝国反植民パワーと連合して戦線を張るべきだと主張しているのは、汪暉が少数姻族が継続して「システムを超え」「一はすなわち多」「多はすなわち一」の中国文明に溶け入るべきだと建議しているのと、五十歩百歩と言えるのではないか。汪暉の言うところの「異なる文化、異なるエスニティ、異なる地域を交流、伝播によって相互に関連する社会と文化形態を作り上げる」をアップデートした国際版さながらだ。もっと面白いのは、二人とも左派をもって自認しているところで、最終的な革命ユートピアまでの道は違っていても、行き着くところは同じように見えるところである。彼らの極端な理論の間に、我々は華夷論述の新しいビジョンを見ることができる。このビジョンを私は「華夷風」と名付けた[74]。

73　史書美の理論における問題についてはすでに別に議論をした。王徳威「「根」的政治、「勢」的詩学：華語論述与中国文学」『中国現代文学』24（2013年12月）、1–18頁。

74　2014年の夏、私と高嘉謙教授はマレーシア華社研究センター主催の第2回華人研究国際ビエンナーレに招かれ、会議終了後に荘華興教授や張錦忠教授とともにマラッカを訪ねた。マラッカはマラッカ海峡に位置し、数百年来のヨーロッパ–アジア貿易と軍事のあれこれを見守ってきた場所であり、東南アジアのさまざまな文化の集積地でもある。華人がここから姿を消したことはなかった。モンスーンに従って、貿易に従事した中華系の移民たちは南シナ海を往来し、栄華を極めたのである。昔日のチャイナタウンを歩きながら、私たちは往年の繁華に思いをは

五、華夷の変

　以下の 4 点を華夷風研究の起点としたい。第一に、華語語系（Sinophone）研究に対して、私は華夷（Sinophone/Xenophone）の弁／変という方向性を提起する。Sinophone あるいは「華語語系」研究とは前世紀末に現れ、史書美らの主張を経て主流の学問となった。中国の論述に対して、華語語系研究は策略において有利な点を持つ。しかし史は主権国家、歴史的変遷、文明的蓄積、あるいは「想像の共同体」という各側面を持つ「中国」に対して、一度に清算を図ろうとしており、（日々消えゆく）分母として言語しか保留していない。史の立論にはもちろんその基礎があるのだが、運用上では二元的な政治対立に簡略化されてしまっている。本論であつかった華夷言語環境において、もしも人民共和国の覇権に対してのみ「華語語系」という言葉を提唱するのであれば、建前としては十分であっても、あれでなければこれだ、という詭弁になってしまうそしりを免れまい。中国中心論と反中国中心論は、対立しているように見えて実は表裏一体なのである。

　こうした詭弁を逃れて、近年中国大陸で再び重視されている華夷論述をもう一度考え直し、子の矛を以て子の盾を攻めてみるという方法があるのではないだろうか。前述したように、華夏と四夷の問題は古から存在しており、晩清、現代になってより複雑な様相を呈するようになった。しかし目の前にある議論について言えば、いまだ「華夷変態」のさまざまな可能性に触れたものは少ない。杜維明教授がずいぶん前に「文化中国」なる概念を論じられたとき、中華文化とはどれほど遠かろうと届かざるものはない、たとえ文化圏外にある「夷」でも、潜在的に知らず識らずのうちに変化し、「華」に移行しうる可能性があると述べられた[75]。これはもちろん、万物が本流に帰って行くという考え方だ。周辺から中国を見るとき、私たちは必ずいわゆる「夷」——他者、外人、異己、異族、異国——と華が互いに関わりあってきた

せた。そのとき、ある店の対聯に「庶室珍蔵今古宝／藝壇大展華夷風」とあったのだ。この対聯そのものは大したものではないかもしれないが、私たちの華語語系文化現象に対する思考は刺激され、張錦忠教授は Sinophone の訳語の一候補として「華夷風」を挙げられたのである。

75　杜維明『文化中国的認知与関懐』（台北：稲香出版社、1999）、8-11頁。延長上にある討論として、Tu Wei-Ming, *The Living Tree: The Changing Meaning of Being Chinese Today*, Stanford: Stanford University Press, 1994 を参照。

歴史的多様性を正視しなければならない。「夷」の言語環境の中で、私たちは「潜夷」と「黙華」がどのように中国に反応しているのか、もしかしたら「夷」もまたいつの間にか変化し、そしてあの（実はその意義が常に変動し続けている）「華」を変えているかもしれないということを思考するべきだ。

　それだけではない。「夷」は「華」の外側に存在するが、「華」の内側にも存在している。歴史のまなざしから見れば、「華夷東西」の内外が交錯し、合従連衡してきたことはすぐに了解される。王明珂教授のポストモダニズム的でないこともないレトリックを借りて言えば、「華」を確立するためにはまず「夷」を定めることが前提となるのだ[76]。私は「華」における「夷」とは、「外に排除されている」というよりも「外に含み込まれている」と考えるべきだと思う[77]。「外に含み込まれている」とは主権の表現の方式として、一つには政法的になりえ、もう一つには批判的になりえる。前者は権威の設定と維持に関わり、後者は逆に、自覚的な、あるいは自決のための、抗争方法となるものだ。

　当代中国文学研究は海外の華文文学を等閑視したり、レベルの低いものだと見なしたりすることによって、彼らの中心性、規範性を突出させてきたが、それこそが「外に含みこむ」という政治的権威的なしぐさではないだろうか。それに対して、華夷論述は内と外の秩序を反転させ、華夷が互いに「態を変える」という「例外状態」こそが実は歴史の常態なのだということに気づかせてくれる。さらに一歩進んで言えば、全てを包み込むと自称する

76　王明珂『華夏辺縁：歴史記憶与族群認同』（台北：允晨文化、1997）。

77　華語語系の独立性は重視すべきテーマだが、我々は中国大陸政権の存在と、その圧力が隅々まで及んでいることを無視することはできない。それに応えるべき態度の一つが「外に含み込まれている」という論述空間の創造である。「私を外に含み込んで（把我包括在外）」という言葉は『聯合報』副刊1979年2月26日に発表された非常に短い手紙——張愛玲が『聯合報』副刊の招きを婉曲に断るために書いた返信による。彼女はハリウッドのプロデューサー、サミュエル・ゴールドウィン（Samuel Goldwin）の名言「私を外に含み込んで」（include me out）を借りて、定型の表現（「私を中に含みこむ（把我包括在外）」と「あなたを外に排除する（把你排除在外）」）をひっくり返して訳し、付かず離れずという発言のスタンスを作り上げてみせた。本論でこの言葉を使用するのには、別の理論をも参照している。「外に『含み込む』」という考え方は、シュミットやジョルジョ・アガンベン（Giorgio Agamben）らが提起した「例外状態」（state of exception、非常事態と訳されることもある）と関わっている。これは主権者が、政治的危機状態においては法制を超え、異端者、あるいは異類を選定し排除して自主権を主張することができるというものだ。Giorgio Agamben, *The State of Exception*, trans. Keven Attell (Chicago: University of Chicago Press, 2005).

中華文明に対して、「外に含みこんで」もらうことを願う態度をとる。これは「承認の政治」に対する反逆を形成するものだ。二つの「外に含みこむ」はどちらも空間あるいは場所の制限を十分に整え、外のようで実は内、内のようで実は外といった不安定な関係を形づくってゆく。

華と夷、内と外、需要と排除の分野は絶え間なく変動を続ける。「外に排除する」というのは単純な二項対立の操作だ。「外に含みこむ」ことこそ、相互に行き来をしつつ、なお主権者として判断を——さらには決断力を——行使する方法である。だからこそ、白永瑞教授は「大中華」「小中華」「脱中華」「再中華」が近世においてさまざまに「変態」することを論じ、孟子の言である「吾、夏を用いて夷を変ずる者を聞けども、未だ夷に変ぜらるる者を聞かず」[78]を解釈しなおして「吾、夏を用いて夷を変ずる者を聞き、また夷に変ぜらるる者も聞く」[79]とせねばならないと言われたのである。

第二に、華夷研究に「華夷風」という名をつける。キーワードは phone と同音である「風（フォン）」だ。荘子は「風は万竅に吹く」と言ったが、「風」とは気息であり、また天籟、地籟、人籟の淵源である。「風」とは気流の振動（風向、風勢）であり、声、音楽、修辞（『詩経・国風』）であり、現象（風潮、風物、風景）であり、教化、文明（風教、風俗、風土）であり、節操、気象（風範、風格）であるのだ。「風は以て万物を動かすなり」。華語語系の「風」は中原と海外の間、原郷と異域の間を吹きかい、華夷の風景を動かしてゆくのだ。「風」が流動するエネルギーと、その果てしのない目的地を強調した以上、我々は華夷理論と歴史との間に、絶えず新しい「通風」空間を探し求めねばならない。

しかしながら、「倶分進化」[80]という観点から見れば、風険（危険）はいつも存在するものだ。天には不測の風雲がわく。ポストコロニアリズム及びポストソシアリズムの、水も漏らさぬ政治的コントロールがなされ、風が通らぬ密封社会ではなおのことだ。であるから、「風」にまつわるどんな理想も、必ず同時に「風険」の予測をしておかねばならない。風険の極致は破壊と毀

78　李学勤主編「滕文公上」『孟子注疏』（台北：台湾古籍、2001）、182頁。

79　白永瑞「中華与去中華的文化政治」314頁。

80　章太炎「倶分進化論」での議論を指す。善悪は同時に進化し、共に相寄る循環関係にあるというもの。

滅だ——どのような理論によっても排除できないブラックホールである。しかし重要なことは、華夷風起とは、理想の最たるものと、不理想の最たるものとの両極の間になお広い流動の空間を有しているということだ。この空間の中で、「風」がどのように作用し、実践されるかは、私たちの所為にかかっているのである。

ここで「風」の政治的側面について語っておこう。華夷「風」について研究すると同時に、私たちは必ずや「勢」の詩学について思考せねばならない[81]。「勢」には位置、情勢、権力、そして活力などの意味があり、どれも権力、軍事の配置に関係するものだ。もしも「風」がある種の気息や声波、ある種の現象や習俗を表すものだとしたら、「勢」とは空間の内外に関わり、「風」の起こしたエネルギーと共に推移する。前者は常にある種の流れとエネルギーについて、後者はある種の傾向、性向（disposition/propensity）、運動量（momentum）について我々の注意を喚起するものだ。この傾向と運動量とは、また主体的な立場の設定と方向性の位置付けと細かく関連しているので、政治的な意図及び効果と連動している。さらに重要なことに、「勢」とはいつも一種の情緒と姿勢を暗示するものだ。進むか退くか、緊張するか弛緩するか、実効的に発生する前、あるいは発生する間の道筋に、常に変化を及ぼしているのである。

『「根」の政治、「勢」の詩学：華語論述と中国文学』で論じたように、政治に対する態度の変化について、「勢」には審美的な含意があるというのは、時を判断する力と、現状を見通す想像力のことを指している。『文心雕龍』「定勢」にはすでに「勢」が文論の要として引かれている[82]。唐代の王昌齢、皎然たちの文論では、「勢」は詩文の「句法」の問題、あるいは戦略の一部として語られている[83]。王夫之の論述では「勢」が細かく検討され、歴史を読み詩を鑑賞するときの指標とされている[84]。蕭馳教授はさらに王夫之の詩

81　王徳威「根的政治、勢的詩学」、13–18頁。
82　『文心雕龍』「定勢論」については涂光社『勢与中国芸術』（北京：中国人民大学出版社、1990）、158–171頁を参照。
83　関連する議論として蕭馳『聖道与詩心』（台北：聯経出版社、2012）の144–145頁を参照。
84　フランソワ・ジュリアン（余蓮、François Jullien）は特に王夫之の観点を評価し、「勢」のために中国の審美概念は西洋の「模倣」（mimesis）と全く異なる概念的基礎を持つことが可能となり、芸術活動を一種の実現（actualization）であって模倣や再現（representation）の過程ではないとみなすに至ったのだとする。余蓮著、卓立訳『勢：中国的効力観』（北京：北京大学出版、

論が「取勢」から「待勢」まで、「養勢」から「留勢」まで、詩人の裏での
はかりごとや静中動ありの涵養の隅々に及ぶものだと指摘しておられる[85]。

「風」と「勢」は安定した律動を運び込むものとは限らない。歴史には逆
風から嵐が起き、劣勢から逆転した例がいくらでもあるではないか。だから
「風」と「勢」の運んでくる華夷詩学もいつも危機意識を含んでいる。風を
聴き、勢を観ずるという言葉は、すでに変化に対応するための準備が蓄積さ
れており、一触即発に対応するという態度を表している。

第三に、華夷風研究の政治的地理を理解すると同時に、華夷変態が反映す
る世の中の状況も正確に理解することである。汪暉と史書美の研究はどち
らも大きな視点に着目し、自身の政治的見解と密接に結びつけているもの
だ。汪暉は現在の中国の体制のために、古から現在を貫く文脈をつなげてみ
せた。しかし彼の中国を「方法」とするやり方には「過ぎたるは及ばざるが
如し」の嫌いがある。特に「超社会システム」と「地域のシステム」の関係
と、党による「自動修正機能」が突出して強調されているのは批判を免れ
まい。史書美は中国を切り分け、海外の華語区域コミュニティが中国内外の
弱小民族と連盟して「比較」しあい、「関係」のネットワークを形成するこ
とを想像している[86]。前述したように、これはもう一つの「超社会システム」
となる。

華語語系の研究はもちろん世界と向き合わねばならないが、「部屋の中に
いる象」──中国から自由になることはありえない。史書美のポストコロ
ニアル的戦略には20世紀中葉の冷戦時思考の残滓がある。敵味方を峻別し、
堅壁清野の法をとるというものだ。今日このように（リアルでもデジタルで
も）情報が発達し、（文化的、商業的、政治的）資本が迅速に流通している
時代には、いささか時代遅れという感を抱かざるをえない。汪暉が歴史に対
してみせた整理と分析は史書美をはるかに凌ぐものだ。しかし、初期の研究
における京都学派への依存、その後のシュミットの国家主権主義への接近、
そしてまた毛沢東革命論への郷愁が、彼の強大な批評エネルギーを制限して

2009）、56頁参照。

85　蕭馳『聖道与詩心』、144-145頁。

86　Shu-mei Shih, "Comparison as Relation" in *Comparison: Theories, Approaches, Uses*, eds. Rita Felski and Susan Stanford Friedman (Baltimore: John Hopkins University Press, 2013).

しまっている。国家主権を増大させ、敵味方を峻別するにあたって、彼は
シュミットの「政治神学」へすりよってしまった——シュミットがナチズム
を支持していたことはもはや問題にならぬようだ。彼の見ている歴史とは、
もはや理論のために奉仕するものなのである[87]。

　この二人の学者は現代の華夷問題の政治空間にこれほど注目しているの
に、どうやらこの空間の中の生命や生活のありさまにはそれほど注意を払っ
ていないようだ。汪暉は朝鮮「人民」戦争を大いに語り、史書美は「反離
散」をさかんに論じているが、そこには「人」への関心が欠如している。し
かし私は「人間の条件」（the human condition）[88]こそ、華夷風において探索
すべき対象だと考えている。というのは、この二人の学者に人文学、もしく
は人道的な見地が欠落しているというのではなく、彼らが主権政治を前提と
したさまざまな理念や実践を強化しよう、あるいは克服しようと努めている
にもかかわらず、木を見て森を見ないでいれば、生命のもっとも雑駁な一面
を考えられなくなってしまうからだ。そうなれば受け継がれるべき理想、予
想できなかった変化、妥協や抑圧、常態と「変態」がともに織りなして行く
我々の存亡の所在を明らかにすることができなくなってしまう。

　人間の条件に関する私の理解はハンナ・アレント（Hannah Arendt）の影
響によっていて、活動的生活（*vita activa*）と観照的生活（*vita contemplativa*）
の弁証的な対話を重視している。行動と言語は無限の可能性を生み出し、私
たちはそれによって過去を「許し」、未来を「承諾し」、無限の可能性を制
約してゆくのだ[89]。この人の世とはコミュニティ、地域、性別、年齢、階級、
心理、自然、環境などを含み、また生命主体のさまざまな情欲や「ポスト
ヒューマン」イメージなども含み込むものだ[90]。華夷研究の政治地理とはど
のように定義すべきなのか。マイノリティ民族、NGO 組織、クィア運動な
どは、華夷を分けるときに排除されるべきなのか。両人はもしかしたら左派

87　楊奎松「也談「去政治化」問題：対汪暉的新「歴史観」的質疑」http://www.aisixiang.com/data/
　　71721-4.html
88　Hannah Arendt, *The Human Condition*, 2nd ed. (Chicago: University of Chicago Press, 1958).
89　Ibid., pp. 237–246.
90　21世紀の中国 SF 小説ブームがポストヒューマニズム（posthumanism）研究に独自の視角を
　　与えたのはその一例だろう。伝統的な「夷」が暗示する異族や異国に、異類、異形、異次元
　　時空といった新たな意義が加わったのだ。ポストヒューマニズム研究の概論については Neil
　　Badmington, ed., *Posthumanism: Readers in Cultural Criticism* (New York, Palgrave, 2000) 参照。

の立場にたって、「人間の条件」とは自由主義、人文主義によって操られる「普遍的な価値」でしかないと考えているのかもしれない。しかしもしも彼らが華夷空間を「再政治化」しようと試みても、紙上で戦略を語るのみで人の世の実際の生活が「変」態してゆくのを顧みないわけにはいくまい。

　第四に、人文学者の専門領域についていえば、華夷風研究は「言」と「文」と「変」との連動の意味に特に注意を向けねばならない。それは華夷の論述が言説表述に基づいているからというだけではなく、言説が反映している想像の共同体（及び非共同体）が、我々を文と「文」学が時と地に応じて「変」じる側面に導くからである[91]。華夷風の研究は言語の言語的多様性を立論の起点にするが、これはもちろん生命の実相と想像に対する生きた観察となる。声／言説の政治は千変万化だが、言語そのものの延長線上にある複雑な問題は、「先見の明」といった公式的なお仕着せでしばりつけることはできない。アレントが「言説」と「活動」を探求し、バフチン（Mikhail Bakhtin）が「ラズノレーチェ（言語的多様性）」に引き寄せられたのは、どちらも政治的意義における音声の創造性に着目したからだ。しかし華夷風の最大のエネルギーとは言語と言説の流動性を観察し、我々に交流することの不確定性について教えてくれるところだ。我々は音声の断続的なつながり、不明瞭な表現、言外の表述——そして政治的圧迫、風土の変遷、時間の流れによってもたらされた音のない状態、余儀なくされた沈黙、そして永遠の静寂にも意を払わねばならない。

　言語の地域性を強調すると、容易に音声中心主義（phonocentrism）がもたらされることになる。それを鑑みて、石静遠（Jing Tsu）、アンドレア・バックナー（Andrea Bachner）といった学者は西洋の脱構築主義のもと、script（書写）あるいは符号を言と対比させようとしている[92]。しかし中国の「文」は必ずしも書写、文字、文類、符号に限定されるわけではない。私たちは秦漢以来の膨大な「書は文に同じ」という政教的伝統がもたらした深遠な影響を無視することはできない。このほかに、「文」の意義は印章に始まり、装

91　林少陽教授の『鼎革以文』が「文」と革命の関連について考察しているのは注目に値する。また陳雪虎の議論『「文」の再認：章太炎文論初探』（北京：北京大学出版社、2008）も参照。

92　Jing Tsu, *Sound and Script in Chinese Diaspora* (Cambridge, MA: Harvard University Press, 2010); Andrea Bachner, *Beyond Sinology: Chinese Writing and the Scripts of Culture* (New York: Columbia University Press, 2014).

飾、文章、気質、文芸、文化、そして文明にまで及ぶ。「文」とは審美の創造であり、知識の生成であり、治道の顕現である。と同時に、「文」はまた錯綜し、偽装し、隠蔽する技芸でもある。言い換えれば、文学に向かって、私たちは西洋の模写と「再現」（representation）という概念に頼るだけでなく、文心、文字、文化と国家、世界との間に有機的な連鎖を作り、それを持続的に生命を刻し、解読する過程だと見なすべきだ。それは内から発し、世界のさまざまな「顕彰」（manifestation）──と隠蔽（concealment）──の形式を尋ねる過程である。この顕彰と隠蔽の過程は身体、芸術形式、社会政治、そして自然の律動の上に体現され、鮮烈なダイナミックな意義を持つものである。

　上述の宮崎市定の論をもう一度引用してみよう。「文の有無で華夷の別が定まるのである。之を云いかえると、文は華にだけ存在する、又これあるによって始めて華が華たり得るものなのである」。このように定義された「文」で同時代の華夷秩序を考えるとき、我々は「文」が華夷の「弁」の徴候であったことを理解する──文化、もしくは文明がない地域もしくは種族は「夷」に陥る可能性があったということだ。しかし我々の時代、「文」もまた華夷の「変」の過程であるということが理解されるのだ──文化と文明とは、不断にエンコードとデコードの序列の中に現れたり消えたりするものなのだ。「弁」とはカテゴリーの区分であり、「変」とは時間の進行の推衍を指し示しているのだ。

　新世紀以来の各種の論述、激情と実践を回顧すると、「天下」から「脱中国」まで、「通三統（孔子、毛沢東、鄧小平の三つの伝統に通じること）」から「アンチディアスポラ」まで、「政治神学」から「霊魂自ずから植わる」まで、突きつめれば、それもみな様々な華夷の「弁」と華夷の「変」にまつわる論であり文章なのだ。ここで、人文学者の位置は大変重要なものとなる。これは我々が言説と書写から始め、「文」を狭義の文学から政論、宣言、学説、運動その他に拡大させていくからだけではなく、直接そのうちの変化に参与していくからである。変化と仮の変化、不変と多変の間に形成される緊張関係は、まさに我々が持続して議論していくべき起点にあたるものだ。

　華夷秩序としての「文」に対して同時代が追認し、推定してきた痕跡を検

討するためには、もう一度章太炎の例に戻らねばならない。章は国家と民族を改造する基本は「文」にあると考えていた。「鼎を革めるに文を以てす」とは、一方で絶対的な復古を指向し、荒れ果てた世界に忽然と現れる文明的記号としての「文」を回復させようとする。また一方では絶対的な革命を指向し、すべてを解散に導き、無に戻ろうとするのだ[93]。こうして、章太炎の華夷論述は漢族中心主義と「五無論」の間を急激に揺れ動き、中国民族—国家におけるモダニティの両極をむき出しにする。現代を省みるに、華語語系の脱中国論者は口々に中国性を捨てようと叫ぶものの、結局のところ振り捨てようにも振り捨てられない中華性の中で文章を書いている（縁を切るといったところで、本当に切れたことがあるだろうか）。そして超社会、超システムの大中国論者たちは、「超」や「跨」を頭につけて天下は広大無辺であると誇るものの、結局は時間と空間に限定されるイデオロギー規範を脱し切れていないのだ（空といったところで、空になりきれはしない）。言葉を変えれば、華夷論述の急進性において、両者はいまだ章太炎の世代の所見と構想に追いついていないのだ。

六、結語

　本論を結ぶにあたり、華夷論とは長い歴史を持ちつつ日々更新される系譜に立つが、それを自明のものとしてはならないということを強調しておきたい。華夷の「弁」が華夷の「変」に変わる時、我々はようやく真に批判と自己批判の潜在的な可能性に気がつくのである。これは「差異」に関する政治学であるが、本質化した「差異」（difference）の観点ではなく、懸隔（écart）観を強調するものだ[94]。懸隔は敵我という差異を生み出すのではなく、相互

93　陳雪虎の議論『「文」的再認：章太炎文論初探』、70–78頁参照。
94　これはフランソワ・ジュリアン（François Jullien）の言葉である。フランソワ・ジュリアン著、林志明訳『功効論：在中国与西方思惟之間』（台北：五南図書出版、2011）5頁。ジュリアンと類似した観察は、西洋のシノロジーにおいては珍しいものではなく、文学の角度には以下のものがある。Stephen Owen, *Reading in Chinese Literary Thought* (Cambridge, Mass: Council on East Asian Studies, Harvard University, 1992), pp. 1–28. また哲学の角度からの発言としては以下を参照。A. C. Graham, *Disputers of Tao: Philosophical Argument in Ancient China* (La Salle, IL: Open Court, 1993).「差異」「懸隔」の概念からは、もちろんデリダ（Jacques Derrida）の有名な「差異」（difference）と「差延」（différance）が想起されるが、両者の理論背景は大きく異なる。最も基

が行き交い、お互いに影響しあう道筋である。林志明教授の言葉を用いれば、「それは自分の局限（と自身の思想が生み出す懸隔）」を突破し、同時に思想に新たな可能性（と他人の思想が生み出す懸隔）を付与する」ものなのだ[95]。

　それと同時に、我々は華夷の「弁」と華夷の「変」の仲介としての「文」の意義を体得し、責任を負っていかねばならない。「その変に通じ、遂に天下の文を成す」[96]。文学とは他でもなく、ある時代から別の時代へ、ある地域から別の地域へと、「文」の形式や思想、及び態度の変化について明記したり抹消したり、顕彰したり隠蔽したりする芸術なのだ。方法としての「華夷風」研究には寄託する理論があるが、歴史に向かい合うとき、さらに強調されるのは時とともに変化する判断力である[97]。他でもなく、風には決まった向きはなく、勢いには強弱があるのだから、我々は必ず風を聞き勢を観て、それによって利を導かねばならない。脱中華、再中華、大中華、小中華といった喧騒の中で、我々の華夷に対する判断力はどうしても政治を離れることはできないのだ。しかし「文」を本と為す以上、「その変に通じ」れば、必ずそこに豊かな審美意識を持ち得ることだろう[98]。

本となるのは、デリダが言うのが意義の脱構築だとすれば、ジュリアンが問うているのは意義の効果だということだ。後者は本質／非本質主義といった分岐を生まず、差異の中の差異——懸隔——が絶えず意味を生み出し、形成してゆく方法であることを強調するものである。

95　林志明『如何使得間距発揮効用』『功論論：在中国与西方思惟之間』、10頁。さらに興味深いことに、彼は時間論の要素の一つを以下のように強調している。「もはや行動ではなく、（事物の発展渦中にある）変動をこそ考量の観点とするのである」、7頁。

96　『周易・繋辞上』第九章。

97　これは「文」が形成する伝統という概念に全く論理的脈絡がないと言いたいのではない。反対に、ただ「文」の変化には従うべき既成の道筋がなく、発展してゆく先に予想できる結果などないのだと言いたいに過ぎない。たとえ過去の過程を繰り返すことがあったとしても、その中の微細な要素はすべて複製できるものではない。目に見えるどのような過程も、みな無数に変化しうる無定形な段階を経て実現したものだからである。我々は必ずその変に「通じ」ねばならない。

98　アレント晩年の、政治を一種の審美的判断とする考え方による。カントの美学判断論の啓発を受け、アレントは政治判断とは特殊な事件、現象によって「鑑賞」のプロトタイプを反省し、総体的な観照とすること——カントが言うところの「目的なき合目的性」に達することなのだと提唱した。ただこの判断の公信力とは頭から度外視された、傍観者は冷静であるというイメージによるものであり、集団との相互コミュニケーションによって作り上げられた共通認識である。アレントの未完の著作 *The Life of the Mind* がそれである。この説に対する論者の批評については、例えば以下を参照。Andrew Norris, "Arendt, Kant, and the Politics of Common Sense", *Polity*: 29, 2 (Winter, 1996), pp. 165–191.

劉勰『文心雕龍』「通変」は言う。「変ずればそれ久しく、通ずればそれ乏しからず」[99]。──劉勰の時代は文学が生成した時代であった。劉勰の時代もまた、まさしく南北が入り乱れ、華夷が入れ替わった時代だったのである。

主要参考文献

一、中国語

(一) 単著

雍正皇帝編纂『大義覚迷録』巻上、フフホト：遠方出版社、2002.

『十三経注疏・周礼』台北：藝文印書館、北京：生活・読書・新知三聯書店、1977.

卜正民（Timothy Brook）著、廖彦博訳『挣扎的帝国：気候、経済、社会与探源南海的元明史』台北：麦田出版社、2016.

王明珂『華夏辺縁：歴史記憶与族群認同』台北：允晨文化、1997.

王柯『中国、従天下到民族国家』増訂版、台北：政治大学出版社、2017.

王柯『民族主義与近代中日関係：「民族国家」、「辺疆」与歴史認識』香港：香港中文大学出版社、2015.

王銘銘『超社会体系：文明与中国』北京：生活・読書・新知三聯出版社、2015.

王韜『弢園文録外編』北京：中華書局、1959.

何九盈『重建華夷語系的理論和証拠』北京：商務印書館、2015.

余蓮（François Jullien）著、林志明訳『功効論：在中国与西方思維之間』台北：五南図書、2011.

余蓮著、卓立訳『勢：中国的効力観』北京：北京大学出版社、2009.

呉政緯『眷眷明朝：朝鮮士人的中国論述与文化心態（1600–1800）』台北：秀威資訊、2015.

李学勤主編「滕文公上」『孟子注疏』台北：台湾古籍、2001.

杜維明『文化中国的認知与関懐』台北：稲香出版社、1999.

汪暉『亜洲視野：中国的歴史敘述』香港：オックスフォード大学出版社、2010.

林少陽『鼎革以文：清季革命与章太炎復古的新文化運動』上海：上海人民出版社、2018.

涂光社『勢与中国芸術』北京：中国人民大学出版社、1990.

姚大力『追尋「我們」的根源：中国歴史上的民族与国家意識』北京：生活・読書・新知三聯書店、2018.

孫文『唐船風説：文献与歴史──『華夷変態』初探』北京：商務印書館、2011.

孫衛国『大明旗号与小中華意識：朝鮮王朝尊周思明問題研究（1637–1800）』北京：商務印書館、2007.

馬戎主編『中華民族是一個：囲繞1939年這一議題的大討論』北京：社会科学文献出版社、2016.

張枬・王忍之編『辛亥革命前十年間時論選集』第一巻上冊、北京：生活・読書・新知三聯

99　劉勰著、陳拱本義『文心雕龍本義』下（台北：台湾商務印書館、1999）、728頁。

　　書店、1977.

梁啓超「国家思想変遷異同論」『飲冰室合集』北京：中華書局、1989.

章太炎『章太炎全集』第四冊、上海：上海人民出版社、1985.

許紀霖『家国天下：現代中国的個人、国家与世界認同』上海：上海人民出版社、2017.

許倬雲『我者与他者：中国歴史上的内外分際』台北：時報出版公司、2009.

郭嵩燾『倫敦与巴黎日記』第 4 巻、長沙：岳麓書社、1984.

陳雪虎『「文」的再認：章太炎文論初探』北京：北京大学出版社、2008.

傅斯年『民族与古代中国』石家荘：河北教育出版社、2002.

黄興濤『重塑中華：近代中国「中華民族」観念研究』北京：北京師範大学出版社、2017.

楊念群『何処是江南：清朝正統観的確立与士林精神的変異』北京：生活・読書・新知三聯書店、2010.

葛兆光『宅茲中国：重建有関中国的歴史論述』台北：聯経出版社、2011.

葛兆光『想像異域：読李朝朝鮮漢文燕行文献札記』北京：中華書局、2014.

葛兆光『歴史中国的内与外：有関「中国」与「周辺」概念的再澄清』香港：香港中文大学出版社、2017.

趙汀陽『恵此中国：作為一個神性概念的中国』北京：中信出版社、2016.

劉勰著、陳拱本義『文心雕龍本義』下、台北：台湾商務印書館、1999.

蕭馳『聖道与詩心』台北：聯経出版社、2012.

檀上寛著、王暁峰訳『永楽帝：華夷秩序的完成』北京：社会科学文献出版社、2015.

魏源『海国図志』鄭州：中洲古籍出版社、1999.

蘇秉琦著、趙汀陽・王星選編『満天星斗：蘇秉琦論遠古中国』北京：中信出版社、2016.

顧炎武『顧炎武日知録原抄本』台北：台湾明倫書店、1970.

顧頡剛『古史辯』第一冊、上海古籍出版社重印本、1982.

譚嗣同『譚嗣同全集』北京：生活・読書・新知三聯書店、1951.

譚嗣同『譚嗣同全集増訂本』上、北京：中華書局、1981.

㈡書籍所収論文

白永瑞「中華与去中華的文化政治：重看「小中華」」張崑将編『東亜視域中的「中華」意識』台北：国立台湾大学出版中心、2017、299-314頁.

柳鏞泰「以四夷藩属為中華領土：民国時期中国領土的想像和東亜認識」王元周編『中国秩序的理想、事実、与想像』南京：江蘇人民出版社、2017、180-204頁.

馬場公彦「近代日本对中国認識中脈絡的転換」張崑将編『東亜視域中的「中華」意識』台北：国立台湾大学出版中心、2017、271-295頁.

張崑将「朝鮮与越南中華意識比較」張崑将編『東亜視域中的「中華」意識』台北：国立台湾大学出版中心、2017、213-236頁.

廖肇亨「領水人的忠誠与反逆：十七世紀日本唐通事的知識結構与人生図像」彭小妍主編『翻訳与跨文化研究：知識建構、文本与文体的伝播』台北：中央研究院文哲所、2015、371-400頁.

劉暁東「雍乾時期清王朝的「華夷新辨」与「崇満」」張崑将編『東亜視域中的「中華」意識』台北：国立台湾大学出版中心、2017、85-101頁.

宮崎市定、中国科学院歴史研究所翻訳組編訳「中国文化的本質」『宮崎市定論文選集』下
　　巻、北京：商務印書館、1965、302–313頁.

藤井倫明「日本山崎闇斎学派的中華意識探析」張崑将編『東亜視域中的「中華」意識』
　　177–207頁.

(三) 雑誌論文

王徳威「「根」的政治、「勢」的詩学：華語論述与中国文学」『中国現代文学』24期（2013
　　年12月）、1–18頁.

汪暉「二十世紀中国歴史視野下的抗美援朝戦争」『文化縦横』2013年第 6 期、78–100頁.

姚新勇「直面与迴避：評汪暉『東西之間的漢蔵問題』」『二十一世紀』132期（2012年 8
　　月）、110–119頁.

湛暁白「拼写方言：民国時期漢字拉丁化運動与国語運動之離合」『学術月刊』2016年第11
　　期、164–179頁.

楊儒賓「明鄭亡後無中国」『中正漢学研究』31期（2018年 6 月）、1–32頁.

葛兆光「納四裔入中華」『思想』27期（2014年12月）、1–58頁.

葛兆光「従「朝天」到「燕行」：17世紀中葉後東亜文化共同体的解体」『中華文史論叢』
　　81（2006年 1 月 ）、29–58頁.

羅志田「事不孤起、必有其隣：蒙文通先生与思想史的社会視角」『四川大学学報』（哲学社
　　会科学版）2005年第 4 期、101–114頁.

(四) 新聞記事、ネット記事

胡体乾「関於中華民族是一個」『新動向』第 2 巻10期、1939年 6 月30日.

費孝通「関於民族問題的討論」『益世報・辺疆週刊』第19期、1939年 5 月 1 日.

顧頡剛「中華民族是一個」『益世報・辺疆週刊』第 9 期、1939年 2 月13日.

楊奎松「也談「去政治化」問題：対汪暉的新「歴史観」的質疑」http://www.aisixiang.com/
　　data/71721-4.html

二、外国語

Andrew Norris, "Arendt, Kant, and the Politics of Common Sense," *Polity*: 29, 2 (Winter), 1996.

Anti-Oedipus, trans. Robert Hurley, Mark Seem and Helen R. Lane, London and New York:
　　Continuum, 2004.

Hannah Arendt, *The Human Condition*, 2nd ed., Chicago: University of Chicago Press, 1958.

Jing Tsu, *Sound and Script in Chinese Diaspora*, Cambridge, MA: Harvard University Press, 2010.

Andrea Bachner, *Beyond Sinology: Chinese Writing and the Scripts of Culture*, New York: Columbia
　　University Press, 2014.

Lydia Liu, *The Clash of Empires: The Invention of China in Modern World Making*, Cambridge, MA:
　　Harvard University Press, 2006.

Neil Badmington, ed. *Posthumanism: Readers in Cultural Criticism*, New York: Palgrave, 2000.

Shu-mei Shih, "Comparison as Relation," in *Comparison: Theories, Approaches, Uses*, eds. Rita Felski
　　and Susan Stanford Friedman, Baltimore: Johns Hopkins University Press, 2013.

Shu-mei Shih, "The Concept of the Sinophone," *PMLA*, vol. 126, No. 3, May 2011.

Stephen Owen, *Readings in Chinese Literary Thought*, Cambridge, Mass: Council on East Asian
　　Studies, Harvard University, 1992.

Viren Murthy, *The Political Philosophy of Zhang Taiyan: The Resistance of Consciousness*, Amsterdam:
　　Brill, 2011.

林春勝・林信篤編、浦廉一解説《華夷変態》東京：東方書店、1981.

追記：本論は、国研設立70周年記念国際シンポジウムにおける基調講演をもとに邦訳し、
　　愛知大学『国際問題研究所紀要』第155号（2020年3月）に発表されたものである。同
　　紀要には中国語原文も掲載されているので、併せてご高覧いただけたら幸いである。

（編集委員会）

說「文」解「字」

——張貴興小說與「華夷之變」的文化想像及再現策略——

梅 家玲

「文」を説き「字」を解く
——張貴興小説と「華夷の変」の文化的想像力と表象戦略——

要旨：本論は主に張貴興の小説『群象』と『猴杯』を俎上に載せ、説「文」解「字」という視点より論を展開しつつそのテキストの行間に溢れる「華夷の変」の文化想像と再現戦略を論じるものになる。テキストによれば、「華語系文学」の続きに「華夷風」の論述が提出され、その上「風」の流動性と貫通性、ないし「中国性」（華）と「在来性」（夷）における相互の混合と各自の変遷が強調されてくる。「文（字）」とは、銘で華夷を印刻することを以て流伝を顕彰することである。漢字の造字は「象形」を基礎にするが、『群象』のなかの象は実に「象」のこと、及び「真象（相）」のことを指すほか、その同時に文字、意象、象徴などの多重な意味合いも包摂されている。『群象』は象という文字の多義性を利用し、その上華文漢字及び象徴技法を借用して象を渉猟した結果、逆にその源流及び追及の目的となる「中国（性）」に離反していく結末を迎える。その他、甲骨文によると、「文」字の形とは元来、直立した一人間の胸に花模様が刻まれる形象であり、即ち「入れ墨」の象形に該当するものという。一方、『猴杯』は「文」に焦点を置き、ボルネオ島先住民の入れ墨現象にメスを入れ、その視点より再度中国文化における「文治」、「礼文」及び「文辞／言説」などの概念を思案してからその内実を書き直す。それは原始の「生物性」を以て後天の「人文性」を代用し、また「人文化成」の理想が「弱肉強食」の現実に置換される仕組みなのである。要するに、張貴興の小説は内面精神、人物造形、物語の構築並びに言語修辞などの側面より出発し、「字」と「文」の交互作用を運用しつつ「華／夷」の交錯融合を表現して「人間情境」に関する愛情を実現させ

る。またその一方、従来、男性が優位に立って文化文明の造形を主導していたが、その背景の下に構築された「性別」観、及び人間性の元始に存在した「生物性」は如何に「華夷の変」に伴ってもう一つの未知数を形成させてきたことを露呈する。(呉若彤訳)

キーワード：文、字、張貴興、華語系文学、華夷の変、性別、生物性、群象、猴杯

一、前言

　　近年來，「華語語系文學」（Sinophone Literature）在史書美、王德威、石靜遠等學者的帶動之下，已成為國際漢學研究中的重要論題。無論是史書美的「反離散」、王德威的「根的政治，勢的詩學」，抑是石靜遠的「文學綜理協商」之論，都為當代中文文學研究開顯出嶄新的觀照視角與思辨面向。論者們或關注如何質疑、挑戰本質上的「中國性」，或辯證華語語系理論在空間和時間上的限制，或思考它在時空流轉中所可能產生的語文新變，論題多元，不一而足。[1]晚近王德威教授另以「華夷風」作為論述框架，意圖為「華語語系文學」開啟新視野。此一論述以回顧並反思近三百年來激烈的華夷之「辨」為起點，進而凸顯華夷之「辨」（不同畛域之區分）與華夷之「變」（經時間而漸次推衍）相互辨證之下的豐沛能動性。而「風」，正是其間關鍵。原因是，「Sinophone」中的「phone」，雖然英文意指「聲音」，然而中譯為「風」之後，則有了更為豐富複雜的意涵。它可以指氣流振動（風向、風勢）；是聲音、音樂、修辭（《詩經·國風》）；是現象（風潮、風物、風景）；是教化、文明（風教、風俗、風土）；是節操、氣性（風範、風格）等，彼此生發，更能體現穿

---

[1] 史書美，《視覺與認同：跨太平洋華語語系·發聲·呈現》（台北：聯經，2013）、*Visuality and Identity: Sinophone Articulations Across the Pacific* (Berkeley: University of California Press, 2007)、王德威，《華夷風起：華語語系文學三論》（高雄：中山大學文學院，2015）、石靜遠，*Sound and Script in Chinese Diaspora* (Cambridge, Mass.: Harvard University Press, 2010)。此外北美學界關於 Sinophone Literature 的論著，至少還包括了 Andrea Bachner（白安卓），*Beyond Sinology: Chinese Writing and Scripts of Cultures* (New York: Columbia University Press, 2013)、E. K. Tan, *Rethinking Chineseness: Transnational Sinophone Identities in the Nanyang Literary World* (Amherst, NY: Cambria Press, 2013)、Alison Groppe, *Sinophone Malaysian Literature: Not Made in China* (Amherst, NY: Cambria Press, 2014)、Brian Bernards, *Writing the South Seas: Imagining the Nanyang in Chinese and Southeast Asian Postcolonial Literature* (Seattle: University of Washington Press, to come) 等。

越疆界，交融互動的特質，從而不斷翻轉華夷關係，更新華夷風景。[2]

較諸先前的「華語語系文學」，「華夷風」之說著眼於「風」與「勢」的動態特質，打破前者「中心（華）／邊緣（夷）」二分對立的思維局限，並且強調應落實並擴大對於「人間情境」關懷，差異顯然可見。不過，究其根柢，二者論述都從「Sinophone」出發，它雖以「聲音（風）」為其重要特徵，然而一旦出之以「文學」形式，就都必得依恃「文字」的構形及賦義作用。因此，無論是「華語語系文學」抑是「華夷『風』」的流動變化，二者都需要經由文字銘記，才具體可見。而不少論者早已指出：文字語言雖是人為構製，但人的感知、思維活動，每每在運用語言文字的同時，為其所形塑，彼此具有動態的辯證關係。這對於積字成篇、鋪采摛文的文學書寫而言，尤其如此。故而，無論是「華語語系」抑是「華夷風」，若聚焦於文學書寫，一個更基本的問題或許應該在於：是什麼樣的感知與思維變化，撼動並裂解了華語文化（「中國性」）的本質？又是什麼樣的再現策略，投射出文學在華（中國性）與夷（在地性）之間擺盪流變的透迤歷程？另一方面，而若落實於具體的文學文本，「華夷風」或「華夷之變」的思考，是否還可以有不同面向的開展？文字形構文學，進而彰顯文化、文明，是廣義之「文」的奠構基礎。若能由「解字」與「說文」角度切入，是正本清源，亦是循序而進，對以「文」為核心的「華夷之辨」予以深度解析。[3] 在此，張貴興的小說正所以提供一個值得參考的側面。

張貴興出身東馬婆羅洲砂拉越（Sarawak），七〇年代來臺就學，之後入籍臺灣。他自八〇年代開始創作以來，就以曲折的敘事、綿密縟麗的文字，敷寫出一則則的南洋移民傳奇。舉凡《賽蓮之歌》、《頑皮家族》、《群象》、《猴杯》、《我思念的長眠中的南國公主》，無不引人矚目。婆羅洲幽邃神秘的雨林，一向是他小說中的重要場景，在其中，既有難以數計的群象猴黨，蜥蜴鱷魚，更有說不清的華巫情仇，革命傷痕。緣於馬華子弟的背景，歷來論者對他的討論，不少都聚焦於其文學中的原鄉意識、國族認同等論題。[4] 張貴興小說文字

2　參見王德威，〈華夷之變：華語語系研究的新視界〉，《中國現代文學》34期，頁1–28。此外，該文中關於「勢」的討論，另見王德威，〈「根」的政治、「勢」的詩學：華語論述與中國文學〉，《中國現代文學》24期，頁1–18。

3　「『文』的有無，卻可確定『華』與『夷』區別……正是由於有『文』，『華』才得以成為『華』」。參見王德威〈華夷之變：華語語系研究的新視界〉一文中對於宮崎市定此一說法的引述與申論。

4　如侯紀萍，《雨林的復仇——張貴興小說原鄉意識研究》（臺北：東吳大學中國文學研究所碩士論文，2009）；陳惠齡，〈論張貴興《群象》中雨林空間的展演〉，《高雄師大學報》，16（高雄：2004），頁273–292等。

華麗，固然有其心向華夏文明的一面，然而人物濃厚的「禽獸化」傾向，卻是相當程度地弱化了其中的原鄉國族之思。[5] 張錦忠談張貴興「文字圍城」之進出，[6] 黃錦樹以「詞的流亡」論析其寫作，並由「字」與「象」的相互生發，反思其與「中國性」的即離關係，[7] 李有成指出《群象》乃是「批判性地搜集民族集體記憶的文化歷程」，[8] 都已點出了「文字／文化」之於閱讀張貴興小說的特殊意義。而本文，即擬由說「文」解「字」的角度切入，以《群象》與《猴杯》為主要討論文本，試圖進一步追問：人物「禽獸化」的意圖何在？它所內蘊的是怎樣的文化想像？當邦國殄瘁，原鄉不再之後，是否連「文」——也就是廣義的「人文」、「文化」、「文明」也隨之崩解？而「字」與「象」的相互生發，又是如何落實為文本的再現策略，進而為「華語語系文學」或「華夷風」增益不斷自我辯證的能量？

二、「字」與「文」：在群象與猴黨的國度

馬來西亞境內的族裔與文化複雜多元，由於政治因素使然，華人的處境向來十分艱難。處於馬來文學、馬印文學、馬英文學多語系文學交雜的地理空間，以及作為弱勢的華人族群，因之而生成的「馬華文學」，幾乎從一開始，就被賦予了沈重的政治文化承擔。而「漢字」書寫，以及生活中諸多具有表演性的文化儀式，每每成為區辨華巫、凸顯文化身分最重要的標記。[9] 因此，著意於文字上琢磨求工，曾是李永平以降，不少馬華作家書寫的修行實踐。張貴興的小說文字縟麗繁複，華彩耀目，乍看之下，似乎也並不自外於此。然而，儘管他一方面鋪采摛文，大規模鋪寫熱帶雨林中的各色傳奇故事，另一方面，卻又在群象與猴黨的擾攘騷動之中，不斷藉由種種情節安排、敘事技巧與修辭

5　林運鴻，〈邦國殄瘁以後，雨林裡還有什麼？——試論張貴興的禽獸大觀園〉，《中外文學》，32.8，（臺北：2004），頁5–33。

6　張錦忠，〈文字圍城之進出〉，《蕉風》，424（吉隆坡：1989），頁17–20。

7　黃錦樹，《馬華文學與中國性》（臺北：麥田出版，2012），〈詞的流亡——張貴興的寫作道路〉，頁297–317；黃錦樹，〈從個人的體驗到黑暗之心——論張貴興的雨林三部曲與大馬華人的自我理解〉，收入張貴興，《我思念的長眠中的南國公主》（臺北：麥田出版，2001），頁249–266。

8　李有成，《詩的回憶及其它》（吉隆坡：有人出版社，2016），〈荒文野字〉，頁102–104。

9　參見張錦忠，《馬來西亞華語語系文學》（吉隆坡：有人出版社，2011），〈馬華文學的定義及屬性〉，頁16–29；黃錦樹，〈東南亞華人少數民族的華文文學〉，收入張錦忠編，《重寫馬華文學史論文集》（南投：暨南大學東南亞研究中心，2004），頁115–132。

策略，去關注並反思文字、語言，以及文明之生成、流播與衍異的問題。此一特質，在較早的〈圍城之進出〉與《頑皮家族》中便初見端倪，至《群象》與《猴杯》則逐步臻於大成。

〈圍城之進出〉藉由棋局象喻日本以「進出」竄改侵華之歷史解釋，同時帶出中日之間既糾纏又相互爭勝的歷史文化情結。其中「武大郎造日本字」之說，遂被用以作為嘲謔日本文字與民族特色的憑藉。[10]《頑皮家族》寫的是一個襲姓華人家族移民南洋的故事。先不論其人物情節，一個有趣的現象是：它的每一章節，都是以襲家孩童「頑豹」有關家庭記事的作文開始，而且每個字旁都還加註注音符號。儘管寫出來的是稚嫩的童言童語，頑豹卻喜用僻字，樂於翻查字典，探求字形字義。例如全書一開始，頑豹參加教堂舉辦的作文比賽，描寫自己的父親，便「用了幾個含糊不清的僻字」：

> 長髮披肩，滿臉于思，性情瘋癲，神色疲瘁，面貌瘠瘻。他因為「瘻」字寫不出來，翻字典時突發奇想，把「疒」部裡的字眼研究一遍，挑了十幾個出來形容父親，又說「疒」字當形容詞的意思是「人生病時斜靠的樣子」，住在傾斜之家的襲家人就是這副德性，因此字典裡凡是「疒」字部的字眼都可以形容襲家人，他自己就是一個患了文字「癖」，讀書讀「瘋」了的「書癡」。[11]

此一熱衷於關注字形字義的癖好，以及對它的多方面省思，在《群象》中更進一步發揚光大。小說第一章以大篇幅敘述「邵老師」講授中國文化史的場景，無疑是全書的重要關目：

> 邵老師晃頭晃腦，字正腔圓朗讀韓愈〈祭鱷魚文〉，逐字講解。「……鱷魚之狀，龍頭虎爪，蟹目鼉鱗。
>
> 齒大如鋸，尾長數丈。芒刺成鉤，上有膠粘。潛伏水濱，人畜近則以尾擊之而食。」
>
> 邵老師背後，也是學生親手創製的黑板上用粉筆如老枝新葉，如奇花異卉

---

10 小說主角楊公嘲謔日本時曾說道：「倉頡造漢字武大郎造日本字——怎麼造！——昔日賣燒餅記帳阿狗欠若干阿花還若干一擔現成漢盤盜用拼添一批自創豆芽蝌蚪子孓！——」張貴興，《沙龍祖母》（臺北：聯經出版，2013），頁247。

11 張貴興，《頑皮家族》（臺北：聯合文學，1996），頁10–11。

寫著：

鼉，獸中最大者。龍頭、馬尾、虎爪。長四丈善走，以人為食。

——《物類相感志》

鼉魚長二丈餘，有四足，似鼉。喙長三尺，甚利齒。虎及鹿渡水，鼉擊之皆中斷。

——《異物誌》

南海有鼉魚，似鼉。

——《博物志》[12]

　　既然是講授「中國文化史」，這裡的「逐字講解」，於是便不只是純粹解釋字形字義，更要深入「文化」源頭，詳其流變。因此，引據經典古籍以考釋有關「鼉」的各種記載，自屬不可或缺；更重要的是，還要講述「鼉」之生活習性、活動地區，並藉此說明及其與「龍」的關聯。邵老師說：根據考古學家的研究，有充分證據顯示，「灣鼉在上古時代大量分布中國南海、東海、渤海沿海到江淮黃河中下游流域」。[13] 古代中國的許多玉器、青銅器、石磬、鐘鼓上都留有大量鼉魚圖紋，「一商代大石磬之龍裝飾圖案，實際是一鼉。鼉以龍之形象大量出現在禮、樂器上。」而「中原之龍，乃可怕的。食人之巨鼉」。[14]

　　「鼉」與「龍」的關聯，以及在全書中的象徵寓意，後文還會再詳論。這裡要指出的是：在張貴興所刻意經營的課堂裡，我們首先看到：每一個「字」，除卻其所指涉的對象物之外，更因歷史文明的重層積累，被賦予了豐厚的「文化」意涵，以及複雜的感覺結構與情感積澱。因此，「解『字』」的同時，每每還必須「說『文』」——也就是將它放置在整體文化發展的脈絡中省視，「說文」與「解字」，實為一體之兩面。另一方面，不同於拼音語系的文字，「漢字」是富於「形象性」的文字，不僅字「形」即具有一定的「義」涵，它的書寫本身，也是一種藝術。因此，黑板上的文字，「不看內容，光看字跡，就叫學生熱血沸騰，擱筆訝歎」。[15]

　　除此而外，《群象》同樣觸及到「字」中所隱含的文化觀念以及不同字「音」之間的相互借代關係。小說主角「男孩」余仕才教導原住民少女法蒂亞

12　張貴興，《群象》（臺北：時報出版，1998），頁16–17。
13　同前引，頁19。
14　同前引，頁20–21。
15　同前引，頁18–19。

認字的情節，正有意顯示出這一點：

> 「女。女人的女。三劃。中國字多象形。這是女人卑躬屈膝。這，膝蓋。
> 這，手。女。妳。女人。我，男人。男。七劃。男人勞作，耕田。上面一
> 塊田，下面一股力。我教妳寫妳的中文名。法。蒂。亞。」——「蒂。難
> 寫。」法蒂亞皺著濃眉說。——「去艸字頭也可以。或者寫成『娣』。諧
> 音。妳鍾意哪一個？……。」[16]

凡此，都可看出：著墨於「(漢)字」之形音義及其與「文(化)」的關
聯，在《群象》中實非尋常筆墨，而是刻意為之。再者，「群象」之「象」，既
實指現實中的「大象」，也可指「象形」之漢字、事物的「真象」、文學書寫之
「想像」；更可引申為行文修辭所使用的「意象」、「象徵」等技法。以是，它
的意旨，應不止於書寫一則雨林傳奇而已，其間曲折，值得深究。

至於《猴杯》，則是在「字」與「象」的基礎上，進一步開展出對於「文
與紋」與「字與擬象」，以及「聲音與語言」的關注。小說一開始，即將離開
臺灣教職，返回婆羅洲的主角「雉」收拾辦公室，書桌上竹製筆筒的雕飾圖
案，即揭露出「文(紋)」、「字」與「世間萬物」之間的關聯：

> 筆筒像鼎，瘸著三足，……外殼蛇紋似的爬滿雉無聊時用沒收學生的小刀
> 雕琢的裝飾圖案。雉對這批圖案熟悉得闔眼即可描出，……雉的技術雖
> 拙，但精琢細磨下仍然相當美觀，一些過於繁複的圖紋則大刀闊斧地只雕
> 出其中一二，彷彿把累贅人體簡縮到只有頭尾的胚芽。雉覺得它們像世間
> 萬物，蟲魚鳥獸，花草樹木，日月星雲水火，乃至髮眉耳鼻、趾蹄牙爪，
> 但總找不出單一精確的歸屬。有時候它們抽象得像文字……。[17]

雉的雕刻技藝，其實是受到故鄉雨林中「浮腳樓客廳內一批雕塑品上的裝
飾圖案經年累月耳濡目染的結果」。婆羅洲的雕塑作品與裝飾藝術大多與達雅
克藝術大師阿班班有關。阿班班除了將各種蟲魚花草雕刻在武器、建材、首飾
和各種器用上之外，最感興趣的，其實是「紋身」。他不但自紋其身，「胸腹萬
獸奔走如山林，四肢花葉鳥蟲如樹枒，背部日月風火雷電如晴空，腳掌手掌兩

---

16 張貴興，《群象》，頁99。
17 張貴興，《猴杯》(臺北：聯合文學，2000)，頁25。

棲爬蟲類，臀部兩座骷髏塚，滿臉精靈，連男器也爬滿紋斑」，[18] 也樂於為妻子族人的身體紋繪圖飾，所繪製的圖飾紋樣千變萬化，絕不重複。據說阿班班自幼便著迷於鑽研雕刻之道。「為了參透婆羅洲土著裝飾藝術的奧妙精髓」，

> 深夜獨遊雨林，呼妖擾靈，逐獸追月；白晝登樹攀崖，觀察花草樹木，蟲魚鳥，趾蹄爪牙；漫遊半個婆羅洲島，拜師學藝，像變色龍擬態掠食在各族雕刻紋身之幽幻斑爛。[19]

這一敘述，很容易讓我們想起許慎〈說文解字敘〉中所言：

> 古者庖羲氏之王天下也，仰則觀象於天，俯則觀法於地，視鳥獸之文與地之宜，近取諸身，遠取諸物；於是始作《易》八卦，以垂憲象。

> 黃帝史官倉頡，見鳥獸蹏迒之跡，知分理之可相別異也，初造書契。[20]

阿班班為參求圖飾之精髓而觀象於雨林中之花木鳥獸，儼然與中國古代庖羲倉頡立象造字之舉措若相彷彿。事實上，這亦非作者隨意比附。究其原始，在初民生活中，包括了「紋身」在內的圖紋雕飾等活動，其作用原就並不在於審美需求，而是每每具有宗教儀式性質，被視為文明源起之一端。[21] 特別值得注意的是，《說文解字》釋「文」謂：「錯畫也，象交文。凡文之屬从文」。[22] 根據甲骨文，「文」之字形作「夊」，根本就是一直立之人胸前有花紋的模樣。因此，不少古今學者都指其本義即是「紋身」。若是如此，「紋身」甚至直接指向了「文」這個字所「擬象」的根源。另一方面，〈說文解字敘〉亦曾就「文」與「字」之間的關係再做說明：

> 倉頡之初作書也，蓋依類象形，故謂之文。其後形聲相益，即謂之字。文者，物象之本；字者，言孳乳而寖多也。[23]

18　同前引，頁109。
19　同前引，頁107。
20　許慎撰，段玉裁注，《說文解字注》（臺北：藝文印書館，1955），〈說文解字敘〉，頁761。
21　參見俞建章、葉舒憲，《符號：語言與藝術》（臺北：久大文化，1990），第3章〈藝術符號的史前王國〉，頁75–123。
22　許慎撰，段玉裁注，《說文解字注》，原書無篇名，頁429。
23　同前引，〈說文解字敘〉，頁761。

　　「文」原是「依類象形」，其質近於「圖畫」，為「物象之本」；「字」為其孳乳，而「形聲相益」，則是其所以孳乳的要素。此一說解，凸顯出「字音」——亦即口說言語的「聲音」，在「文」與「字」之間的重要連結關係。「字」始於「錯畫」，被賦予「聲音」之後，才成其為「字」。「字」是「聲音」的物質性符號，在應用上，聲音相同，即可產生不同文字的相互「借代」（如前引文中的「法『蒂』亞」也可作「帝」或「娣」），並因此促成了「字」的流轉變動。此外，往前推溯，《左傳・僖公二十四年》的這段話或許更值得注意：

> 言，身之文也。[24]

　　它把圖飾性的「紋身」（身之文），引申推衍至言語修辭，將「言說」視為個人自我彰顯的憑藉，遂使「文」、「言」與「自身／自我」之間，產生了內在的匯通。而回到《猴杯》，我們於是看到：在「紋身」之外，致力於各種「言語／語音」情狀的著墨，同樣是一大重點。相對於漢字「字形」的穩定統一，「語音」卻是變化多方，不主一端。尤其，婆羅洲的語言種類複雜繁多，即使是漢語，就有許多各地方言，更不提還有英語、馬來語及達雅克語等不同語系的語言。其間的雜化混用情形，首先見於「雉」返鄉後所搭乘的計程車司機：

> 滿臉風霜的司機血統模糊，神似馬來人、達雅克人、印度人或隨經濟起飛大量偷渡的印尼仔，但司機卻自我介紹是華人，為了博得雉的信任，用流利的客家話廣東話華語抬槓。[25]

　　之後也見於祖父與曾祖的對話之中：

> 祖父甚至忘了上一次和曾祖對談時使用的語言——客家話？廣東話？福建話？華語？……也可能是英語，馬來語，達雅克語……。[26]

　　而當「雉」與達雅克族人互動時，更有不同語系之間的往來交鋒：

> 巴都…．像被問題熏得焦慮不安的蚊子，嗡嗡釋出一串快速含糊的達雅克語。雉，和巴都等人不同種類的蜥蜴，半華半英的母語之舌抓不住半隻飛

24　杜預注、孔穎達等注疏，《春秋左傳注疏》，收入阮元校勘，《十三經注疏》第 6 冊（臺北，藝文印書館，1981，重刊宋本，頁255。

25　張貴興，《猴杯》，頁32。

26　同前引，頁217。

騰的蚊語。那道地和腔調迥異的正統達雅克語，只有內陸深山的女陰和男海綿體才能伸縮自如地吞吐。[27]

（亞妮妮）說達雅克語時蜿蜒如蟒，說英語時刻意修飾穿鑿像她拉長的耳垂。[28]

（亞妮妮的說話風格）依舊多變而不易捉摸，依舊結合了蜿蜒的蟒語，肢體化的猴語，甲骨風的鳥語，溽溼的胎語，緩緩訴說她造訪余家的目的。[29]

論者早已指出：一個民族的精神文化特色，每每藉由該民族的語言文字而體現。[30]婆羅洲語言的混雜現象，在在投射出當地精神文化之混生雜化。就此而言，它既是對於「中國」、「漢語」之中心意識的鬆動與解構、是語言在地化的自然發展，也充分體現了穿梭往來於不同族裔之間，「語言」所開展出的「綜理協商」能力。[31]然而，「現象」的背後，是否還有更深層的意涵可資追索？尤其，「華語語系文學／華夷風」每每依違於「中國性」與「在地性」之間，並以「中國性」為重要的自我對話對象，既謂之「中國『性』」，就不只是直接可見的「現象」而已，它應是內化於一切感知經驗、思維觀念的內在圖式，兼括了生活實踐與文化想像，順「理」成「章」地浸潤於人們的生活倫理與文學書寫之中。經由前文對於「字（象）」與「文（紋）」的初步梳理，細心的讀者當會發現：無論是《群象》中關乎「字」的著墨，抑是《猴杯》中對於「文」的關注，乃至於在行文修辭中，大量充斥著種種「像」、「似」、「如」、「彷彿」等比擬性的用詞，已透露出：張貴興小說之於「中國性」及其裂變的體察與書寫，其實並不止於「現象」層面，而是藉由「字」與「文」的交相為用，從內在精神、情節構設、人物塑造及語言修辭等多方面，進行「中國性」與「在地性」的辯證。因此，就漢文化中，「字」與「文」原初所內蘊的感知思維特色進行瞭解，將是進一步探析的基礎；循此，亦將得以探析由之而生的文化想像及再現策略。

27　同前引，頁114。
28　同前引，頁89。
29　同前引，頁306。
30　參見威廉・馮・洪堡特著，姚小平譯，《論人類語言結構的差異及其對人類精神發展的影響》（北京：商務印書館，2008）。
31　這分別是史書美與石靜遠對於「華語語系文學」的主張。

三、「字」的原始，「文」的系譜：中國文化想像的構造圖式

不同於拼音語系的文字，具有方塊造形的「漢字」，其肇始原以象形象意為主，因此每每具有「即字即象」的特質。如「女」擬象於「女人卑躬屈膝」；「男」則有「男人勞作，耕田」之意。緣此，「字」的本身不只具有「形象」，也蘊含了一定的「故事性」或「觀念性」，甚至是一個微觀的文化場域，投射著先民們的生活經驗與思維模式。[32] 秦漢以來的「深察名號」之學，以及此後諸多名物訓詁之說，莫不是奠基於此。[33]

此外，如前所述，「字」的前身乃是具有形象性與圖畫性的「文」。中國歷史文化傳統中，緣「文」而生的各種語彙及概念不可勝數，諸如「文字」、「人文」、「文治」、「禮文」、「文辭」、「文學」、「文化」、「文明」等，從古至今，無不深入於華人的生活與觀念之中。因此，若說「文」，以及由之而生的諸般「文化想像」是「中國性」的重要核心，當不為過。「文」的概念源遠流長，枝葉繁茂，然追本溯源，其家族譜系之生成發展，實亦有其脈絡可循。究其原始，應有助於我們提綱挈領，得其大要。

《說文》釋「文」為「錯畫」。由此一「相雜交錯」的形態，遂延伸出「文理」、「秩序」之義。考究各類傳世文獻與出土文獻，先秦「文」的用法，主要有三大系：「文治」、「禮文」、「文學」。[34] 其中，「文治」之「文」是先秦最重要的核心概念，其意為「順文而治」。其所「順」者，乃是「天地之文」——也就是天地的「秩序」。這一點，在《周易·繫辭》中即有非常清楚的說明：

《易》與天地準，故能彌綸天地之道。仰以觀於天文，俯以察於地理，是故知幽明之故……與天地相似，故不違。[35]

古者包犧氏之王天下也，仰則觀象於天，俯則觀法於地，視鳥獸之文與地

---

32 據許慎之說，漢字的造字原則有象形、指事、會意、形聲、轉注、假借六法，其中「象形」、「指事」是為基本字「形」，由此孳乳出「會意」與「形聲」字，「轉注」與「假借」則是基於同「音」的借代用法。「即字即象」主要是針對「象形」字與「會意」字而言。

33 參見龔鵬程，《文化符號學》（臺北：臺灣學生書局，1992）。

34 本文對於「文」之譜系的論述，主要參考林淑娟，《文的系譜》（新竹：國立清華大學中國文學研究所博士論文，2016）。林文根據大量電子資料庫及重要典籍，就先秦至當代有關「文」之概念的生成轉變，做了十分精要的研究，對本文助益甚多。

35 王弼、韓康伯注，孔穎達等正義，《周易正義》，收入阮元校勘，《十三經注疏》第1冊（臺北：藝文印書館，1981，重刊宋本），〈繫辭上〉，頁143-164。

61

之宜，於是始作八卦，以通神明之德，以類萬物之情。[36]

　　〈繫辭下〉的這段文字，即是前引許慎〈說文解字敘〉之所本，其影響深遠，由此可見。據此，傳說中的伏羲，正是從天地萬物所顯現的各式「文（紋）」理，觀照出物象背後所隱含的秩序（即內在的「精神形式」），並透過對此秩序之歸納，創造出八卦，這也就是《易》所以成立的準據。而後世傳說「演《易》」的「文王」，其所以為「文」王，不僅因為他明白掌握了天地的秩序，更因為他乃是順「文」而治理天下的「文治」體現者。[37] 其後周公制禮作樂，是為「文治」精神具體的政治實踐；孔子承繼禮樂之文的精華，講求「興於詩，立於禮，成於樂」，將禮樂文化由政治實踐轉為個人的生活實踐；老子承繼文王「『順』天地之文而治」的精髓，講求「無為而無不為」，都是循此而來。

　　至於「禮文」與「文學」，皆屬人文之創制，但亦根源於天地秩序。周代的「禮文」原與「紋飾」（服飾之紋）相關，通常是藉由衣飾上的織品紋樣以象徵天地秩序與宗法制度，具有「比德」與標示「差等」的作用。先秦典籍常見「黼黻文章」、「錦綉文采」等用語，皆指特定的織品紋樣而言，而非後世文學書寫的「文章」。它的用法，常見於周代相關的禮法記載。如《周禮・冬官考工記》：「青與赤謂之文，赤與白謂之章，白與黑謂之黼，黑與青謂之黻，五采皆備謂之繡」；[38]《左傳・桓公二年》有「袞冕黻珽」、「火龍黼黻」之說，即謂君王將繪有「九文」（即山、龍、華、蟲、藻、火、粉米、黼、黻）的服飾穿戴於身，即象徵具有此「九文」之德。[39] 而《左傳・昭公二十五年》，段子大叔與趙簡子的問答，更是將人文世界的一切現象與倫理，皆涵攝於天地秩序之中。[40] 由此可以看出：相對於周初「文治」的「順文而治」，此時的「禮文」其實已走向了形式化與制度化，成為定制的人間秩序。它不再只是「順」天地之「文」，而是將人文世界的一切現象，整編納入天地之文中。甚至，更經由「類比」、「象徵」，進一步使得禮法制度不只是具有規範性的人間秩序，並且它

36　同前引，〈繫辭下〉，頁165–181。
37　林淑娟根據出土文獻《清華簡・保訓》證成了這一點。
38　鄭玄注、賈公彥注疏，《周禮注疏》，收入阮元校勘，《十三經注疏》第 3 冊（臺北：藝文印書館，1981，重刊宋本），〈冬官考工記〉，頁623。
39　杜預注、孔穎達等注疏，《春秋左傳注疏》，〈桓公二年〉，頁92–94。
40　同前引，〈昭公二十五年〉，頁888–892。

本身就是天地秩序的彰顯。天地－政治－禮法，於是成為不可分割的「三位一體」。

此外，「文學」之「文」，基本上原兼指「文辭」與「文獻典籍」。若論及現今的「literature」之義，乃是從魏晉六朝才開始。無獨有偶，此一「文」學的本質及其所以形成之道，同樣由「天地之文」發展而來。《文心雕龍·原道》本諸《易經》而立論，開宗明義便說：

> 文之為德也大矣，與天地並生者，何哉？夫玄黃色雜，方圓體分；日月疊璧，以垂麗天之象；山川煥綺，以鋪理地之形。此蓋道之文也。仰觀吐曜，俯察含章，高卑定位，故兩儀既生矣。惟人參之，性靈所鍾，是謂三才。為五行之秀，實天地之心。心生而言立，言立而文明，自然之道也。傍及萬品，動植皆文：龍鳳以藻繪呈瑞，虎豹以炳蔚凝姿；雲霞雕色，有逾畫工之妙；草木賁華，無待錦匠之奇。夫豈外飾，蓋自然耳。至於林籟結響，調如竽瑟；泉石激韻，和若球鍠。故形立則章成矣，聲發則文生矣。夫以無識之物，鬱然有彩，有心之器，其無文歟？[41]

「文」之於「人」，猶如日月山川之於天地（之道），都是「自然」的呈現。[42] 這是以劉勰為代表的，魏晉以來關於「文學」的重要論述。它與《左傳》所說的「言，身之文也」聲氣互通，都意謂了言語文辭是個人自我的彰顯之道。而有趣的是，此一文學的「自然」觀，與前述「天地－政治－禮法」三位一體論的構成，實際上乃出於一套相同的「類比」原則：亦即以「人之文」類比於「天之文」，於是「天之文」的「自然而然」，也就保證了「人之文」的自然而然，並且合情合理。所不同者，「文學」之「文」為個人的創發活動，基於「神思」運行，因「感物」而吟志，因此也就因個人才氣學習之不同，形成風貌各異的文學作品。

綜上，無論是「文治」、「禮文」抑是「文辭」，「文」的生成發展所指向的，乃是「人文化成」的人間理想與實踐方式。它根據自然物象變化而提煉內在的精神圖式，從而形塑文化，開顯文明。三者雖未必能盡括「文化想像」的全貌，但卻無礙其作為長久以來的核心要素。[43] 其間，從造「字」原理，到

---

41 劉勰著，黃叔琳注，《文心雕龍校注》（臺北：開明書店，1959），頁 1。

42 這裡的「自然」，指的並不是「大自然（nature）」，而是「順其自然」、「自然而然」。

43 陳世驤〈中國文學的文化內涵〉一文即指出：「『文』這個指稱文學的中文字本身，連同其詞源字

「文」的概念生成,「擬象」、「類比」一直都是漢文化形塑、發展過程中的重要通則。相對於西方文化之重視概念分析與凡事講求精確定義,漢文化的感知經驗與思維方式,從來就是強調「引譬連類」與「觸類旁通」。以是,落實到文學書寫,所謂的「比興」、「比喻」、「象徵」,也就不純然只是修辭技法,而是有其更深層的文化內涵。[44]

然而,正因為「擬象」、「類比」原就具有可「以之喻此」也可「以之喻彼」的隨機性,與一定的約定俗成因素,因此,一音多字,一字多義的情形,原就是漢字常態,更不提因「假借」、「轉注」而孳乳出更繁複的用法。進言之,無論是「字」的形音義認定,抑是「詞」與「物」之間的指涉關係,乃至於文辭篇什欲藉由比喻、象徵而寄託的微言大義,遂都不免內蘊了諸多鬆動流變的可能性。

也因此,當我們再回到張貴興的小說,便會發現:從《群象》中的「字」,到《猴杯》中的「文」,正是在這樣一種鬆動流變之中,開展它對於「華夷之辨」與「華夷之變」的思辨與想像。以下,即藉由具體文本解析,進行論述。

四、說「文」解「字」:《群象》與《猴杯》的再現策略與內在張力

(一)「即字即象」、「象(像)而不像」與「以象獵象」
——《群象》的文字獵象術及其弔詭

《群象》全書以華裔男孩施仕才在婆羅洲雨林中的獵象尋人旅程為主軸,循此鋪衍出施家與母系余家移民至婆羅洲之後的家族紀事,及其與殖民者、日軍、共黨、原住民之間複雜的恩怨糾葛。其中,「象」無疑是最具關鍵性的字眼。[45]如前所述,由於「象形」乃是漢字的重要造字原則,所成之字,每每具

形與根本詞義的發展中,蘊含了人類對於一種構形智慧的理解與掌握,將自然的不定之形化約成一個有機的整體,轉對抗為和諧、收束混亂於秩序,並藉著展現善與美,從而達到從人類創造精神生發而來的所有藝術之最終臻境。」陳世驤著,高文萱譯,陳國球校訂,〈中國文學的文化內涵〉,《東亞觀念史集刊》,10(臺北:2016),頁328。

44 鄭毓瑜的《引譬連類:文學研究的關鍵詞》一書曾就此有頗為深入的討論,尤其是〈替代與類推〉與〈類與物〉兩章,可參看鄭毓瑜,《引譬連類:文學研究的關鍵詞》(臺北:聯經出版,2012),頁187–230、231–266。

45 黃錦樹曾敏銳地指出:這部作品特別之處在於,作者透過一個可以聯結諸事物的奇異事物—象—以文學的方式對南洋華人宿命的內在中國進行思考。見黃錦樹,《謊言或真理的技藝》(臺北:麥田出版,2003),〈希見生象〉,頁439–440。

有「即字即象」的形象性。然而弔詭的是,既成其為「字」,必然也就脫離了原初的「象」,象形之字,其實根本就是「象(像)而不像」。不止於此,文學書寫中,一切的「意象」、「象徵」之運用,無非也都是「擬諸其形容,象其物宜」,同樣「象(像)而不像」。

饒有趣味的是,在《群象》一書中,「象」又恰恰因為同時實指現實中的「大象」與事實「真象(相)」,使得整部小說中獵象尋人的種種敘事,成為以象(文字)獵象(大象/真象)的紀事本末。其所據以「獵象」的「象」,至少便包括了文字的「敘述」與「象徵」兩個層面。箇中機竅,或可由書中所記述之婆羅洲「象群」及其它物種的來源變化,與得自男孩小舅余家同的《獵象札記》一窺端倪。

首先談「象群」。婆羅洲的象群來源傳說有兩大系,其一是:公元三二六年,印度國王普魯斯以其六隻戰象贈送汶萊國王作為兩國友好象徵,汶萊國王回送無數珍禽異獸。國王不忍囚禁戰象,放生婆羅洲雨林。六象形影不離,迅速繁衍成一支龐大象群,縱橫至今。[46] 另一系則與鄭和有關:鄭和南下時在非洲東岸運回的貢物中有數隻祥獅瑞象,錦豹靈犀,⋯⋯路經婆羅洲,以多餘的數頭巨象交換當地孔雀珍珠雞斑貓等鳥獸。巨象野性難馴,被本地人放生雨林,繁衍成一支獨來獨往的團體。[47]

然而,「印度戰象也罷,非洲野象也罷,或來自什麼地方的什麼象也罷」,敘事者對於這隻象群的描述,最為耐人尋味之處在於:

> 這是一支充滿智慧和強烈排外的團體。掛在鼻子旁的碩大象牙成了誘人財富。十七世紀末,一支英國狩獵隊伍進行了一次大屠殺。⋯⋯十八世紀初,一支荷蘭狩獵隊伍進行了第二次大屠殺,⋯⋯本世紀初仍出現不少狩獵隊伍持續追殺這支象群。⋯⋯歷經人類數百年追殺,象群早已習得各種保護家族和逃躲人類的智慧,耳濡目染代代相傳,使牠們在雨林中像隱士與世隔絕。人類只聞其名,不見其影。只在此山中,雲深不知處。粗茶淡飯,吟詩頌風月。[48]

明明是象群,最後卻要說牠們「只在此山中,雲深不知處。粗茶淡飯,吟

46　張貴興,《群象》,頁31–32。
47　同前引,頁32。
48　同前引,頁32–33。

詩頌風月」，再加上男孩赴圖書館翻查資料，發現「和人類擁有相似壽命的大象也擁有和人類相似的行為和感情」。[49] 這是否有意以象擬人，作為某一族群（華人？）的象徵？[50] 或是以之暗喻馬華人念茲在茲，戮力追尋的中華文化？[51] 抑或，僅止於將「象」視為婆羅洲境內不斷為各方掠奪的物產資源？全書中的「象群」行跡飄忽，時而是踩死祖母的元凶，時而解救男孩於危亡之際，最後為人所見者，若非死象，即是病殘之象，唯獨留下諸多象牙，價值不凡，引人覬覦。箇中曖昧，實有不少可以想像討論的空間。

　　此外，《群象》一書有多處敘述都涉及物種來源及其衍變問題，其一貫特色是：無論是人是物，無不在時間歷程中遷徙流轉，並往往因所處之環境而產生變異，使其與原來的祖先「像而不像」。再者，外來遷徙者及其帶來的生活習性也改變了當地環境及生活方式，彼此相融交混，難再界分。前者如鄭和帶來婆羅洲的非洲象，「環境和食物使牠們數百年來進化得比非洲祖先稍小。密集濕潤的雨林河泊使耳朵的散熱作用變得不那麼重要。耳朵比祖先小」。[52] 後者如婆羅洲的「長屋裡處處有中國」，「長屋種稻方式傳自大唐」，皆為其例。[53] 此外，原住民法蒂亞「黑髮黑眼高顴骨」，「像中國人」，原因或許就是因為人種遷徙，難以辨其遠祖：

> ……北京人……爪哇人……亞洲人祖先。一百四十萬年前，直立原人從非洲擴展至亞洲大陸。一百萬年前，爪哇原人活躍於東南亞「巽他蘭」陸地。……八十萬年前，爪哇原人向北擴展，進入中國南部，是為藍田人。六十萬年前，藍田人再往北擴展，是為北京原人。西元一九○○年，施家人從中國南部南下定居婆羅洲，回到老祖宗爪哇原人故鄉……。[54]

　　這些現象，固然為物種發展流變歷程之實然，然對照於大馬華人的移民南來，或不免進入「象徵」層次，別有微言大義在焉。其中，邵老師中國文化課

49　同前引，頁95。

50　晚清時期，日本人即有以「象」擬喻中華帝國之言論，參見見岸田吟香，〈吟香翁書牘之續〉，《朝野新聞》（日本），1880年5月23日，頁3–4。

51　婆羅洲當地的華人共黨心繫中原文化，將當年邵老師的中國文化課堂搬來部隊基地，而與此同時，也不忘追獵象群，因此「新聞界戲稱三支共黨武裝部隊是獵象隊伍」。張貴興，《群象》，頁96。

52　同前引，頁32。

53　同前引，頁90–91。

54　同前引，頁91。

程中講授「鼉」的遷徙變化一事，尤其耐人尋味。據邵老師引古氣象學家之說，

> 夏商以前，中國中原地區氣候恰似亞熱帶，尤其黃河中下游沖積扇中原一帶布滿沼澤水鄉，溫熱多雨，莽林密集，有利草食和肉食獸類生長，提供了鼉魚最佳生存條件。

> ……夏商時中原氣候生態丕變。寒冷。乾旱常現。湖澤乾涸。鼉銳減，最後絕跡華北。只遺一種體形較小之鼉——也就是現在之謂揚子鱷，活躍於長江中下游。秦漢以降。中原愈趨寒冷。鼉也瀕臨絕種。只留下大量鼉之傳說。漸次被神話瓜代，成為龍之原始形象。龍之神秘化。生物化。乃鼉之世俗化。[55]

也因此，邵老師特別放大數倍音量強調：

> 中原之龍，乃可怕的。食人之巨鼉。……。[56]

中國人常自命為「龍」的傳人，傳統文化中的「龍」，具有神秘、崇高的形象地位，更常與王朝天子相互比擬。過去學者的研究，多以為「龍」的想像，乃是古代中原「蛇」之圖騰崇拜的轉化。[57] 但《群象》卻要告訴我們：「中原之龍，乃可怕的。食人之巨鼉」。在此，不僅龍的崇高性、神聖性被剝除，原先以中原陸地之「蛇」為中心的圖騰崇拜，也被置換為水中之「鼉」。更有甚者，此一可怕的食人巨鼉，其實原本就產於中原，只不過由於自然天候丕變，無法繼續在中原生存，遂轉往南洋。而如此之「鼉」，是否正是隱喻了移民南洋的華人族群，其實才是真正原始的正宗華人？

由神話性質的「龍」，回歸至原始的、世俗的、可怕的「鼉」，所凸顯的另一層意義，乃是將得自於文化、文明發展積累而成的「人文性」剝除，進而揭露其「生物性」的本然面貌。論者已曾指出：張貴興小說具有「禽獸大觀園」的特色，其中人物不少都具有「禽獸化」的傾向。[58] 此一傾向，既是反／

55　同前引，頁19–21。

56　同前引，頁21。

57　參見徐旭生，《中國古史的傳說時代》（北京：科學出版社，1960），〈我國古代部族三集團考〉，頁37–127；李澤厚，《美的歷程》（臺北：谷風出版社，1987），〈龍飛鳳舞〉，頁7–10。

58　參見林運鴻前揭文。

返「龍」為「鱷」的平行對比，也是對於「中國性」予以釜底抽薪式的拆解與置換——換言之，倘若前述的「文」，以及因之而生的諸般「人文化成」的理想與實踐，是為「中國性」或中華文化的核心，以及「華」之所以為「華」的根本因素，那麼，回歸至物種原始的生物性，恰恰是回到「天地之文」的初始狀態，並順由它走向另一條不同的道路（「夷」？）——而這條另類道路，將在《猴杯》中被進一步體現。

至於余家同所留下的《獵象札記》，則是以若斷若續的「荒文野字」，同時記述了現實生活中的獵象見聞與驚人的家族秘辛：原來，仕才的父親早年遭入侵的日軍去勢，母親受日軍姦辱而生下大哥仕農，其它兄妹，則是嗜賭的父親頻頻以母親身體作為抵償債主賭債而生。自唐山渡海南來的余家下一代，因此全數同母異父，血緣早已雜化不純。

如此「真象」，自是令人震驚，男孩的閱讀經驗，遂有如潛水入河，幾近窒息：

> 舅舅筆跡潦草，字體斗大，每字都像吸飽人血的水蛭占據著札記，如從河裡撈起長滿寄生蟲和水藻的鐵匣子。薦萊的字，肥嫩的寄生蟲。骸骨縱橫的句子，盤根錯節的水藻。泥濘糾葛的第一人稱敘述，潮濕窒息的閱讀氣氛。像鐫刻河底的一段墓碑銘，男孩潛入河底已氣若游絲，只瞄到不成語意的半截句子就要命的浮游上來。[59]

男孩因「獵象（文字）」敘述而致使精神上氣若游絲，其所象喻的文字暴力，已明顯可見。無獨有偶地，他的父親則是在現實生活中因啃食書畫而一命嗚呼。晚年精神錯亂的父親「和雞鴨搶食，和貓狗同睡，視日曆報紙書籍為佳肴，見了就吃。……他啃掉郁達夫《沈淪》、魯迅《狂人日記》、沙特《嘔吐》、《婆羅洲異教部落》、《巫術史》、《熱帶植物誌》、數本古典文學經典」。[60] 最後終以致死：

> 父親癱坐牆角，二腳平伸，二手自然下垂，從喉嚨、食道到胃部塞滿各種被嚼得稀糊的繽紛紙張，肚子脹得像活生生吞下一隻大山豬。臉部上揚，二目若張若闔，嘴裡銜一張彩色地圖。那是一張八開的婆羅洲地圖，潮

59　張貴興，《群象》，頁217。
60　同前引，頁141–142。

濕炎熱的東南部已落入父親肚子，近南中國海的西北部則被唾液染濕。……。[61]

眾所周知，〈狂人日記〉中的「吃人」情節，原就兼有寫實與象徵雙重意涵，此處父親「啃書」，顯然有異曲同工之妙。它既是現實生活中的病癥，也象徵南洋華人對於「文」與「字」、文學與文化知識的狂熱欲求──只是，其所欲求者，已不盡是純粹的「中華」文化。

就此看來，《群象》中的「獵象」記事，基礎乃建立在漢語文字「象」的多重意涵之上。從「即字即象」到「象（像）而不像」；從敘述，到象徵，「象」在全書中發揮了既建構，又解構的弔詭作用：它以始於「象形」的華文漢字去尋象獵象，其結果，反而是背離了作為源頭與追尋目標的「中國（性）」。

（二）「文」的改寫
──身之「文」，還是身之「紋」？人文化成，還是弱肉強食？

除「字」之外，《群象》對於「文（圖畫）」的問題，同樣多所用心。父親最後所吞食的婆羅洲地「圖」，便與書中多處強調的中國山水畫〈風雨山水〉相互映照，並循此延伸到《猴杯》中關於傳統中國之「文」的思辨與改寫。這方面的敘事策略，既有「象（像）而不像」的「（比）擬象（喻）」，也有「不像而像」的「擬態」。

《群象》對於婆羅洲地圖的敘述，一開始即是與中國地圖相提並論，並藉此凸顯小說人物的中國認同：

> 余家同中學上地理課時，左傾華人地理老師常把婆羅洲島畫成秋海棠形狀，「若蒙古不獨立，瞧中國和婆羅洲多像！」呼砂洲最長河拉讓江為揚子江，此長河岑南河為黃河。余家同後來坐鎮拉讓江，「揚子江部隊」於焉而生。[62]

而〈風雨山水〉則是南宋畫家吳鍊之作，也是邵老師的傳家之寶。邵曾在文化課堂上鄭重講解，並且說：

61 同前引，頁195–196。
62 同前引，頁85。

> 每次看著它，就不由得想起祖國之壯麗山河……你們將來誰最有出息，我
> 就將這幅畫送給他。[63]

然而諷刺的是，這幅畫作最後隨著余家同輾轉來到揚子江部隊基地，部隊
成員理想墮落，不復初衷的同時，〈風雨山水〉也隱然發生變異：

> 〈風雨山水〉在煤氣燈照耀下顯出另一份嬌媚，擬態成酷熱潮濕的熱帶山
> 水……長屋和高腳屋取代了瓊宇繡閣，遊山玩水的文人書僮換成了戲水的
> 伊班半裸少女，整幅南宋山水畫變成了以渲染南洋風情為主的蠟染畫。煤
> 氣燈突出了邵老師殘留黑板上的字跡，有的殘缺得難辨認，有的仍現出模
> 糊筆劃，如一堆字骸，一座風雨吹擊下曝露屍骨的字塚，壁虎在字骸中穿
> 梭爬行，如蛇群爬行於雞塚。[64]

在此值得注意的，是「擬態」（Mimicry）一詞的出現。它原為演化生物
學用語，指的是一個物種在進化過程中，獲得與另一種成功物種相似的特徵，
以混淆另一方（如掠食者）的認知。因此它是由「不像」而主動趨近於「像」
的有意為之。南宋山水畫「擬態」成以渲染南洋風情為主的蠟染畫，漢字卻或
殘或糊，如字骸字塚，其間寓意，實已呼之欲出。

基本上，無論是「象（像）而不像」的「（比）擬象（喻）」，抑是「不像
而像」的「擬態」，莫不以「似是而非」為共同特色。然而前者取義於《易‧
繫辭》，是為人文世界創制化成的重要途徑；後者援引自生物學，指涉自然界
的生物演化現象。兩者之歧異，恰恰體現在《群象》與《猴杯》敘事策略的
不同偏重之上。《群象》敘事，雖然並不乏以「擬態」作為修辭用語（如前引
文），但主要還是聚焦於「字」的「擬象」特質，藉由同一物種遷徙發展中的
流變，思辨馬華族群在「華（中國性）」與「夷（在地性）」之間的依違離合。
《猴杯》的策略卻是返其本原，從凸顯人的「生物性」特質入手，並經由種種
「似是而非」的修辭操作，與傳統「文」的概念對話，進而從根本上置換並改
寫了以「人文化成」為核心理念，與重視「文治」、「禮文」的文化想像。

《猴杯》敘述一位來自大馬的教師「雉」，在臺灣與自己的女學生發生性醜
聞，故而辭職離臺，返回婆羅洲家鄉。又因身心受創的妹妹「麗妹」產下父

63　同前引，頁120。
64　同前引，頁149–150。

不詳的嬰孩後失蹤，遂深入雨林尋妹，循此鋪陳其家族紀事。乍看之下，「入林」與「追尋」的結構模式，似與《群象》若相仿佛，但不同於《群象》著重揭示家族成員之血緣雜化，以及藉砂共抗爭、尋象獵象等情節喻託對中國文化的想像與幻滅，《猴杯》乃是著力鋪寫余氏家族移民南洋之後，在婆羅洲家園的產業經營，體現其與殖民者、原住民，甚至於華人移民之間複雜的「治理」關係。小說對於「文」的種種反思改寫，正是由此開展。其「似是而非」式的修辭操作，首先體現於種種「命名」的曖昧：[65] 身為教師的主人公名「雉」，弟弟名「鴿」，相對地，婆羅洲家園中，為祖父豢養多年的大犀牛卻名為「總督」——換言之，人物命名「禽獸化」，[66] 但禽獸，反被賦予具有「人」間性格的名謂。

更有進者，小說對於人物的描述，也多以「擬禽獸」的手法為之。如寫雉：

雉，像一隻小蟲，蠕縮羞恥樹中。[67]

（女孩）好像將雉視為那隻夜行獸，透過母親講解，認識和記憶著雉。[68]

雉的女性學生，同樣被比擬為獸：

雉走出量販店，登上一座通往學校的天橋時又遇見那群小獸。……雉的步伐較大，走在群獸前面，竟不敢回頭張望。[69]

一個多月前追蹤過的野兔下學期會變成自己的學生。[70]

---

65 《猴杯》「似是而非」式的修辭操作充斥於字裡行間，使得無論景物人物，幾乎都經由「擬象」方式出之。它時或藉由「如」、「似」、「像」、「仿佛」等字詞明白比喻，時或省略比喻性用語，直接以暗喻方式進行描述，如：「婆羅州島又濕又滑像一隻眠息中的樹蛙……火鶴紅顯示被砍伐和酸雨破壞的一大片雨林，彷彿解剖室中的蛙開膛剖肚。雨蛙抬頭，準備掠食，朝頭上的菲律賓群蝶、台灣蛹和日本蜻蜓吐出舌頭」，便是兼具明喻與暗喻的修辭運用。參見張貴興，《猴杯》，頁24。

66 將人名「禽獸化」的作法，在《頑皮家族》中已大量出現。書中夒氏家族的父親名「頑龍」，子女分別命名為頑麟、頑虎、頑豹、頑熊、頑鳳。

67 張貴興，《猴杯》，頁26。

68 同前引，頁28。

69 同前引，頁28–29。

70 同前引，頁61。

相對地，真正的禽獸，卻是人模人樣，不時體現出「人」的姿態：

豬做出初長成的女兒嬌樣。鴨一臉閨怨。雞像僧侶孵禪。[71]

公雞徘徊陋室，臥薪嚐膽，憂國憂民的模樣。[72]

特別是，敘寫身為犀牛的「總督」時，更是每每出之以「擬人化」的修辭，混淆讀者對文意的理解。例如一開始，「總督」乃是在如下情境中登場：

雉仍然記得十五歲那年和總督在紅毛丹樹下散步時，祖父牽著九 的麗妹在暮色中走過一道獨木橋，打開一道木柵欄，經過余家的鳳梨園和胡椒園，在野草朧朧和歸鳥嘈雜中步入余家家門。[73]

暮色中，雉與總督散步，祖父牽著麗妹返家，一片和睦，使人乍讀之下，誤以為「總督」即或不是余家一員，也應是相熟親友。然而隨後的描述卻是「獸欄內總督叫聲如鼓，蹄聲如雷」，這才揭示出牠原來是「獸」而非人。

此一婆羅州瀕臨絕種的巨獸所以獲得「總督」之名，顯然別有深義。眾所周知，婆羅州曾被英人殖民，當地的最高行政長官，即是「總督」。因此，敘及犀牛身世，小說即是如此描述長成之後的牠，

長角揮灑，蹄腳迴旋，切割踩爛敵人，漫不經心，頗有王者風範，半年多後牠被冠上「總督」綽號，……仿佛告昭天下牠統治這塊野地媲美英國總督統治這塊殖民地。[74]

而余家之所以能在巴南河畔擁有大片種植園區，一方面是曾祖與祖父在野地上恣意以 籬笆圈地，「許多未開發或半開發的荒地就這樣歸攏到余家土地權狀上」。[75] 另一方面，則是當年曾祖多次出入總督府，上下打理，「帶著殖民政府開發許可證和墾荒條約指揮工人開拓」而致。[76] 當大犀牛被曾祖與祖父合力收服，成為余家一員之後，「祖父、總督、四犬」遂成同志盟友，共同「護

71 同前引，頁121。
72 同前引，頁203-204。
73 同前引，頁34。
74 同前引，頁73。
75 同前引，頁85。
76 同前引，頁162。

衛混沌曖昧的家園」。[77]

　　在此，我們不難看出：野生大犀牛得以與殖民者英人共享「總督」名號，實緣於二者在羅婆洲野地皆具有「統治者」的地位。余家龐大的各類種植產業，正是來自於夤緣結黨，由人文世界與禽獸世界兩種「總督」協力促成。甚至於，最後祖父自己也儼然成為另一個「總督」。[78]饒有深意的是，余家為擴張自家資產，巧取豪奪，不擇手段，其經營治理，已經完全揚棄過去中國文化所意欲表彰的禮法文治，反以禽獸界的「弱肉強食」為依歸。敘事者告訴我們：曾祖「買下殖民政府委託他經營的咖啡園和煙草園，在園內開設賭館、鴉片館和妓院，墾殖第二座種植園於巴南河下游」。「花了十年時間，賄賂利誘，恫嚇威脅，挑撥離間，聯夷制夷，試圖安撫、控制、消滅土族」。其間最大的發現是：

> 園區和土族之間的關係，猶如蜜熊之於蜂巢，紅毛猩猩之於野榴槤，蟒蛇之於食蟹猴，是一種弱肉強食適者生存的複雜進化課題和食物鏈之爭，關鍵在於誰是掠食者和被掠食者。[79]

　　曾祖陰狠毒辣，為擴充自家土地殘殺土著，甚至連同為移民的華人也不放過。[80]祖父克紹箕裘，不遑多讓，這正是以「掠食者」的姿態治理野地。參照前一節對於先秦以來，「文」以及「文治」理念的梳理，可以清楚看出：這未嘗不也是一種「順文而治」——只是所順之「文」，不再是天地之間的內在精

77　同前引，頁53。

78　小說不時以「祖父」比擬於犀牛「總督」，最後「野地」、「祖父」與「總督」之間，甚至渾融一氣，彼此互涉。例如，大犀牛死後，祖父說：「阿雉，總督一死，我活著的日子也不長了」同前引，頁264。「野地瀰漫殺氣怒意，閃爍總督基因，樹荄暴凸如總督昔日橫闖直撞的關凸型頭顱，枝枒銳利如總督昔日彎翹現在不知何處的刀鞘型獨角……莽叢慄顫芒草洶湧彷彿總督漫遊其中，野芬芳屎臭瀰漫彷彿總督吃喝拉撒其中。……祖父……的嘴角淌著鴉片毒素像總督嘴角淌著絲棉樹毒素……。」同前引，頁291–292。

79　同前引，頁181。

80　曾祖透過殖民政府購買槍火組織巡邏隊，與土族展開超過一甲子的攻防戰。同前引，頁181。阿班班為此痛批：「余石秀佔我土地，擾我山林，殺戮姦淫我族……。」同前引，頁299。他覬覦隔壁黃家土地，誣陷告密，致使黃家大人被日本軍隊槍斃，小女兒被姦殺，黃家土地迅速被余家佔領，成為胡椒園；教唆總督進行破壞恫嚇，殺死鄰居潘家獨子，不久潘家土地成為余家果園的一部分。張貴興曾在論及自己的寫作時表示：不少南洋移民起初是如同賣豬仔一般被賣來，但取得權力之後，運用狡獪的智慧剝削當地土人，佔領其土地，其實形同另一種殖民。此一說法，應是小說中相關情節之所本。參見潘弘輝採訪，〈雨林之歌——專訪張貴興〉，《自由副刊・生活藝文》（臺灣），2001年2月21日。

73

神形式，也不再是人文化成的人間秩序，而是弱肉強食，適者生存的生物界秩序；中國傳統的「文治」理念，至此已被徹底翻轉改寫。

與此同時，我們不妨再回到小說中的「紋身」，及其與「禮文」概念的對話。如前所述，「禮文」原與服飾之紋相關，通常是藉由衣飾上的織品紋樣以象徵天地秩序與宗法制度。《猴杯》不談服飾，轉而鋪張土著的「紋身」；不講「禮法性」的宗法制度，刻意凸顯的，是人際之間的慾焰橫流，倫理蕩然。試看身為教師的雉與婆羅洲素負盛名的華文教師「羅老師」，無不與自己的女學生發生不倫情事；祖父年少時愛戀被賣至余家代父償債的「小花印」，為曾祖制止，戀情成空，小花印被曾祖性侵，旋即轉送妓院。數十年後，祖父竟然以性侵小花印的外孫女——也是自己名義上的孫女「麗妹」作為代價，致使麗妹懷孕生子，身心俱創，自此如蜥蜴般在地上爬行，情節令人驚心。遑論還有無數被迫在妓院娼館被日夜蹂躪的女性，她們多數都因父親在余家的誘惑下嗜賭吸毒，無力償還積欠余家的債務，女兒身體，遂不得不淪為犧牲。

然而女性受父親／父權宰制，身不由己，不也是「宗法制度」的另一面向？因此，我們遂得以理解，為什麼當日軍入侵，種植園結束之後，娼館裡三十多個女人不畏艱難險阻，決意集體逃亡。因為，「她們痛恨園區，不想回到販賣她們的父母懷抱，害怕鬼子強迫她們慰安軍人」。她們餐風露宿，沿著巴南河畔深入雨林心臟地帶，「採吃蝙蝠鳥猴啃過的生澀水果，撿食長鬚豬吼鹿嚼剩的爛果，冒險吞下可能有毒的蕈菇，喝豬籠草瓶子裡的涼水，⋯⋯食物匱乏而不安全時，完全依賴豬籠草瓶子水解渴充饑」，終於，

> 一百多天後，她們被幾座長屋的達雅克人收留，結束驚心動魄的逃亡生涯。女人從此口吐達雅克語，言行表裡宛如達雅克，黑壯勤勞，認命幹活，不再細皮白肉。她們下嫁達雅克男人，生下一群子嗣，為了紀念那段逃亡日子，子嗣手臂上都紋著豬籠草瓶子。[81]

這段敘述，提醒我們注意「猴杯」作為小說的書名，以及人物以豬籠草紋身的象徵意義。猴杯其實就是豬籠草，它是一種肉食性植物，用以捕食的瓶子狀如女性生殖器。小說中，當地兩種瓶子最大的豬籠草屬，白種人稱之為王公豬籠草和萊佛士豬籠草，前者名稱來自砂勞越第一代白人總督詹姆士・布洛

81　張貴興，《猴杯》，頁277。

克；後者來自早期大英帝國殖民地新加坡之父史坦福・萊佛士，[82] 其命名皆與殖民者有關。它瓶中的汁水能解人饑渴，雖然以捕食昆蟲為生，卻屢被餵食以嬰屍腐肉。據羅老師所言，它「就像是一片荒地的拓荒者吧。那土地愈貧瘠頑劣，它越蓬勃」。[83] 以豬籠草紋身，不啻以一種奇詭的形式，向過去的「禮文」觀念提出抗辯——它不只是捨衣飾而就肉身，將原本衣飾上的織品紋樣直接轉紋於肉身，更重要的是，同屬天地自然之物、主產於熱帶亞洲的豬籠草，已不再如華夏民族的衣飾之紋，被取用為「比德」或喻示「差等」之用。它標識了特定族類的集體逃亡記憶，銘刻著異族殖民、宗法宰制下的恥辱、不堪；以及融合於雨林生活之後的雜化與新生。

以此為基礎，遂得延伸至《猴杯》的「言語」問題。前曾提及，《左傳》有「言，身之文也」之論。據此，「言說」實一如服飾之紋——甚或是紋身之紋，成為彰顯自我的表徵。而我們還記得，紋身大師阿班班的孫子巴都，他身上的許多紋斑，實和與身俱來的胎記打成一片，難以區分。身之「紋」的來源雜糅，似乎也意喻了作為身之「文」的言語，其構成來源同樣不主一端。婆羅洲的語言雜化不純，已如前述；小說中以各種比擬性的修辭形容各不同語系的言說，並描述其混雜交鋒的文辭時有所見。然而對其間交融混血狀況的描寫，實莫過於以下這段文字：

> 亞妮妮英語、華語、達雅克語和手語交互應用，製造出一種只有雉才明白的語言情境，閃爍詭異，鮮紅美麗，彷彿一個有四種血統的混血兒。混血兒經過母親垂直感染、母乳哺育、口水舐舐，文法語調幾乎一個模樣，攪得黏糊糊像四胞胎。或者更正確的說，他們是雉和亞妮妮多次交配乒乓感染後產下的私生子，沒有名姓國籍，即興窘迫，母親的膣現在還淌著血。[84]

語言是人際之間溝通往還，表情達意的媒介，看似原無定制，經約定而後俗成。然而形成發展過程中，其實早已內蘊了該語系的民族精神內涵及特殊的感知思維模式。不同語系言語的混融並用，本身就是不同族群之精神內涵與感知思維的交接互滲。亞妮妮是一位手臂上紋有豬籠草的達雅克女子，意謂她的母系先人乃是自種植園逃亡而出的女性。她陪同雉深入雨林尋找麗妹，與雉之

---

82 同前引，頁23。
83 同前引，頁177。
84 同前引，頁314–315。

間產生戀情，為了保護雉不致為族人巴都暗殺，數次獻身於雉。而整部小說，恰是在雉對亞妮妮的婚誓承諾中，戛然而止：

> 我會娶妳的，亞妮妮，在我心目中，妳已經是我妻子了。[85]

為了融入達雅克人群體，雉多方學習達雅克語，[86] 亞妮妮也混用多種語言與雉及其祖父溝通，儘管總有言難達意之憾，然而一種可能的、新生的言語表述方式，畢竟已在逐步形成之中。而語言的形變，自然也意味著精神內涵與感知思維方式的翻轉更新，進而形塑另類文化與文明；它亦華亦夷，似華似夷，卻也非華非夷。

五、餘論：「女性」與「生物性」
——「華夷之變」的微觀政治

「漢字」是各地區華語文學書寫所共同使用的文字，因此，漢字的構造特質、所內蘊的感知與思維模式、它最原初的形象：「文」，以及因「文」衍生而出的「文治」、「禮文」、「文學／文辭／言說」等觀念，遂共同成為「中國性」的重要內涵；一切關乎於「華」的文化想像，亦皆緣此而生。張貴興的《群象》著眼於「字」，由「象」字的多重意涵出發，運用「擬象」、「象徵」技法，藉由文字之象尋象獵象，反思物種遷徙之後的變化，其結果，卻是背離了作為源頭與追尋目標的「中國（性）」。《猴杯》聚焦於「文」，從婆羅洲土著的「紋身」現象切入，展開與中國文化中，關乎「文治」、「禮文」與「文辭／言說」等觀念的對話；它琢磨身之「紋」與身之「文」之間多層次的游移與辯證；以原始的「生物性」取代了後天的「人文性」，將「人文化成」的理想，置換為「弱肉強食」的現實。凡此，皆可視為華夷交鋒交混過程中，多元變貌的體現。

然而微觀此一「華夷之變」的過程，卻會發現：過去學者定義華夷，論析華夷之間的「辨」與「變」，每每都是經由男性觀點，從天下國族等「大我」

85　同前引，頁317。

86　雉試圖以達雅克語與巴都等人交談，「現學了一批實用動詞和器物名稱，但達雅克語仍是亂箭齊飛，沒有一箭中的，芒草叢中負傷逃竄的大象和吶喊追逐的獵人那種雄偉豪華場面常中斷在詞彙貧乏中……」。同前引，頁128。

處著眼，忽略了隱蔽於其中的性別、階級，以及人性等「小我」問題。在本文最後，乃試圖就此提出另類反思，所關注的重點是：根據前文對於「解字」與「說文」的討論，若進一步著眼於「女性」與「生物性」問題，對於「華夷之變」或「華語語系文學」的思辨，是否因此開啟不同的面向？

先看「女性」問題。我們記得，《群象》中，余仕才教導法蒂亞學習漢字，首先學的就是「女」字。他特別強調：中國字多象形，「女」即取象於「女人卑躬屈膝」。「女」字的造字源起，即已蘊藏著男女之間的高下差等。由此發展出的性別規範，在「華」人的文明文化中源遠流長，無遠弗屆，即或身在他鄉異域，女性同樣無所逃於父權宰制。小說《群象》中的施家母親，《猴杯》中的娼館諸女子，都是父權制度下被犧牲的女性華人。由於丈夫、父親嗜賭吸毒，女性身體，遂淪為償還債務的替代品。（男性）日軍入侵之後，娼館女子集體逃亡，歷盡艱難困苦，最後嫁給當地的土著達雅克人，「從此口吐達雅克語，言行表裡宛如達雅克」。她們主動選擇去華就夷，所在意的，不是天下國族，不是文化文明的存亡續絕，而是要掙脫文明內層的父權掌控，回復己身的自在自主。而如此「變於夷者」，[87] 既不宜與「華語語系文學」中，關乎「離散」與「反離散」的爭辯混為一談；也不盡然同於「華夷風」所強調的「風」與「勢」的政治詩學。所開啟的，自當是別出於男性觀照下的華夷風景。

再者，推原究始，相對於被界定為野蠻、暴力、邊緣、異己的「夷」，向來標榜以「文」為其核心價值的「華」，其實不待與「夷」交混，自身便已內蘊了與「夷」並無二致的因子。甚至於，「華」一開始原本就是「夷」。《群象》中曾提及：「中原之龍，乃可怕的，食人之巨鱷」，箇中的微言大義，不言可喻。只是，隨著歷史進展，「華」創文造字，並且順「文」而治，遂開啟了綿延不絕的文明文化。然從另一方面看來，文化的製作編碼，未嘗不是一種文過飾非，遮蔽其原始的生物性格，化不合理為合理。以男性為中心的性別差等及其對女性的傷害，已如前述；若再著眼於刻意被文明掩蔽的「生物性」，更會發覺：此一性格始終貫通華夷，成為重組華夷秩序的要重變數。在《猴杯》中，移居南國的男性華人剝除其華夏文明的外衣，貪婪縱慾，為逞一己之私，與當地殖民者合縱連橫，淫人妻女，奪人地產，無所不用其極。就此而言，或

87　韓國學者白永瑞在論及「小中華」問題時，曾提出「吾聞用夏變夷者，亦聞變於夷者」之說，參見〈中華與去中華的文化政治──重看「小中華」〉，收入張崑將編，《東亞視域中的「中華」意識》（臺北：臺大出版中心，2017），頁314。

可將之視為身受南國（蠻荒）風土特質之催發，致使橘變為枳，華化為夷，並以與「夷」一氣相通的「生物性」，解構了原先華人文明中引以為傲的文治與禮文觀念；但不容諱言的是，對比於同樣身處南國的華人女性，她們卻是身受其害，苦不堪言，選擇與達雅克人通婚生子，則是從語言到血緣，從生活方式到文化認同的翻轉。其間差異，自不待言。

　　循此，讓我們再回到張貴興的小說，並重新反思其間的「華夷之變」。可見的是，婆羅洲雨林的熱帶風情，固然早已不同於中國的風雨山水；多種言語的雜化混血，也喻示了個人精神內涵與感知思維的新變。凡此，皆使張貴興的小說，在雨林空間、墾殖制度、共產烏托邦等多重歷史地理因素的相互激盪下，流變出深具在地性的獨特風貌。但值得注意的是，不僅其所據以書寫再現的媒介，仍以華語漢字為依歸，其特重於「象」喻的寫作技法，以及對於「文」的殷勤致意，正所以彰顯「華」語文書寫的終極特質。其間張力，在在開展出「華語語系文學」，或是「華夷風」的自我辯證能量。然而，更值得注意的是，即或是同一時空，同樣的「華」與「夷」，亦因為「華」之男女有別，以及「生物性」的彰顯與否，在與「夷」交鋒交融的過程中，體現迥異走向。而如何微觀華夷、微分中心與邊緣，如何就「華語語系文學」或「華夷風」論述進行更細緻深入的反思，應是未來學界可以繼續研探的論題。

引用書目

一、傳統文獻

王弼、韓康伯注，孔穎達等正義，《周易正義》，收入阮元校勘，《十三經注疏》第 1 冊，臺北：藝文印書館，1981，重刊宋本。

杜預注、孔穎達等注疏，《春秋左傳注疏》，收入阮元校勘，《十三經注疏》第 6 冊，臺北：藝文印書館，1981，重刊宋本。

鄭玄注、賈公彥注疏，《周禮注疏》，收入阮元校勘，《十三經注疏》第 3 冊，臺北：藝文印書館，1981，重刊宋本。

許慎撰，段玉裁注，《說文解字注》，臺北：藝文印書館，1955。

劉勰著，黃叔琳注，《文心雕龍校注》，臺北：開明書店，1959。

二、近人論著

王德威，〈在群象與猴黨的家鄉──張貴興的馬華故事〉，收入張貴興，《我思念的長眠中的南國公主》，臺北：麥田出版，2001，頁 9-38。

───，〈「根」的政治，「勢」的詩學：華語論述與中國文學〉，《中國現代文學》24 期，2013，頁 1-18。

———，《華夷風起：華語語系文學三論》，高雄：中山大學文學院，2015。

———，〈華夷之變：華語語系研究的新視界〉，《中國現代文學》34期，2018，頁1–28。

史書美，《視覺與認同：跨太平洋華語語系‧發聲‧呈現》，臺北：聯經出版，2013。

白永瑞，〈中華與去中華的文化政治——重看「小中華」〉，收入張崑將編，《東亞視域中的「中華」意識》，臺北：臺大出版中心，2017，頁314。

李有成，《詩的回憶及其它》，吉隆坡：有人出版社，2016，〈荒文野字〉，頁102–104。

李澤厚，《美的歷程》，臺北：谷風出版社，1987。

林淑娟，《文的系譜》，新竹：國立清華大學中國文學研究所博士論文，2016。

林運鴻，〈邦國殄瘁以後，雨裡還有什麼？——試論張貴興的禽獸大觀園〉，《中外文學》，32.8，臺北：2004，頁5–33。

俞建章、葉舒憲，《符號：語言與藝術》，臺北：久大文化，1990，〈藝術符號的史前王國〉，頁75–123。

侯紀萍，《雨林的復仇——張貴興小說原鄉意識研究》，臺北：東吳大學中國文學研究所碩士論文，2009。

威廉‧馮‧洪堡特著，姚小平譯，《論人類語言結構的差異及其對人類精神發展的影響》，北京：商務印書館，2008。

徐旭生，《中國古史的傳說時代》，北京：科學出版社，1960，〈我國古代部族三集團考〉，頁37–127。

張貴興，《頑皮家族》，臺北：聯合文學，1996。

———，《群象》，臺北：時報出版，1998。

———，《猴杯》，臺北：聯合文學，2000。

———，《沙龍祖母》，臺北：聯經出版，2013。

張錦忠，〈文字圍城之進出〉，《蕉風》，424，吉隆坡：1989，頁17–20。

———，《馬來西亞華語語系文學》，吉隆坡：有人出版社，2011，〈馬華文學的定義及屬性〉，頁16–29。

陳世驤著，高文萱譯，陳國球校訂，〈中國文學的文化內涵〉，《東亞觀念史集刊》10，臺北：2016，頁327–369。

陳惠齡，〈論張貴興《群象》中雨林空間的展演〉，《高雄師大學報》，16，高雄：2004，頁273–292。

黃錦樹，〈從個人的體驗到黑暗之心——論張貴興的雨林三部曲與大馬華人的自我理解〉，收入張貴興，《我思念的長眠中的南國公主》，臺北：麥田出版，2001，頁249–266。

———，《謊言或真理的技藝》，臺北：麥田出版，2003，〈希見生象〉，頁439–440。

———，〈東南亞華人少數民族的華文文學〉，收入張錦忠編，《重寫馬華文學史論文集》，南投：暨南大學東南亞研究中心，2004，頁115–132。

———，《馬華文學與中國性》，臺北：麥田出版，2012，〈詞的流亡——張貴興的寫作道路〉，頁297–317。

潘弘輝採訪，〈雨林之歌——專訪張貴興〉，《自由副刊‧生活藝文》（臺灣），2001年2月21日。

鄭毓瑜，《引譬連類：文學研究的關鍵詞》，臺北：聯經出版，2012。

龔鵬程，《文化符號學》，臺北：臺灣學生書局，1992。

岸田吟香，〈吟香翁書牘之續〉，《朝野新聞》（日本），1880年5月23日，頁3-4。

Bachner, Andrea. *Beyond Sinology: Chinese Writing and Scripts of Cultures*, New York: Columbia University Press, 2013.

Bernards, Brian. *Writing the South Seas: Imagining the Nanyang in Chinese and Southeast Asian Postcolonial Literature*, Seattle: University of Washington Press, to come.

Groppe, Alison. *Sinophone Malaysian Literature: Not Made in China*, Amherst, NY: Cambria Press, 2014.

Shih Shu-mei, *Visuality and Identity: Sinophone Articulations across the Pacific*, Berkeley: University of California Press, 2007.

Tan, E. K. *Rethinking Chineseness: Transnational Sinophone Identities in the Nanyang Literary World*, Amherst, NY: Cambria Press, 2013.

Tsu Jing. *Sound and Script in Chinese Diaspora*, Cambridge. Mass.: Harvard University Press, 2010.

付記：本論文為「說〈文〉解〈字〉：張貴興小說與『華語語系文學』的文化想像及再現策略」一文的改寫版，原文刊載於『清華學報』48卷4期（2018年12月），頁797-828。

II

グローバルとローカルを
めぐって

「土の近代」と「水の近代」

——中国近代化の歩みから考える——

石井　剛

Soil and Water: A Dual Metaphor to Reflect on Chinese Modernity

Abstract: The process of modernization in China, as well as in many other Asian countries, contains inner contradictions. Throughout the twentieth century, while they imported and adopted the techniques and institutions of Western modernization, they also modernized themselves to protest against colonial imperialism. As Wang Hui, following Takeuchi Yoshimi, says, we could recognize such a type of counter-modernization in Asia as "modernity as anti-modernization." In this paper, I would like to designate the form of Western modernization brought into China as "water modernity," while the socialist counter-modernity may be called "soil modernity." As a metaphor, "water" represents the fluidity of capitalistic socio-economic conditions. In the sense, the major steams of modern transformation in the non-Western world during the late nineteenth century and the early twentieth centuries were recognized as "water modernity." It was seemingly overcome once by Mao's revolution—which I would call "soil modernity"—as it was a counter-modernity based on agricultural production combined with the literary imagination toward local soil. However, under the "reform and opening-up" policy since the 1980s, we have witnessed the revitalization of "water modernity" in the processes of marketization and rapid economic growth, eventually making China a global super power. The "liquid modernity" designated by Zygmunt Bauman is an appropriate allegory for the present situation of China. In the sense, the socio-economic climate in China today should be regarded as a major arena of "water modernity" that reveals itself as global capitalism. Among the climate, people are alienated from their cultural soil, as well as haunted by nostalgia for a soil that does not exist anywhere.

By revisiting Lu Xun's novel *Hometown* and Jia Zhangke's film *Still Life*, this paper articulates the twisting relation between the two contradictory aspects of China's modernization, and seeks possibilities to go beyond the dichotomous imaginary of the global and the local. In particular, it focuses on the concept of *jianghu*, or a community of people in the underclass, literally meaning river and lake, to divert "water modernity" in a different way.

Keywords: water modernity, soil modernity, *Hometown*, *Still Life*, *jianghu*

〈堅固なものを打ち負かそうとする者は、友情を発揮するいかなる機会も
逃してはならない〉
　　　　　　　　　　　　　　　　　　　　──ヴァルター・ベンヤミン

1．「土の近代」

　2017年に東方書店から翻訳出版された王徳威『抑圧されたモダニティ　清
末小説新論』（David Der-wei Wang, *Fin-de-Siècle Splendor: Repressed Modernities
in Late Qing Fiction, 1849–1911*, Stanford University Press, 1997）に縁あって書評
を執筆する機会を得た。本稿は、その書評執筆の過程でたどり着いたアイデ
アに端を発している。まずはその一部をここに引用してみたい。

　　本書がすくい上げたのが妓女や侠客の世界の物語であるとすれば、そ
　　の脱中心的で流動的なさまはあたかも水を思わせる（「江湖」なる語を
　　連想すればよいだろう）。本書のモダニティとは淀むことなく流れ続け
　　る水の近代なのだ。一方で、五四的モダニティは、「土」に生き死にす
　　る民の主体化を目指し、やがて内側からの暴力とともに色褪せていく。
　　だが、それらが80年代以降の小説に受けつがれなかったはずはなかろ
　　う。言いかえれば、当代小説は、清末的「世紀末」の再現であると同時
　　に、五四以降の「土」のモダニティをもうちに取り入れているのではな
　　いか。そう考えてみると、莫言や張承志、さらには小説ではないが、賈
　　樟柯の映画に見られるような「郷土」的主題が、単なるノスタルジーの
　　表出というだけではとても語り尽くせない複雑さと豊かさを湛えている
　　ことに自然想到するだろう。そのことを評者なりに受けとめてみると、
　　これらの作品に描かれているのは、「侠」のヒロイズムと相補いながら、
　　ひび割れたモダンの空隙を射貫くような不穏さを醸す人々の世界であ
　　る。[1]

同書が初めて出版されたのは、香港返還の1997年、まさに20世紀が世紀末
を迎えようとしていたころのことだ。それから20年を経てこの書を初めて

1　拙稿「百年を跨いで照らしあう二つの「世紀末的輝き」」『東方』442号、2017年12月、33–34頁。

完全な日本語で読むわたしたちをとりまく世界の情勢は、そのころとは大きく異なっている。その異なりを読むのでなければ、この作品のオリジナルタイトルが「世紀末の輝き」と題されていたことへの応答はできないだろう。そう考えた上で思わざるを得なかったのが、「侠」の妖しさをいかにしてなにがしかの「希望」へと読み替えていくことができるのかという問いであり、「水のモダニティ」と「土のモダニティ」とは、そのための補助線として考案された一対の比喩である。

　思えば、中国の社会主義革命による近代化とは、「土の近代化」のプロセスではなかったろうか。ときに「反近代の近代」と呼ばれるその近代化は、海の方からやってきた帝国主義的モダニティ（それは「水のモダニティ」のイメージと分かちがたく結びつく）に対する抵抗のモダニティを追求するしかたで進められていった。延安のことを思い出せばそれは象徴的にも理解されよう。

　　中国の革命的文学者・芸術家、有能な文学者・芸術家は、かならず大衆の中へはいって行かねばならない。かならず、長期にわたり、無条件で、全身を打ち込んで、労働者・農民・兵士大衆の中へ、火のような闘争の中へ、唯一の、もっとも広い、もっとも豊かな源泉の中へ、はいって行かねばならない。[2]

延安座談会におけるこの毛沢東の講演に凝縮された精神は、1980年代の文芸にも脈打っている。

　　70年代当時の知識青年はみな、それぞれの体験に基づく"農村物語"を胸の中にしまっていた。それほどに深く中国の社会とその底辺、とりわけ農村に入っていたからだ。厳しく、複雑で、貧しくはあるが生き生きとした中国文化の現実の姿は、私たちの世代に徹底した再教育を施した。[3]

このように述べた張承志のみならず、1980年代以降に現れた文学や映画作品の作者たちの多くは、かかる「土」の再教育によって深い傷を負いつつ

2　毛沢東『文芸講話』竹内好訳、岩波書店、1956年、31–32頁。
3　張承志『紅衛兵の時代』小島晋治・田所竹彦訳、岩波書店、1992年、193頁。

も、「それぞれの体験」に基づいた「土」の内面化を経てきたと言えるだろうし、小説ではないにせよ、賈樟柯のようなポスト文革世代の作家にもその遺産は受けつがれている。もちろんその継承ぶりは直線的なものではなく、ねじれを経たものであるにちがいない。延安を原点とする「土」の革命の記憶が文革につながり、それを否定する「水の近代化」としての改革開放（後述）の流れの中で、「郷土」がノスタルジーを伴いながら表象されていくようになる。こうした幾重ものねじれは、社会主義（とそれを目指した革命の伝統）をレジティマシーの基礎に据えながら、同時に資本主義への合流を果たした現代中国の奇妙な二面性を反映している。

　「土」からの近代化であれ、近代に対する批判と反省としての「土」への回帰であれ、「土」への想像は、失われた、もしくは失われつつある何らかのコミュニティに対する希求と拒絶の感情を複雑に内包する。魯迅が「土」に対するアンビバレンスを吐露している例として、かの有名な『故郷』という小品を思い出してみよう。出生において閏月の「五行欠土」であったが故に名づけられたという名前を持つ閏土。この名付けの理由からして、彼の存在はこの物語が「土」の欠落を運命づけられた世界における「土」の再生の希望に関わっていることを示している。主人公「わたし」の少年時の記憶の中にある彼は、新年の祭礼のときだけ「わたし」の家に臨時に雇われてやってくる百姓の息子で、不思議な生き物の話題が豊かで鳥を捕まえるのがうまい少年だった――そして、この戯れの場所はなぜか海辺の砂地である――。だが久しぶりに故郷に帰った「わたし」と三十年ぶりの再会を果たした閏土には、当時の面影はなく、二人の間は、「だんなさま」という呼称によって示される「厚い障壁」によって隔てられている。二人を隔てる障壁が郷土社会を覆う礼教的秩序であり、それを告発しながら同時に自らもまたかかる秩序の一角を支えていることへの自覚をもつ――こうした魯迅の作品を貫くモチーフは『故郷』の中でも反復され、そうであるが故に、このテクストの中でもまた、「わたし」は自分の息子（宏児）と閏土の息子（水生）に希望を託す。

　　わたしはこう思うのだ。わたしはもはや閏土とこれほどまでにかけ離れてしまった。しかし、わたしたちの下の世代たちはひとつになるだろ

う。宏児だって水生のことを思っているではないか。わたしは願っている。彼らがわたしと同じようにまたみなと距離ができてしまわないようにと……。[4]

郷土の記憶は、「わたし」の少年時に対する美しい郷愁を構成する。しかし、「故郷」とはもうここでは帰ることのできない場所でしかない。現実の郷里は彼と記憶の中の郷土を隔てる「厚い障壁」でしかないのだ（同時に、この帰還不可能性の感覚そのものは実はモダニティの意識を構成すると王德威なら言うだろう[5]）。「閏土」の名に示されているとおり、恢復されるべき「土」は、もはや絶対的な欠落の弥縫にしかならない。この「壁」を突破して、再び「土」との新しい関係を築こうとしたのが、おそらく毛沢東の革命に追随した張承志ら、新しい人々が賭けた理想であったと言えるだろうし、また、中華人民共和国の最初の30年に試みられた土地改革と農業協同化にも、少なくともその理想においてはそうした一面がたしかにあったにちがいない。

2．「水の近代」

閏土の息子の名が「水生」であったことも、同様にひどく暗示的である。共和国最初の30年の実験は現実としては失敗に終わり、1980年代には一気に改革開放へと社会全体がなだれをうつ。それは、「土の近代化」の挫折と「水の近代化」への転換であった。「水のモダニティ」とは何か。それは、人とモノの水のような流動を成長と発展の原動力とする近代であり、中国の社会主義革命的近代が抵抗しようとした近代であるとまずは言ってよい。そのような流動を可能にしたのが資本主義であることは言うまでもなく、それは商品と通貨の流通とそれに伴う人の移動によって、水が広がるように世界に浸透していく。『抑圧されたモダニティ』が19世紀後半以降の花柳界や江湖の世界を描いた作品を取り上げ、そこに「五四」的近代とは別種のモダニティの蠢きを捕捉し得たのは、まさに資本主義的な流動性が不可逆的に浸透していく過程が、それらの作品世界に認められたからにほかならない。

4　魯迅「故郷」『魯迅全集』第一巻、北京：人民大学出版社、2005年、510頁。
5　王德威『後遺民写作』台北：麦田出版、2007年、35頁。

その意味で、「水の近代」と「土の近代」は対抗的関係にあると言ってもよい。「土の近代化」の過ちによる国土と人心の疲弊からの恢復プロジェクトとして始められた改革開放政策が「水の近代化」に対する希求でもあったことは、テレビドキュメンタリー『河殤』（1988年）が、農業の高度文明から海洋文明への転換を鼓吹する作品であったことにも端的に現れている。20年前に王徳威が語ったのは、こうした「水のモダニティ」の生成と屈折の軌跡としての「長い20世紀」であった。「水生」の名において託されているのは、もはや回帰不能な「土」との関係の断絶という現実を克服する方途として「水」的な生の可能性である。

　だが、当然のことながら「水のモダニティ」にも危険は潜んでいる。いや、わたしたちはいま、それがもたらした深刻な危機の前に喘いでいるのだと言ってもいい。20年前に書かれた「世紀末の輝き」が20世紀の最後の10年を眩く意識していたとき（『抑圧されたモダニティ』の最終章が当代文学を対象にしていることからわかるとおり、二つの世紀末が奏でる変奏の響き合いこそがこの書物のオリジナルタイトルの由来である）、その後の今日に至る20年はどれほど現実的な想像だっただろうか。だが、20世紀の世紀末は、今日につながる危機をすでに体現していたのである。例えばそれは、ジグムント・バウマンが「液体的近代（liquid modernity）」と名づけた現実にも現れている。

　　　「液体的モダン」とは、人々の行為が、日常的に繰り返される習慣の中で凝固するよりも早く移ろっていくような社会である。（中略）液体的生活は、液体的近代の社会とまったく同じように、長い時間かたちを保ったり、ある軌道の上に居続けることはできない生活のことである。[6]

「液体的近代」において、人々は自由に移動し、その移動は捉えがたく、誰もそれを支配できない。だが問題は、そのような自由が誰にでも許されているのではないことだ。資本を有する「ノマディックで脱領域的（exterritorial）なエリートたち」が、定住状態にとどめおかれている多数者に対する支配を確立するのだとバウマンは述べる。わたしたちが思い起こすのは、賈樟柯の

6　Zygmunt Bauman, *Liquid Life*, Cambridge: Polity Press, 2005, p. 1. 日本語版は、ジグムント・バウマン『リキッド・ライフ』長谷川啓介訳、大月書店、2008年、7頁。引用は拙訳。

映画『罪の手ざわり』（2013年、原題は『天注定』）にも描かれた外資系企業とそこでの労働者たちのすがただ。汪暉はそのいわゆる「富士康（Foxconn）事件」（2010年）に関して次のような感慨を吐露している。

　わたしは阿Qの運命をわたしたちが身を置く世界と比べずにはいられない。中国の南方、富士康では13名の労働者が次々に飛び降り自殺をした。話によると、ほかにも未遂に終わったがけがを負った女性労働者がいるらしい。彼らは飛び下りた瞬間にいったい何を思ったのだろうか。理屈に当てはめれば、彼らにはほかにも可能な選択肢があった。失業者に比べれば、彼らには仕事があったのだし、ほかのブラック工場に比べれば、彼らがいたのは（比較的条件のよい）台湾資本の企業だった。その仕事にどうしてもがまんできないのなら、彼らはいなかへ帰ることもできたかもしれないし、辞職してほかの道をさがしたってよかった。彼もまたホンダの工場の労働者にならって組織的にストライキをおこない、もっとよい待遇を求めることもできただろう……。それなのに、なぜ彼らはそうしなかったのだろうか。自殺は富士康の労働環境に対する抗議であっただけではなく、これらのさまざまな選択肢を否定することでもあったのだ。わたしは、魯迅が描いた「つまらなさ」のことを思った。それは、意義に対するきびしい否定である。かわいそうな阿Qのように裁判による銃殺刑で死ぬのではなく、彼らは自分の命を絶ったのだ。しかし、阿Qの死と同じように、それはわたしたちの心を震わせる。あの13の瞬間、からだとたましいは分離したのだろうか。彼らはかくもしずかに死へと赴いていった。ひょっとすると、歯がみするようなたましいの痛みとはかえって無縁だったかもしれない。なぜなら、痛みはずっとああして存在していたのだから。それは、自覚的な死だったのか、それともマスコミが言うような精神的な病によるものだったのか。わたしたちに答えを得るすべはない。あるのはただ、メディアの喧噪と、そして喧噪の後のもとと同じままの空虚さと寂寞だけである。わたしは、余華が好んで引用するボルヘスの言葉を思い出した——「まるで水が水の中に消えていくように。」[7]

<hr>

7　汪暉『阿Q生命中的六個瞬間』上海：華東師範大学出版社、2014年、98-99頁。

多国籍企業との合作によって経済発展を進めてきた中国の改革開放政策の帰結の一つと目される都市／農村、沿海／内陸の経済格差とその構造の中で喘ぐ出稼ぎ労働者たちの声は、まるで「水が水の中に消えていく」かのように静かに消えていく。「声なき中国」は、一世紀近くを経てもなお、「水のモダニティ」の前でその声を獲得できてはいない。それは、「土の近代化」の夢が潰えた結果なのだろうか、それとも「土の近代化」がまだ成し遂げられていないということなのだろうか。それとも、これらのいずれでもない別のモダニティ、もしくはモダニティの「あと」が構想されるべきだということを示すのだろうか。

3．「水」から「江湖」へ

さて、以上のような、きわめてラフなスケッチのあとで考えてみたいのは、「水」のもう一つの可能性についてだ。もとより、「水」と「土」を相容れないものと考えて一方を取り一方を捨てるということは不可能であるし無意味であろう。両者は分かちがたく結びつきあっている。わたしたちはそこにこそ「グローバルとローカルのバランス」を求めていく必要がある。

バウマンにとって、「水」的（液体的）であるとは、第一義的には現代の軽やかに越境を遂げる資本主義エリートたちのライフスタイル（リキッド・ライフ）のメタファーであった。彼が好んで引用するのは、『ガーディアン』紙に寄せられた以下の記事だ。

　　水のように流れ、あなたのその愛すべきパワーであらゆる隙間を埋めながら、あなたはすばやく動き回る。流れに逆らってはならない。淀んでしまったり川底や岩（それは所有すること、あなたの人生を通り過ぎていく状況や人々だったりする）にまとわりつくほど長くとどまってもいけない。自分の意見や世界観を保ち続けようとすらしてはいけない。そうではなく、ただ単に、通りがかったものには何にでも、軽やかにだが知的に拘ってみて、そしてしっかりと握りしめることなしにそれを愛想よくまた手放してしまうのだ。そうすることが、抵抗することも否定的になることもなく何事かを受け入れ、そして自由であるべき何かを手放

すために必要な力になる二つの主な要素なのである。[8]

「はだしの医者」というペンネームをもつこの記事の作者によれば、川となって流れ下る水のようにしなやかであること（ただし賢く）、そして次々と新しい情報を受け入れて消化していくことが成功の秘訣だということになる。「はだしの医者」が道家思想からインスピレーションを得ているのはバウマンも指摘するとおりだ。「水」の柔軟性は、とりわけ『老子』によって取り上げられ、広く知られている。例えば、有名な第78章。

> 天下に水よりも柔弱なものはない。しかし、堅く強い者を攻めるに水に勝るものはない。水はなにものにも代えがたいのだ。弱いものが強いものに勝り、柔らかいものが剛なるものに勝る。天下にそれを知らないものはないが、それを実践できるものもない。（『老子』第78章）

水は何よりも柔らかいものであり、だからこそ、すべてのものに打ち勝つのだ、というこの格言は「はだしの医者」に最も相応しいモチーフを与え、グローバルエリートの生き方を肯定しているのだとバウマンは解釈する[9]。
　だが、『老子』におけるこの「水」は、社会の勝者たちにとってのインスピレーションである以上に、迫害された人々にとっての希望たり得てきたことをわたしたちは忘れてはならない。20世紀の人類的災厄の中でこのことばによって鼓舞されたのは、まさにナチスの迫害に苦しむユダヤ人たちだった。

> 「柔らかい水も動いていれば、いつかは堅い石に勝つ。わかるか。固いものが負けるのだ」。まさしくそうであった。この詩は戦争の初期にフランス政府がドイツからの亡命者を強制収容所に入れる決定をしたときはまだ刊行されていなかった。しかし1939年春、ヴァルター・ベンヤミンがデンマークにいたブレヒトを訪問してそれを持ち返ると、ちょうどよい便りについてのうわさのように、こうした智恵が最も必要とされているところで——慰めと忍耐と持久力の源泉として——急速に口から

8　Bauman, *op. cit.*, p. 4. 日本語版13頁。引用は拙訳。
9　Bauman, *op. cit.*, p. 4. 日本語版13頁。

口へと伝えられた。[10]

ハンナ・アレントは『暗い時代の人々』のなかで、ブレヒトの詩『老子出関の途上における「道徳経」成立の由来』に触れながら、この「水」の智慧こそが迫害を生き抜く人々にとって希望のよすがになったことを振り返る。

ブレヒトとアレント、さらにこの詩を持ち返ったベンヤミンは、ある意味、中国人文学における水のメタファーに対する忠実な理解者であったと言えるのかもしれない。『荀子』にはこうある。

　　君は舟なり。庶人は水なり。水は舟を載せ、水は舟を覆す。

　　　　　　　　　　　　　　　　　　　　　　　　　　　（『荀子』王制）

これが周朝における天／民関係と「天子」による統治体系の確立を基礎とした君民関係の比喩であることは言うまでもない。民は舟を浮かべる水のような存在であり、舟は水が穏やかであるかぎり顛覆することはない。しかし、水はいったん波立つといつでも舟を覆しうる。周の武王が殷の紂王を放伐して新たな王朝に君臨し得たのは、天の付託を受けたからであるが、「四方の民を哀しむ」ということばで示されるように、天とはつまり、民意の代表であり、周の正しさは畢竟するところ民心の支持に負っていたのだと言われる[11]。だが、民とは御しがたい存在でもあり、その支持を失えばたちどころに天命は奪われる。民はしたがってつねに不穏な存在なのだ。

王徳威の描く「抑圧されたモダニティ」が抑圧から解放されるとき、それは礼教への根底的な批判を試みつつも、また、そうであったからこそ、「儒教とヴィクトリア風の生真面目さ」[12]を脱することのなかった五四の作家をいらだたせるものとなる。彼が、そのもう一つの「モダニティ」の中に見出したのは、カーニヴァルのような猥雑さを湛えた「不真面目さ（frivolousness）」だったのだ。礼教を批判しつつも、読書人として自らと民との懸隔（『故郷』

10　ハンナ・アレント『暗い時代の人々』阿部齊訳、筑摩書房、2005年、378頁。

11　平岡武夫『経書の成立』創文社、1983年、192-197頁。

12　David Der-wei Wang, *Fin-de-Siècle Splendor: Repressed Modernities in Late Qing Fiction, 1849–1911*, Stanford University Press, 1997, p. 253. 日本語版は、王徳威『抑圧されたモダニティ　清末小説新論』神谷まり子・上原かおり訳、東方書店、2017年、332頁。

において「わたし」と「閏土」を隔てる「厚い障壁」がそれだ）を克服できない五四の作家たちは、閏土たちに哀憫を寄せつつも、彼らの世界を構成する猥雑な「不真面目さ」を主旋律とする文学を抑圧していたのである。だが、「生真面目さ」の背後で、作家たちは自覚することのないままに、新しい時代を開く役割を担う。それは、「文侠」としての作家の性格であると王徳威は言う[13]。「文侠」とは、もともと李欧梵（Leo Ou-fan Lee）が『老残遊記』の主人公「老残」を指して用いたことばだ[14]。王徳威は『老残遊記』と『三侠五義』を共通のエピソードでつなぐアクロバチックな批評を試みている。共通しているのは水害である。王は言う。

> 水害の場には、必ず公共と宇宙の正義のために勇敢に戦う侠士たちのイメージが付きまとう。[15]

侠士たちのイメージはとどまり落ち着くところのない水、コントロールを誤ると巨大な災害をもたらす水とつねに表裏をなす。水のように生きる侠客と同じように旅医者として放浪を続ける老残を李欧梵は「文侠」と呼んだ。そして、まるで老残の現し身であるかのように、後に魯迅という筆名で知られるようになる若き周樹人は、医者を目指して日本に赴くのだ。彼もまた侠の人であり、やがて彼は文筆に志すことで「文侠」になっていくのだ。だから王は言う。

> 中国近代文学の主流において侠客のような人物がほとんど登場しないのには、理由がある。今や作家がその役割を担うこととなり、彼らは筆で誤りを正し、不正を戒める、独特なスタイルを持つ新しい侠のヒーローとなったのだ。[16]

仮に、王徳威の言うとおり、彼ら「新しい侠のヒーロー」たちが、その役割を自覚することなく、逆に侠義に満ちたもう一つの「モダニティ」を、その

13　*Ibid.*, p. 155. 日本語版202頁。

14　Leo Ou-fan Lee, "The Solitary Traveler: Images of the Self in Modern Chinese Literature," Robert E. Hegel and Richard C. Hessney ed., *Expression of Self in Chinese Literature*, New York: Columbia University Press, 1985, p. 286.

15　Wang, *op. cit.*, p. 155. 日本語版201頁。

16　*Ibid.*, p. 155. 日本語版202頁。

92

猥雑さ故に反動視したのだとするならば、『故郷』に色濃く表れる「土」への郷愁は、作家が「水」になじむ俠としての生を選び取ったがゆえに募る「土」——それは、その上に血縁地縁に基づく共同体の倫理を載せる「土壌」であり「土台」でもある、そして儒教的倫理はまさにそこに基礎を置いていたのだった——に対する疎外感の表出であるとも言えるのではないだろうか。

　だが、「抑圧されたモダニティ」が「水の近代」をめぐる物語であるとするなら、「土」から疎外された人々は、バウマンが示す「リキッド・モダニティ」を軽やかに生きるエリートだけではないし、近代化の中で「水」の生を選び取った「文俠」だけでもない。彼らに比べて土にしばられ、資本を持つことのない民たち（清末小説の娼婦や俠客のみならず、例えば、富士康の工場で働く若者たちも）もまた、同様に「土」からの疎外を引受け、「水」のように生きているにちがいない。「江湖」という表現はその意味できわめて適切である。江湖に生きるのは、清末小説の娼婦や俠客たちだけではない。もう一つの世紀末の前後に大量に生み出された工場労働者たち——富士康の若者たちだ——もまた、江湖の人々ではないか。彼らは、故郷を離れて都会を目指す「離土又離郷」[17]の液化する人々である。

　中国の改革開放経済発展においては、「水のモダニティ」の主要な構成要素であるグローバル資本主義への合流が国家プロジェクトとして追求され、そのための人口流動を促すことが事実上容認された一方で、資本と人口と資源の流動を中央集権的に管理しようと試みられた。その最も巨大な象徴が三峡ダム建設であったのは偶然ではない。社会経済と人々の日常生活を支える電気エネルギーは、世界最大のダム湖によって蓄えられた大量の水によって賄われる。すべてのものを打ち負かす潜在力を秘めた水は、そこでは馴致され、その力を有限に発揮することだけが求められている。電気エネルギーは、低いところを目指して流れて四方を満たす水のように、淀むことも一所にまとわりつくこともなく各地に伝わっていく。しかし、それは根本において国家によって制御され、それを超える暴走は許されない。人々は電気エネ

17　1980年代に郷鎮企業が新しい中国独自の内発的発展モデルとしてもてはやされた際に決まって言及されたのは、「離土不離郷」（土を離れども郷を離れず。農業生産からは離脱するが農村を出ることなく工業生産に従事するという意味）であった。

ルギーのそれ自体は不可視な、しかし多大な恩恵に浴しながら、その向こうにある巨大な主権に生を掌握されているのだ。「水」のように江湖を生きる人々にとってもそれは例外ではない。中国における近代国家建設のプロセスは、「水」の解放ではなく、むしろそれを飼い馴らすことによって成し遂げようとされたのであり、三峡ダムこそはその適確なメタファーである。

　賈樟柯監督の映画『三峡好人』（2006年、日本語タイトルは『長江哀歌^{エレジー}』）は、三峡ダムサイトの建設途上で生じた大量移民の安置工作の陰で繰り広げられる権力と江湖の世界との錯綜した関係を描き出している。主人公の一人、韓三明は非合法の売買婚で娶った妻が送還された先の家族が住んでいる町（奉節）に彼女との再会を求めてやってくる。そこは、ダムサイトのただなかにあり、貯水開始後は水没することになっているので、町全体がすべて取り壊され、住民は全国各地へと強制的に移民させられることになっている。三明はそこで取り壊し作業に従事することになるが、彼ら作業員はみな、身体一つで収入を得るために全国を渡り歩く最底辺の労働者だ。三明自身も、妻との再会を果たした後に妻を再度引き取るための金を稼ぐべく、取り壊し仲間とともに山西省の非合法炭鉱へと赴く。印象的なのは、彼ら作業員たちが「江湖」を称していること、そして、この作品がかかる江湖の世界における礼の機能不全を強調的に描き出すとともに、情によるその恢復契機を手繰り寄せようとしていることである。物語のなかでは「タバコ」「酒」「茶」「キャンディー」というアイテムが敢えて漢字のサブタイトルとともに浮かび上がる。いずれも中国人のコミュニケーションにおいて欠かすことのできない社交儀礼の品々である。だが、映画の中でそれらはときに打ち棄てられ、期待された効果を果たしていない。とりわけ、「茶」は誰も開けることのない戸棚の中でただ干からびたままだ。莫大な水を湛えようとする巨大なプラントのなかで、人々は情の交感から疎外され、礼の往来は干からびるほかない。カメラは繰り返し繰り返し、ペットボトルの水で一口ずつ喉を潤すもう一人の主人公（沈紅）のしぐさを映し出す。彼女は、プラント経営の国有企業の末端で働く夫との感情を取りもどすべく奉節にやってきたのだ。だが、夫の姿を見つけるのは難しく、渇いた心を潤すように、繰り返し水を口に運ぶ。

　全篇を通じておそらく最も美しいと思われるのは、これら礼のアイテムが

新しい情が生み出される転機として成功裏に機能したほぼ唯一の瞬間だ。ようやく妻との再会を果たし、引受けに必要な金の工面に赴く決意を固めた三明が廃墟のビルの中で妻のヤオメイと共に一粒の「大白兎」キャンディーをかじって分かち合うシーンである。自分が噛み切ったキャンディーの残った半分をヤオメイが口に入れたその直後、遠景の巨大なコンクリートビルは音を立てて崩壊し、二人はそれをただ茫然と眺める。情の通い合いによる礼の有効化、それは、水力と電力と権力が三位一体と化した現代の巨大システムから逃れうるか細い希望を示していると言えば誇張に過ぎるだろうか。だが少なくとも、わたしたちはここから新しい礼の始まり、すなわち新しい人倫の始まりを予感することができるだろう。そしてそれは、システムの中でその最も底辺かつ周縁に棲まいながら、なおもシステムそのものの安定に対する不穏な蠢動を已むことなくつづける江湖の人倫である。

4.「土」と「水」の出会うところ
——ローカルとグローバルの心地よい共存の場とは

　空間を縦横無尽に広がりゆくポテンシャルを持つ「水」や「江湖」を媒介にして考えてみるとき、「ローカル」は自ずと後景に退かざるを得ないのかもしれない。そして、魯迅の『故郷』において示されていたように、わたしたちが生きる時代とは、郷土を断絶の向こうにおいて想像する以外にない、液体化した時代なのかもしれない。だが、そうであるからこそ、「江湖」の交わりは、いまの時代における人倫の可能性を開くモデルであるように思われる。そのためには、「礼」——魯迅や五四の作家たちが「人を喰らう」として唾棄したあの「礼」——を再度、素朴な情にもどって構築し、解釈し直さなければならないのではないか。三明とヤオメイとの間で瞬間的に成立したあの礼は、パフォーマティヴに今後の二人の関係を規範づけていくだろう。こうした関係を結ぶのが「江湖」においてであるならば、「礼」の実践者はもはや「血」や「民族」、さらには「階級」のような紐帯によって結ばれる必然性を持たない、開かれた倫理を希求していくことにはならないだろうか。そして、本稿のメタファーに即して言うならば、それは「土」と「水」の和解の可能性を追求することにほかならないはずだ。

『故郷』は、「わたし」と閏土を隔てる「厚い障壁」が水生によって乗り越えられることにか細い希望を託している。それはあたかも、土の欠落を水によって補おうとするかのような聯想へとわたしたちを誘う。だが、それはどういうことなのだろうか。『故郷』の末尾は人口に膾炙した次の文句によって閉じられている。

> 希望とはもともとあるものとも言えないし、ないものとも言えないものだ。それはまるで地上の道のようだ。実は地上にはもともと道がなかった。歩く人が多くなれば道になるのだ。[18]

あたかも「土」の大地の広がりを思わせるような、「地上の道」生成の希望。しかし、この道はいったいどこにあるのだろうか。実は、「わたし」はこの想念を舟の上で発している。この引用の手前にもどってみよう。

> わたしは横になりながら、船底のサラサラという水音を聞いて、わたしは自分の道を歩いているのだと知った。[19]

地上の道が延びていく希望を想像している「わたし」は、舟の上の人なのである。では、「自分の道を歩いている」と知った「わたし」は、いったいどのような道を歩いているというのだろうか。そして、この語りを読むわたしたちはいったい、どのような光景を想像すればよいのだろうか。わたしたちの希望は「地上の道」、つまり「土」の上に描かれるのだろう。だが、それは「水をゆく舟」の上での希望なのである。「水」を得ることで移動と流動を可能にしたわたしたちは、それでもなお「土」に希望を託している。「土」を踏みしめ、希望の道を切り拓く無数の人たち、それは、江湖の交わりにたゆたいながらも、そこでの新たな礼を実践する新しい民であるにちがいない。ベンヤミンであれば、そうした礼の基礎に「友情」を置いたことであろう。では、わたしたちは「土のモダニティ」と「水のモダニティ」の相生し相克する近代のあとにいかなる「友情」を構想しうるだろうか。
　「希望」ということばに思い至って突然恐怖を覚えた「わたし」は、おぼろげな眼前に「海辺の青々とした砂原」が広がるさまを見る。空を見上げれ

18　魯迅「故郷」前掲『魯迅全集　第一巻』510頁。
19　同上。

ばそこには黄金の満月がかかっていた。海と大地が出会うところ——ともすれば偶像のような虚妄にすぎない希望は、どうやら、そこにおいてのみ託されているのだ。

文学の分有

——東アジアにおける近代文学の起源——

橋本 悟

Sharing Literature: The Origins of Modern Literatures in East Asia

Abstract: In response to the theme of the Seventieth Anniversary Conference of the Aichi University Institute of International Affairs, "Global Perspectives and Local Thinking," this paper interrogates how to conceive of a world that consists of multiple literatures by examining three of the works that marked the origins of modern literature in East Asia: Lu Xun's "The Real Story of Ah Q," Mori Ōgai's "Dancing Girl," and Yi Kwangsu's *Heartless*. By considering the singular forms of these works through which they created deviations from existing literatures, the paper proposes to adopt the concept of "sharing" (*partage*) to grasp literature in the plural modalities of its being realized, each time as singular, in a form invented at a particular juncture in history.

Keywords: Lu Xun, Mori Ōgai, Yi Kwangsu, world literature, sharing

序

　世界文学という概念は、国民文学の登場と時期をほぼ同じくして、18世紀ヨーロッパにおいて生まれました。この概念が、冷戦以後のグローバル化のなかで、近年新たに注目されています[1]。東アジアにおいて、国民文学が19世紀後半にヨーロッパから導入されたことはよく知られています。そのなか

1　例えば、David Damrosch, *What Is World Literature?* (Princeton, NJ: Princeton University Press, 2003) を参照。邦訳は、デイヴィッド・ダムロッシュ（秋草俊一郎他訳）『世界文学とは何か？』（国書刊行会、2011年）。

で生まれた「日本文学」「中国文学」「朝鮮文学」という概念も、しばしば世界文学と表裏一体のものとして語られてきました。国ごとに異なる文学は、その「ネイション」の物語を書くことによってこそ、世界の文学のなかで承認される価値をもつということ。この考え方は、国民文学の祖とも呼ばれるヘルダー以来、世界各国で受け入れられてきました[2]。

愛知大学国際問題研究所設立70周年記念シンポジウムのテーマは、「グローバルな視野とローカルの思考」でした。グローバル化とは、スピヴァックによる定式化を参照するなら、「同じ交換システム［system of exchange］を［地球上の］至るところに押し付けること」だとまとめることができます[3]。すなわち、地球上のあらゆる場所において、交換可能性を保障する体制を作り上げること、言い換えれば、ある為替［exchange］システムを地球規模で行き渡らせることです。世界文学という概念も、さまざまな文学のあいだの関係性ないし交換を問題にします。例えばデイヴィッド・ダムロッシュは、世界文学の定義を次のような簡潔な表現にまとめていました。

> 作品は次の二段階の過程を経て世界文学に参入する。第一に、その作品が文学として読まれること。そして第二に、それが自らの言語的・文化的出自を超えて、より広い世界へと流通してゆくこと。[4]

この一見単純な定義には、グローバル化との関係において、世界文学という概念に内在するイデオロギー的問題が集約されているように思われます。例えば、言語的・文化的距離をまたいで、ある作品が私たちの手に届いたとします。ダムロッシュによると、この越境的配達が可能になるためには、その作品がまずはその出自の文化において、あらかじめ「文学として」読まれていた必要があることになります。逆にいえば、ある作品がその出自の文化において「文学として」読まれるということは、実際の流通に先立って、その作品に世界文学としての流通可能性を与えることを意味します。すなわち、この定式化において「文学」とは、そうしたグローバルな流通可能性一般に

2　この点に関しては、パスカル・カサノヴァ（岩切正一郎訳）『世界文学空間』（藤原書店、2002年）参照。

3　Gayatri Chakravorty Spivak, *The Death of a Discipline* (New York, NY: Columbia University Press, 2003), p. 72.

4　David Damrosch, *What Is World Literature?*, p. 16. 強調は原文。

与えられた名前に他なりません。ダムロッシュらに代表される近年の世界文学論は、いわゆる「グレート・ブックス」といった一連の「正典」(canon)によって「世界文学」の全体性を構成しようとする議論を批判します。そうした〈正典モデル〉に代わって登場した、ダムロッシュらのいわば〈流通モデル〉においては、確かに「世界文学」という全体性が積極的に構成されることはありません。しかしその議論は、「文学」という名によってグローバルな流通可能性一般を先取りすることで、「世界文学」という不在の全体性を担保してしまうのです。この議論の構成は、地球上のあらゆる場所で交換可能性を保障しようとするグローバル化と、イデオロギーとして同じ構造をもっています。

　しかし、ある作品が「文学として」読まれるとは、一体何を意味するのでしょうか？　そして、そうした文学の自己言及的な問いかけが、東アジアにおける近代文学の起源に内在していたとしたら？　「文学として」読まれることからの逸脱こそが、東アジアにおける文学の近代性を構成していたとしたら？　東アジアにおける文学の近代化は、国民文学としての世界文学への参入という目標と表裏一体でした。しかしその起源に位置する作品がもつ具体的な形式的特徴を見ると、この目標との関係が必ずしもはっきりしない、「文学」というものからのさまざまな逸脱の運動を認めることができます。そこで批判された既存の「文学」とは、中国文学のさまざまな古典との関係のなかで形成されてきた、東アジアにおける伝統的諸文学であり、その批判を経て生み出されるべき新しい「文学」も、まだ地平線上にその姿を現していませんでした。本論では、それぞれ中国・日本・朝鮮における近代文学の起源に位置づけられている、魯迅（1881–1936）、森鷗外（1862–1922）、李光洙（1892–1950）の初期の代表作、「阿Q正伝」（1921–1922）、「舞姫」（1890）、『無情』（1917）を、とくにその形式に着目して読解してみたいと思います。その上で、これらの作品において文学からの逸脱がどのように構成されていたのかを考察し、それを通して、〈流通モデル〉に代わって「分有」という概念によって、世界文学をもう一度概念化してみたいと思います。

1．魯迅「阿Q正伝」

「阿Q正伝」は、魯迅が書いた唯一の中編小説です。魯迅はこの作品にお
いて、中国における近代文学のために新たな形式を作り出そうとする試み
を、おそらく最も本格的に追求したということができるかもしれません。よ
く知られているように、「阿Q正伝」は辛亥革命期の未荘という農村を舞台
とし、その村の除け者である、阿Qと呼ばれる人物を主人公とした物語です。
阿Qは、村の住人たちや有力者たちによって馬鹿にされ、揶揄される格好
の対象です。物語は、その阿Qが「精神的勝利法」という方法によって、自
分にとって不公平なその権力関係をどうにかひっくり返そうとする悲喜劇を
描いています。阿Qの「精神的勝利法」とは、自らを今の悲惨な状況に追い
やっているまさにその社会の権威を擬態することによって、現状を打開しよ
うとする方法です。従って、それは結局のところ悪循環を招くほかありませ
ん。その悪循環は、物語の結末において阿Qの自己破滅につながり、彼は窃
盗の冤罪によって逮捕され、銃殺刑に処されてしまいます。

　魯迅自身が、「もし中国が革命しないなら、すなわち阿Qもしない。革命
したときには、阿Qもしうる」[5]と述べたように、「阿Q正伝」はしばしば、
「中国」というネイションのアレゴリーとして読まれてきました。しかしも
しそのような読解が正しかったとしても、この作品の形式に関する議論なし
には、それがどのような文学的表象として働いているのかを十分に理解する
ことはできないでしょう。「阿Q正伝」の文学的表象としての機能において、
その「序」は大変重要な役割を担っています。魯迅は「序」の冒頭で、次の
ように書いていました。

　　私が阿Qの正伝を書こうと思い立ってから、もう一年や二年ではない。
　しかし書きたい一面、尻込みもする。どうやら私など「言論で後世に不
　朽の名を残す」柄ではないらしい。というのは、昔から不朽の筆は不朽
　の人の伝記を書くもの、と相場が決まっている。こうして人は文によっ
　て伝わり、文は人によって伝わる——となると一体、誰が誰によって伝
　わるのか、だんだんわからなくなる。それでも結局、阿Qの伝記を書く

わけだから、何か物の怪にでもつかれているのかもしれない。

　さて、この不朽ならぬ速朽の文を書くと決めて、いざ筆をとると、たちまち難問にぶつかった。[6]

この序文で、魯迅は自らの作品を既存の文学に対して位置づけています。彼がまず参照するのは、『春秋左伝』の「襄公二十四年」にみられる、「死しても朽ちず」の議論です。魯迅のいう「言論で後世に不朽の名を残す」者とは、そこでいわれる「立言」の者であり、死んでも朽ちない人物の一類型です。文学とはこれまでつねに、そうした「不朽の筆」によって、不朽の人の行状を伝えるものであってきたというのです。ところが魯迅がいまその伝記を書こうとしている人物とは、村の除け者である阿Qにすぎません。阿Qは、「文学」という言語ゲームにおいて、語りうることの外部にあるものの、説話者に語られることを求めているのです。阿Qとは、このように自らを排除する文学に取り憑いている、文学の「物の怪」あるいは幽霊に与えられた名前に他なりません。

　魯迅は、この阿Qに文学における場所を与えるために、新たな形式を作り出す必要がありました。魯迅はそれを、文学をパロディーすることによって、とくに伝統的な説話文学のジャンルでもあった「伝」をパロディーすることによって実現しようとしました。「伝」とは古くから、「紀」「経」「史」といった概念と階層秩序的二項対立を構成してきました。帝王に関する記述である「紀」に対してはその他の諸人物の伝記、「経」書に対してはその解釈や注釈、また歴「史」に対してはそれには収まらないさまざまなエピソードという意味をもちました。すなわち「伝」は、その上位の諸項に対して、それらの外部にとどまる余剰でありながらも、それらの本質を伝えるために必要な、〈代補〉だったのです。「阿Q正伝」の説話者は、阿Qの物語を「伝」として書こうとします。ところがその物語は、既存の「伝」におけるいかなる分類にも入ることができません。「伝記といってもさまざまある。列伝、自伝、内伝、外伝、別伝、家伝、小伝……そのどれも残念なことにぴったり

6　魯迅〈阿Q正伝〉《魯迅全集》第1巻、512頁。竹内好訳、「阿Q正伝」『阿Q正伝・狂人日記』（岩波書店、1981年）100頁。本論では、竹内訳により引用する。

でない。」[7] 説話者はこう述べた上で、「閑話はさておき正伝にかえりまして」という小説の決まり文句から「正伝」の二字を取るというかたちで、「正伝」という題名をとりあえず採用するのです。

このように曖昧に位置づけられた「阿Q正伝」は、従来の「伝」のパロディーとなっています。それは、この作品が一方で「伝」という名前を維持しながらも、他方で「伝」が従来階層秩序的二項対立をとおして構成してきた、既存の文学の配置を裏切っているからです。実際、序文のなかで説話者は、「阿Q正伝」が一体何を伝えているのか判然としないと示唆しています。つまり、その主題となっている阿Qについて、従来の「伝」においては普通必要とされる、彼の姓、名の漢字、原籍といった情報が明らかでないというのです。すなわち「阿Q正伝」は、自らがその伝達に寄与すべき上位の対立項をもたず、いわば純粋な代補という逆説的な仕方で浮遊しているのです。

「阿Q正伝」は確かに何かを伝えてはいるのですが、その伝達は、文学が従来担ってきた伝達のエコノミーには与しない仕方で成り立っています。この作品は文学の範疇に入り込みますが、あたかも宛名のないまま差し出された手紙のように、その伝達経路の不確かさを刻み込まれたうえで、既存の文学的伝達のエコノミーから逸脱しながら、文学空間を漂流しています。魯迅は、「阿Q正伝」のこうした危ういあり方を指して、それを「速朽の文」と呼んだのです。

同じ序文で、説話者は風刺交じりに、将来歴史的考証を経て阿Qに関する情報が明らかになった際には、彼の「阿Q正伝」はすでに消滅していることだろうと述べています。それでは、そうなる手前で、「阿Q正伝」がいまのところ伝えている何ものかを、私たちはどのように読むべきなのでしょうか？　皮肉を込めて「大団円」と題された、この作品の終盤部を読んでみましょう。阿Qは窃盗の嫌疑によって銃殺刑に処されるべく、処刑場へと連行されていきます。

　　そこで阿Qは、喝采した群衆のほうへもう一度眼を向けた。
　　その刹那、思考はもう一度旋風のように頭をかけめぐった。四年前、かれは山の麓で一匹の飢えた狼に出あったことがある。狼は近づきも遠

7　同上。

のきもせずに、かれを食おうとして、いつまでもあとをつけてきた。あまりの恐ろしさに生きた心地はなかった。さいわい鉈が一挺あったお陰で、どうにか無事に未荘にたどりついたが、あのときの狼の眼は忘れようにも忘れられない。残忍な、それでいて臆病な、きらきら鬼火のように光る眼、それがはるか遠くからかれの皮と肉をつき刺すような気がしたものだ。ところが今度という今度、かれはこれまで見たこともない、もっと恐ろしい眼を見た。にぶい、それでいて棘のある眼。かれのことばを噛みくだいたばかりでなく、かれの皮と肉以外のものまで噛みくだこうとするかのように、近づきも遠のきもせずに、いつまでもあとをつけてくる。この眼たちは、すっとひとつに合体したかと思うと、もうかれの魂に噛みついていた。

『助けて……』

阿Qの叫び声は口から出なかった。とっくに眼がくらみ、耳が鳴り、かれは全身こなごなにとび散るような気がしただけである。[8]

その死の瞬間、阿Qは彼を社会の底辺に縛り付けていた体制が、自らの延命のために彼を犠牲にしようとする暴力を認識し、「助けて」と声を上げようとします。ところが、その「叫び声は口から出なかった」と書かれています。このテキストは、ある人物や、または「国民」などと同定されうるような阿Qという主体の声を伝える代わりに、その発せられることのなかった声の、いわば純粋な〈書き込み〉だけを私たちに届けています。それは、同定し解釈しうるような何ものかを一切伝えることなしに、不在の声の残響に耳を傾けるよう、読者に求めているのです。

2．森鷗外「舞姫」

魯迅は、文学をパロディーすることによって、それに取り憑く外部を表象できる新たな形式を発明しようとしました。パロディーは、まさに森鷗外が日本近代文学の嚆矢を画する作品のひとつである「舞姫」において用いた戦

8　魯迅〈阿Q正伝〉551–552頁。邦訳、154頁。

略でもありました。

　「舞姫」は周知のように、黎明期にある近代国家日本のエリート豊太郎と、彼が五年間のドイツ留学中に出会ったエリスという名のダンサーとのあいだの恋愛を描いた短編小説です。法学部を首席で卒業し、高級官僚としての道を歩み出した豊太郎にとって、ドイツ留学は近代的エリートに必要な学問と文化資本を身につけ、出世するための絶好の機会でした。しかしそれはまた、豊太郎に国家の歯車として生きてきたこれまでの人生を反省させ、貧しく教養もないエリスとの情熱的な恋愛は、彼にそうした束縛の外の自由をはじめて味わわせました。しかし「舞姫」が、こうした国家対個人、義務対自由といった通俗的対立のメロドラマに収まらないのは、まさにその形式のゆえであるということができます。

　作品の冒頭で述べられているように、「舞姫」は豊太郎が五年間のドイツ留学を切り上げて日本に帰国する途上、彼の乗った客船がサイゴンの港に停泊する夜に書いた個人的なノートという形式をとっています。五年前ドイツに向かった当時、見るもの全てが目新しく、豊太郎は一日に数千言もの紀行文を書き、日本に送って新聞に出版されていたといいます。もしそうした書き物が、先進国の最新情報を発展途上国に伝えるという、近代的知の流通経路に乗ったものだとしたら、ここに「舞姫」として書かれる物語は、そうした経路からは隠された、個人的なノートとして日本に届けられるのです。

　そしてそこに書かれた物語は、むしろ古い文学に似て非なる何かでした。鷗外は、「舞姫」という題名から、中国の古典的恋愛小説に出てくるような教養と徳と美貌を兼ね備えた佳人の登場を期待した石橋忍月に反論して、次のように述べていました。

　　文盲癡騃見識なきものはナナに若くはなし。仏蘭西の大家たるゾラはこれを取りて題としたり。而れども人其自然派の傾甚きを嫌ひて、其題號を病とせず。... 唯エリスが頗る卓氏の文君、楊家の紅拂に似たるを知るのみ。想ふに足下も亦未だ必ずしも舞姫を引手あまたの女優ならざるべからずとはせざらむ。足下は其或は応に然るべきを揣りて、其然らざるを見たるが故に、失望の歎をなしたるのみ。[9]

9　森鷗外「舞姫に就きて気取半之丞に與ふる書」『鷗外全集』（岩波書店、1973年）第22巻、159頁。

「舞姫論争」としてよく知られるこの論争において、鷗外は「舞姫」をゾラの『ナナ』のような近代小説と並べながら、他方でエリスを、中国古典小説に出てくる代表的な佳人と比べています。ここで鷗外が言及している卓文君と紅拂とは、ともに禁じられた愛を遂げた佳人として有名です。よく知られているように、前漢の時代、卓文君は文人司馬相如と駆け落ちをし、それに反対する父親に勘当され、二人は小さな酒屋を営みながら生計を立てました。また紅拂は、隋唐の変革期に、自らを妾として囲っていた楊素の傲慢さに愛想を尽かして、そのもとを訪ねた李靖と駆け落ちをしました。

　これらの物語に通底する恋愛と規範の対立は、豊太郎とエリスのドラマにも繰り返されています。豊太郎は、エリスとの関係を深めることで、国家から期待された学問がおろそかになります。またエリスとの情事の噂が日本に伝わることで、政府から留学の派遣資金を打ち切られてしまいます。彼は友人の紹介で新聞の特派員となり、そのわずかな原稿料でエリスとの生活の生計を立てざるをえません。その間、エリスは豊太郎の子を妊娠します。ところが、豊太郎とエリスの恋愛は、古典小説とは異なる道を取ることになります。豊太郎は、彼を「名誉回復」させようとする政府高官の招きに応じて、結局エリスを捨て、母国に戻ってしまうのです。

　古典とのこの決定的な相違は、古典小説をパロディーするための説話論的装置になっています。そもそも、卓文君や紅拂の禁じられた恋愛が、「文学」として成立し、果ては19世紀の日本にまで流通しえたのは、彼らの恋愛が、実はそれが侵犯した規範の非正当性と古さを暴露し、新たな規範を垣間見させたからに他なりません。実際、卓文君の父親は結局司馬相如との関係を承認し、彼らに財政的援助を与えることで、司馬相如の文才が認められ、皇帝に重用されるきっかけを作ることになりました。また紅拂伝説には、駆け落ちをした彼女と李靖が、後に隋を倒し唐を建てることになる李世民を発見するという後日譚（「虯髯客伝」）があります。楊素を捨て李靖を追った紅拂の行動は、隋の腐敗と唐の正統性を指し示す政治的アレゴリーとして読まれてきたのです。規範を破った卓文君や紅拂は、結局歴史の正しい側にいました。彼らの禁じられた恋愛は、この意味で歴史の正統な運行の兆候だったのです。そしてまさにそのような奇伝としてこそ、彼らの禁じられた恋愛は、文学として伝達するに値するものとなったのです。

　豊太郎も、ベルリンでのエリスとの生活のなかで、新聞における言論をとおして、国家経営の枝葉末節に関わる法学ではなく、「民間学」と呼ばれる、新たなより総合的な知に目覚めようとしていました[10]。豊太郎とエリスとの恋愛は、近代国家の法を超える、「民間」という新たな規範を垣間見させたのです。ところがその新たな生活において、豊太郎はむしろ、「広漠たる欧洲大都の人の海」のなかで、歴史からの疎外を実感します。極東の小国からの過客にすぎない豊太郎は、その禁じられた恋愛の正当性がやがて証明されることになるような、ある歴史の主体として立つことができません。近代において歴史の運行は開かれており、その正統な運行の兆候をつかみとることは容易ではありません。「舞姫」は、古典的な才子佳人の物語とは異なり、その「文学」における位置を保証する歴史をもちません。この作品の、こうした文学として曖昧なあり方は、主人公の個人的なノートとして書かれたというその形式によっても暗示されています。

　従って、豊太郎の優柔不断と権力への従属を表現した「舞姫」のアンチ・クライマックスは、この作品を、伝統的な歴史の観念に裏打ちされた従来の文学的伝達の経路――卓文君と紅拂の物語が、文学として伝えられてきたその経路――から引き離すことになります。「舞姫」という作品は従って、文学としては伝わらなかったかもしれないという還元不可能な可能性を書き込まれた上で、文学空間に入り込むのです。

3．李光洙『無情』

　魯迅と森鷗外の作品が、パロディーをとおしてこうした特異な形式を構成していたのだとするなら、しばしば朝鮮最初の近代小説と呼ばれる李光洙の『無情』は、その形式において近代文学の体を十分になしているように思われます。実際この作品は、主人公亨植の成長を描いた「教養小説」として読むことも十分に可能です。ところが、この作品は、次のような一節で結ばれていました。

10　森鷗外「舞姫」『舞姫・うたかたの記』（岩波書店、1981年）22頁。

暗い世の中がいつまでも暗いはずはないし、無情なはずがない。我らは
我らの力で世の中を明るくし、情を有らしめ、楽しくし、豊かにし、堅
固にしてゆくのだ。楽しい笑いと万歳の歓声の中で、過去の世界の喪を
弔する『無情』を終えよう。[11]

成長と進歩の物語が、同時に近代がその犠牲の上に成り立っている「過去の
世界」の「喪を弔する」物語でもあるということ。『無情』の説話形式は、
この相反する二重性によって成り立っています。

　亨植は、日本留学をとおして近代的教育を受けた、若い英語教師です。彼
は、ルソー、シェークスピア、ゲーテ、クロプトキンらにも親しみ、「朝鮮
で最高の進歩思想を持った先覚者だと自負」しています。ところが、西洋の
単語や人名をちりばめた彼の「演説や文章は西洋文の直訳のよう」であり、
「大きな真理」を語ったとしても「聴く人にさほどの感動は与えなかった」
といいます[12]。亨植は、このように理念的にのみ近代化した人物として登場
します。彼は物語のなかで、恋愛をとおして自らの感情を陶冶し、それを近
代的理念の基礎として育てるという「情育」を経験します。『無情』は従っ
て、西洋から翻訳された近代的理念と、古い感情の構造のあいだの乖離と
いう、東アジアの近代文学において繰り返されたテーマを扱っています。亨
植は、善馨との恋愛をとおして成長します。亨植の教え子である善馨は、豊
かな家庭で近代教育を受け、米国留学を控えた女性です。亨植は善馨の父親
に、彼女との婚約と、二人での米国留学を約束されます。それは、恋愛をと
おして近代的な感情を陶冶し、さらなる近代的知識を身につけることで、感
情と理念の両面において真の近代的知識人として成長するという道を示して
いました。

　ところが、亨植のこの教養物語は、ひとりの犠牲の上に成り立っていまし
た。彼の幼馴染の女性英采は、平壌で孤児であった亨植を引き取り、教育を
受けさせてくれた師匠朴進士の娘で、亨植とは事実上許嫁の関係にありまし
た。ところが、弟子の犯罪に連座して朴進士が牢に繋がれると、私塾は閉じ

11　李光洙『無情』『李光洙全集』（三中堂、1962年）第 1 巻、209頁。波田野節子訳『無情』（平
　　凡社、2005年）447頁。本論では、波田野訳により引用する。
12　李光洙『無情』124–125頁。邦訳、244–245頁。

られ、亨植は英采と生き別れになります。その後、亨植は機会をえて日本に留学しますが、その間英采は、牢の中で衰弱してゆく父親を支える「孝女」としての義務を果たすため、妓生に身を落として花柳界で働きながら、いつか許婚者と再会することを夢見ていました。七年ぶりにソウルで亨植に再会した英采は、この間の経緯を物語ります。すると亨植は、「英采の哀れな経歴はもとより、その経歴を語る美しい話ぶり」に感動し、涙を流すのです。英采の流暢な語りの技術は、妓生として培った文学的教養に根ざすものでした。平壌の花柳界で英采の世話をした先輩月花は、漢詩が上手く、自分が朝鮮に生まれ、「盛唐時代の江南に生まれなかったことを嘆く」ような、古い文学的趣味をもった人物でした。月花は、卓文君のような自分がいるのに、司馬相如のような男性が現れないことを苦にし、自らの恋が叶わぬことを悟ると大同江に身を投げて自殺してしまいます。この月花から「昔の詩を人生の友とする」ことを学んだ英采は、亨植という司馬相如と再会するため、今日まで生き延びてきたのです。「情の人」である亨植は、英采の語りに耳を傾けながら、古い文学的記憶の残響に涙します。ところが、亨植にはすでに善馨という存在がありました。近代的教育を受けた彼には、英采と結ばれ、古い物語を反復することはもはやできなかったのです。英采は絶望します。そしてその絶望を象徴するかのように、彼女は強姦され、月花の後を追って、やはり大同江に身を投げる決心をします。亨植はその知らせに驚き、平壌に向かうもの、死んだはずの彼女の遺体さえ十分に捜索することなく、ソウルに舞い戻ってきてしまいます。むしろ、「彼女が死んでくれてよかった」とさえ思うのです。

　英采の犠牲によって可能になったかに思われた亨植の教養物語は、しかしそれに取り憑かれ続けています。亨植は自問します。

　　ああ、僕は間違っているのではないか。僕はあまりに無情ではないのか。もっとゆっくりと英采の行方を探すべきではないのか。たとえ英采が死んだとしても、せめて遺体は探すべきでなかったか。そして大同江のほとりで熱い涙をいつまでも流すべきではなかったか。英采は僕を想って自殺した。それなのに僕は、英采のために涙を流していない。ああ、僕は無情だ。僕は人間じゃあない。そう思った。しかし心は平壌に

ひかれつつも、亨植の身体は南大門に降り立った。[13]

　『無情』は、人間や人権という価値を掲げたはずの近代化が、そうした価値の「無情」な否定を帰結するという矛盾を巡っています。英采は、平壌に向かう汽車のなかでたまたま出会った、ある別の女性のおかげで助かっていました。善馨とともに米国へ旅立つ途上の汽車のなかで、生き残っていた英采に偶然再会する亨植は、まさに亡霊に出会ったかのように驚きます。彼は、「大同江に落ちて死んだ英采の魂が自分の前に現れて、自分を苦しめているのではないか」とさえ疑います[14]。亨植が、英采の生きる古典文学の主人公となることを拒んだとしたら、彼が新たに生きようとする近代的教養小説は、そのなかで救済することができない英采の欠如に苛まれています。その新しい物語は、自らが語ることを拒んだ古い物語の亡霊に取り憑かれています。『無情』には、それが新しい文学となろうとするまさにその時、自らが拒んだ古い文学の記憶が回帰してきます。この作品の近代文学への生成は、まさにそのために犠牲にされる「過去の世界」への弔喪の時間性によって延期されつづけてしまうのです。

　『無情』は、この矛盾を解決することができません。しかしその最後の場面で、主人公たちの乗った汽車は豪雨に遭遇し、停車を余儀なくされます。そこで主人公たちは、崇高な自然の力を目の前にします。

　　はたして、ものすごい水である。左右の山を残してあとはすべて赤黒い泥水だ。川の真ん中でうねりながら渦を巻いて流れる水の音が聞えるようである。その水が左右に並んだ山角を穿つので、いまにも山裾が崩れ落ちてきそうだ。
　　……
　　高い裸山には、突然出現した滝と小川がぶら下がっている。黒い生地のあちこちに手当たり次第に白い紐を掛けたようだ。その川たちが裸山の肉を削り、骨をえぐって流れ落ちる音が、恐ろしい勢いで流れていく川

13　李光洙『無情』119頁。邦訳、234頁。
14　李光洙『無情』189頁。邦訳、398頁。

の水音と一つになって、まるで雄大な合奏を聴いているようである。[15]

　自然の崇高な力は、風景を内側からえぐり出し、人々の生活を奪います。その崇高さは、主人公たちに個人の矮小さを思い知らせます。そして否定的な仕方で、朝鮮を救うという使命に燃えた、「一つの身体」と「一つの心」をもった主体を一気呵成に立ち上げてしまうのです。洪水の被害者を前に、亨植は「教育で、実行で、彼らを教えなくてはなりません。導かなくてはなりません」と確信すると、主人公たちは声を合わせて、それは「私たちがやるのです！」と宣言します[16]。『無情』は、このように崇高の力を借りることによって、その根本的矛盾を解決することなく乗り越えてしまうのです。

結　論

　本論では、東アジアの近代文学の起源に位置する、魯迅、森鷗外、李光洙の作品を読解してきました。彼らは、既存の文学から逸脱する形式を作ることで、文学的表象の新たな領野を開こうとしました。魯迅は、文学がいまだかつて表象したこともないような人物、阿Qについての物語を、森鷗外は文学として伝えられるかどうかも定かではない、破局した恋愛を、そして李光洙は、古い文学を切断しながら、近代教養小説にもなりきれない作品を書きました。こうした特異な――あるいは「不完全」な――形式をもつ彼らの作品は、「国民」の物語やその他の意味に容易に回収されることを拒むだけでなく、ある「文学」という概念を前提にして読解することをさえ困難にします。むしろ彼らの作品は、その既存の文学からの逸脱が文学の彼方を表象することを可能にした、新たな形式の生成という作品の起源に遡って読解することを求めています。すなわち文学は、ある歴史的文脈のなかで形成された特殊な形式において、そのつど特異な仕方で実現されるその複数の様態において捉えられるべきであることを、これらの作品は示唆しているのです。

　東アジアの近代文学の起源に位置するこれらの作品には、私たちの手に文学としては届かなかったかもしれないという、還元不可能な可能性が刻印さ

15　李光洙『無情』198頁。邦訳、418-419頁。

16　李光洙『無情』205-206頁。邦訳、437-438頁。

れています。言い換えれば、それらの作品には、そもそも迷宮のようで不完全な、文学的伝達の経路の痕跡が刻まれているのです。従って、それらの作品が私たちのもとに配達されたのは、少なくともある程度は僥倖なのだといわなくてはなりません。そのようなものとして読まれることを、それらの作品は私たちに求めているのです。冒頭に紹介したダムロッシュによる定式化では、「文学」とは実際の流通以前に、作品の流通可能性一般を先取りしてしまう概念でした。東アジアにおける近代文学の起源が示しているのは、そうした流通可能性一般を先取りすることの不可能性です。ただ、特殊な形式における文学の個々の実現だけが私たちの手に届きます。その実際の流通以前に、文学の全体性を積極的に規定したり、また流通可能性一般という観念によってその不在の全体性を先取りしたりすることはできないのです。

　私たちは文学のこうしたあり方を、ジャン＝リュック・ナンシーによる「分有」（パルタージュ）という概念によって記述することができるかもしれません[17]。文学は、特殊な形式において、そのつど特異な仕方で実現されます。それはそのいかなる形式によっても所有されることなしに、そのさまざまな諸形式によって「分有」されます。文学とは、そうした複数による「分有」の様態そのものだということもできるかもしれません。新たな形式の創造は、この分有の様態に変化をもたらします。作品の受け手の側から言い換えれば、それは文学を分有する共同体に変容をもたらします。そこで生まれる新たな共同体は、新たな形式がいつまた届けられるかわからない以上、臨時のものにすぎないでしょう。その共同体は、文学の解釈学的産業とも、文学の定義をめぐるヘーゲル的な闘争とも、また文学のグローバルな流通管理とも無縁です。こうした所有や管理の欲望からは遠く離れて、その共同体は文学のそのつど特異な分有に内在します。というのも、そうした分有こそが、ちょうど東アジアにおける近代文学の起源を打ち立てた創始者たちがそうしたように、文学を自らの彼方へと開き、いまだ聞かれたことのない声の残響に耳を傾けることを可能にするからです。

17　ジャン＝リュック・ナンシー（加藤恵介訳）『声の分割（パルタージュ）』（松籟社、1999年）。

清末文学"庚子西狩"书写的除魅效应

林 晨

清末文学の"庚子西狩"作品における
ディスクールの脱呪術化効果

要旨：1900年清朝は八ヵ国連合との戦いに敗れて北京が陥落し、慈禧太后（西太后）と光緒帝は慌てて北京を離れ西安へと逃れた。これは歴史上"庚子西狩"と呼ばれ、激動の晩清において二度目の事態であり、また中国二千年の皇帝史上においては最後の"天子巡狩"（天子の巡視）でもある。晚清の作家たちはこの事件のために依然として涙誘うストーリーに腕を揮ったが、様々な声の中には、中国の伝統文学中にかつて表されたことのない耳障りな表現が次々と現れて、一種の強烈な"脱呪術化効果"を作り出した。一般的認識や想像において天朝の地理秩序は瞬く間に崩壊し、"西への狩り"途中の皇帝、太后の狼狽する様が興味津々に語られた。また、内と外、忠と奸、正と邪といった是非の判断は破壊され、士人の詩文中には"都を移しても戦う"勇気はもはや見えず、この事件に対する反省の矛先もストレートに朝廷や太后に向けられた。"臣下"の身分は自由奔放な文学表現の中で自ずと崩壊した。"庚子西狩"という事件に対する晚清文学の叙述と反省を考察することによって、清朝政府が天朝体制を維持する拠り所としてきた様々な伝統観念や政治・宗教の資産は、"天子巡狩"神話とともに消え失せてしまったことがわかる。文学創作の理論上では、この時すでに新しい国家形態が待ち望まれていたのである。

キーワード：庚子西狩、晚清文学、脱呪術化効果

1900年，清军与八国联军作战失利，北京沦陷，慈禧太后和光绪皇帝仓皇离开北京向西安奔逃，史称"庚子西狩"。亡国失都、天子"巡狩"，历来是吸引中国文人士子笔墨与涕泪的上好题材，传统中国文学的作者们为之一再记叙、描摩，且歌且叹，"庚子西狩"，是晚清变局中的第二次，也是中国两千年帝王史上的最后一次的"天子巡狩"。晚清作者们当然也依旧为之挥洒笔墨与涕泪，但在众声合唱之中，不曾现于中国传统文学中的刺耳杂音却此起彼落，由此形成了一种强列的"除魅效应"，使西北雄关不再能成为继续抗战的资本，使太后和皇帝失去威仪，更使以往天朝面临国难时能有效鼓舞勇气、凝聚人心的一个个符码都失去了感召力。清王朝空前地失去了话语力量和政教资产。

庚子西狩的旅程，始自北京，向西北奔逃，止于西安。从传统中国的地理秩序看，这条退逃路线算得顺理成章。"百二雄关"、"肴函之固"历来被认为是易守难攻、得天独厚的帝王之资，贾谊（200–168 BC）名文《过秦论》中的名句曾被代代传诵："秦孝公据殽函之固，拥雍州之地，君臣固守，以窥周室，有席卷天下、包举宇内，囊括四海之意，并吞八荒之心。"西晋左思（250–305）的名篇《蜀都赋》也称："峥函有帝皇之宅，河洛为王者之里"。唐太宗李世民（598–649）的诗作《入潼关》也曾自豪地写道："峥函称地险，襟带壮两京。"这条败退路线对清朝而言，尤具深意。清朝经康雍乾三朝之努力，终于在中国历史上空前有效地统摄了诸蒙古、新疆和西藏，陕甘自然成为连接中原地区和大清朝内亚腹地的中枢，一旦面对来自海洋的威胁，西北内陆甚至满蒙骑兵可以尽情驰骋的内亚地区，则更具战略空间的意义。因此鸦片战争前夕，当龚自珍（1792–1841）当敏感到海洋时代的隐隐危险时，便毫不犹豫地将西北作为战略腹地，其论述之间，颇有内亚视野：

> 国朝边情边势，与前史异。拓地二万里，而不得以为凿空；台堡相望，而无九边之名。疆其土，子其民，以遂将千万年而无尺寸可议弃之地，所由中外一家，与前史迥异也。

> 天下有大物，浑员曰海，四边见之曰四海。四海之国无算数，莫大于我大清。大清国，尧以来所谓中国也。其实居地之东，东南临海，西北不临海，……若干路，若水路，若大山小山，大川小川，若平地，皆非盛京、山东、闽、粤，版图尽处即是海比。西域者，释典以为地中央，而古

近谓之为西域矣。……于北则小阴，望见之；于西北正西则大阴，望而不见。[1]

因此，面对自海上东来的威胁，天子朝廷向西北方向败退"巡狩"，对清朝而言不但顺理成章且犹具余裕空间。所以迟至1894年甲午战败之际，天子巡狩朝廷迁都，与日军继续作战，仍然是彼时士人面对巨创时的心理支柱：

> 彼所恫喝，我所畏虑。惟犯京辇毂，暂出巡行，古所常有。今割辽东，寇在门阃，将来亦应迁都，早晚有此一举，不如翻约与战，只此一著，中国尚有转机。[2]

可是短短数年之后的庚子事变中，晚清中国的社会心理和地理秩序似乎突兀地地翻然改观，此时清廷这条在中国北方由东到西的奔逃路线，忽然显得格格不入。此番西行在彼时晚清中国的作者们笔下，已不再能带来勇气、不再能召唤意义，只是一场愚蠢的奔逃。彼时报章亦一语中的："两宫西幸已为失计之尤"。[3]为促使当时南方各督抚联合抗命朝廷的宣战命令而形成"东南互保"之局而勤于奔走联络的状元张謇，也曾明确说道："刘（坤一）犹豫（因有某幕客持异议），复引余问：'两宫将幸西北，西北与东南孰重？'余曰：'无西北不足以存东南，为其名不足以存也；无东南不足以存西北，为其实不足以存也。'"[4]

在晚清文学笔下，此番西行起始，其仓皇悲凉便与一丝恐怖相随，笔调已迥异往昔。黄遵宪（1848-1905）笔下的庚子西狩从最开始就是压抑与恐怖交集："压城黑云饿鸱鸣，齐作吹唇沸地声。莫问空拳殴市战，余闻鼍蹄六军惊。"[5]

西行路上，最吸引彼时晚清作者笔触的便是太后、皇上和亲贵王孙的狼狈和凄惨。中国传统文化中的君臣之义是"主忧臣劳，主辱臣死"，可是这样的

1　龚自珍：《御试安边绥远疏》，第112、第105页，《龚自珍全集》，上海人民出版社，1975年。

2　《唐景崧电奏稿》，见阿英：《甲午中日战争文学集》，第380页，北京：中华书局，1958年版。

3　《中外日报》1900年10月4日。

4　张謇：《啬翁自订年谱》光绪二十六年五月，《张季子九录·专录》，台北：文海出版公司，1965年。

5　黄遵宪：《七月二十一日外国联军入犯京师》，黄遵宪著，钱仲联笺注：《人境庐诗草笺注》（下），第939页，上海古籍出版社，1981年版。

君臣大义已不现于其时晚清作者们笔下，他们甚至已经不再愿为尊者讳，记叙、咏叹、同情、揶揄、冷笑、自嘲一时俱至："王孙泣路隅，蓬蒿秋簌簌。肉食面有墨，短后衣无袖"[6]"千夫涕泣兴元诏，五夜仓皇灞上车。豆粥何人供御膳，淋铃夜雨不堪闻。"[7]"忍听雨淋悲栈道，芜蒌豆粥太酸辛。"[8]"一自欧兵海上来，王孙从此窜蒿莱。犲狼当路龙藏野，饮泣吞声绝可哀。"[9]

不仅是旁观的诗文作者，甚至此番西行队伍中的重要"王孙"之一，享有清代至尊地位的世袭罔替和硕肃亲王善耆（1866-1922），回顾随行西逃时，惊魂未定之间也无力或不愿再铺展主忧臣辱之义，更多的是仓皇与神伤："攒三聚五似争棋，黑白难分太可悲。短褐芒鞵随辇日，瘦童羸马度关时。萱堂拜别加餐勉，榆塞言旋揽辔驰。故里生还魂甫定，幡然忽动昔年思。"[10] 这些诗篇中，作者们几乎毫无"臣子恨，何时灭"的义愤，更无与列强军队一战、精忠报国、死而后已的勇气。当年第一次鸦片战争清朝刚刚失利，道光皇帝尚且稳在京师，已被罢职的林则徐便已"焦愤填膺"，可是历经一个甲子之后，晚清诗人的笔调唯哀叹而已，情感隔膜竟已恍若诉说前朝惨事。

诗词长于抒情，两宫西行路上的"可怜相"在彼时记叙体裁的作者们笔下，更是细节备至且夹叙夹议。议论之间臣子的义愤忧虑大多销声匿迹，记叙描绘之际，作者们浓墨重彩甚至近于兴味盎然和津津乐道。《救劫传》中一句"说也真是可怜"便使此意呼之欲出：

> 这日晚间，皇太后接连召见王大臣等，要商量个方法。那晓只有大学士王文韶，同刚毅、赵舒翘一共三个人在面前，其余的都逃得影子全无，不知往那里去了。太后叹了口气，便同皇上连夜出京，也不及带着铺盖行李。随身穿的是一件蓝夏布衫，立起身便走，头也不梳。皇上穿的是一件元色长衫，下面系着黑布战裙一条，跟随同走。出了京城，约有六七十里，行到一个地名叫做贯石。这贯石有一家光裕驼行，备了驼轿三乘，大家同坐。到了第三日，才到怀来县地方，县官赶忙备了大轿多乘，前来迎

6 于齐庆：《纪事诗一百六十韵》，阿英编：《庚子事变文学集》上册，第35页，北京：中华书局，1959年。
7 韶广：《庚子感事诗三首》，同上，第190页。
8 黄小鲁：《庚子读史杂感八首意有未尽续之》，同上，第60页。
9 可亭：《八哀诗奉题庚子纪念图》，同上，第160页。
10 善耆：《庚子感事诗八首》，同上，第175页。

接。这两夜因为没有带被褥，便都在坑沿上睡歇，腹中也饥饿得极，只有小米粥略为充饥，口渴的时候，沿路取些凉水解渴。这样苦楚，真是说也可怜。[11]

《庚子国变记》把太后的"吃相"与睡姿也被描写得细致入微：

> 是日驾出西直门，马玉昆以兵从，暮至贯市，帝及太后不食已一日矣，民或献麦豆，至以手掬食之，须臾而尽。时天渐寒，求卧具不得，村妇以布被进，濯犹未干也。[12]

李伯元（1867-1906）的《庚子国变弹词》中亦是一唱三叹：

> 况且上面阳光燔灼，底面暑湿熏蒸，真正是苦得不堪言状，不料行未数里，山水骤发，一路冲水前进，又走了几十里，上下都未吃饭，四顾没个村庄，无处打尖，正是又饥又渴，十分难捱。（唱）仁孝君王古莫伦，观斯情景急于心，惟愁圣母焦劳甚，特下鸾舆省问频。知道圣慈方苦饿，怎奈是，近无乡店远无村。踌躇半晌天音吐，此事今朝怎理论？（白）说话间，前面已是居庸关了，幸亏一个太监，从近处五六里外，好容易弄到一碗凉水，把贯市带来预先煮熟的鸡子进上两个，与圣慈充饥，君臣们又进些干粮，然后启銮前进。（唱）山路崎岖凹不平，鸾舆经过苦难禁，况兼山水滔滔发，忍饿捱饥赶路程。[13]

作者们如此书写有意无意间也深深触动了意识形态的场域。中国传统帝制与现代政治的一个重要的区别即在于，皇帝不是可以随时为人藏匿的"政治家"，而是代天行令的"天子"，他半人半神、亦天亦地。他的统治半靠诡谲手腕和帝王心术，半靠近似宗教的意识形态力量维系。所以中华天朝皇帝的首要任务也不是富国强兵，而是维系帝国的安宁和天朝的礼仪，因为这正是天子权力的根源。《资治通鉴》所云："天子之职莫大于礼"[14] 晚清变局中，1860年庚申之役，清廷在与列强的谈判行至最后阶段，当所有条款都无异议时，仅仅

---

11 艮庐居士演：《救劫传》，《庚子事变文学集》上册，第247页。

12 《庚子国变记·拳变余闻·西巡回銮始末记》，第16页，上海：神州国光社，1951年。

13 李伯元：《庚子国变弹词》，第135页，上海：良友出版公司，1935年。

14 司马光编著、胡三省音注：《资治通鉴》第1册，第2页，中华书局，1987年版。

因为英使额尔金（James Bruce, 1811–1863）提出英国国书须亲呈清帝御览，当时正面临与太平天国鏖战困局的咸丰皇帝仍然将这礼仪一事而判定为"国体所存，万难应允"，而不惜与列强开战："设该夷固执前说，不知悔悟，惟有与之决战。"[15] 最终酿成咸丰皇帝仓皇"巡狩"热河，英法联军攻破北京、火烧圆明园的惨剧。可是40年后的庚子事变中，当晚清作者们浓墨重彩亦津津乐地道铺展两宫西行路上的"可怜"相之时，当狼狈吃相与睡姿纷呈读者眼前之刻，一种除魅效果亦随之跟进：剥除了威严礼仪的护佑，天子与太后原来也不过是人，并且还是"可怜"之人，可怜之人大约也就没啥可怕，甚至可怜之人恐怕还必有可恨之处。对天子王孙狼狈景观的如此热衷的生产与消费，尽管在中国文学史上其实也屡见不鲜，但是大都现于后朝诗人的评说与记叙。大清朝的臣子们在此时不待龙旗吹倒就"可怜"之声此起彼落，流露着王朝的根系在人心深处已经消融。

不仅帝王行止已经威仪不再，"帝王之资"也成泡影。迟至甲午，迁都西安仍可成为与日本翻身再战的凭依，西北仍能作为中国士人对海洋时代的腹地。可短短六年之后的庚子事变中，八国联军隔海而来，西北却在彼时诗人笔下已几乎有被海洋吞噬之险："千里巨鱼身，仰喷大海水。遂汩九州岛原，遥遥华翠止。"[16] "鲸鲵跋浪连山蹙，虎豹当关白日沈。曾记敷衽谒虞舜，浮云西北此时心。"[17]

无论是在战火硝烟的实际层面，还是在书写与想象的领域，彼时中国地理秩序已经幡然不同往昔。晚清作者笔下，西北，这一天朝大陆对抗海洋时代的最后地理筹码，也已几乎丧失殆尽："谁云百二壮河山，大地曾无户可关。"[18] 肃亲王善耆此时已不再愿意重现乃祖豪格的西征勇气，在他眼中，西北腹地此时已无可凭依，还是寄望与洋人的和谈吧："銮舆渐近玉沟斜，异地何堪换岁华？魏绛已闻持使节，张骞应见泛仙槎。"[19]

即使逃至西安，"天险"也已不能避险，雄关也依无可凭依。朝廷君臣，

15　参见茅海建着：《近代的尺度：两次鸦片战争军事与外交》（增订本），第214页，生活·读书·新知三联书店，2018年版。

16　倪在田：《巨鱼篇》，《庚子事变文学集》上册，第15页。

17　文廷式：《幽人》，文廷式著，汪叔子编：《文廷式集》下册，第1334页，北京：中华书局、1993年。

18　无名氏：《庚子杂事诗咏二十二首》，《庚子事变文学集》上册，第152页。

19　善耆：《秋事感事八首》，《庚子事变文学集》上册，第174页。

已似惊弓之鸟，雄关之内，一片草木皆兵、风声鹤唳，惊恐之情溢于彼时篇章，"登高忍看旧山河，赵汉旌旗一瞬间。乍报乘舆过陇水，忽传敌骑下秦关。"[20] "咫尺河西路阻深，传来消息半浮沉。关山千里频蒿目，风雪三秋警草心。"[21] "柔远何堪败旧盟，燕山劣骑莽纵横。北方羽檄纷传说，西狩銮舆有震惊。"[22] 需要指出的是，在西安仍然能感到威胁与"心惊"的诗文的作者们，多半是这条西逃旅程的参与者，国难当头之际能追随朝廷"西狩"，无疑算得是清廷坚定的忠诚臣子。可是即使是热忱的忠心，即使是肃亲王的至尊爵位，此时也已不能带来与清廷同仇敌忾、共同抗敌的勇气了，这显示着彼时王纲帝统所依靠的社会心理和意识形态资产即使一息尚存，也只是奄奄一息了。庚子事变中的此番转折，与其说是勇气的消失，不如说是正义的折断，在彼时作者们心中，庚子事变不再是一场正义凛然的御敌之战，而是一场朝廷被自己的国贼裹挟、发动"团匪"挑衅各国所造成的一场无妄之灾。如汪康年（1860–1911）所言："神京沦陷，翠华蒙尘，北望燕云，可涕可挥。堂堂中国政府，惑邦肇衅，无事自扰，以致宗社为墟，此上下五千年历史所未有，逆藩权奸之肉，其足食乎？"[23] 诗文作者们也哀叹："众寡强弱本不敌，何况壮老在曲直？"[24] 与其说不能同仇敌忾，不如说彼时士人面对"拳匪""联军"，已难分敌我，甚至这条西行路线本身，在很多作者的笔下，也往往与"邪恶"同行："只望木兰仍出狩，銮舆无恙贼中来。"

在小说《救劫传》的叙述中，善恶是非的转移已到如此程度，在作者笔下，联军本来就毫无恶意，而所谓的两宫"西狩"简直就是朝廷被奸臣与"拳匪"裹胁而去：

> 听说各国的意思，只要请皇上回銮，惩办罪魁，亲裁大政，并无别项为难之处，都望皇上回到北京，同各国开议和局。内中只有几个大臣，不以为然，力劝皇太后不要回京，且到陕西，再看局面如何。并说陕西有潼关之阻，联军断难追及。原来这几个大臣，内中有两个便是陕西人，所以力持此议。皇太后听了，便定在闰八月初八日启行，径到陕西。那时北京

---

20 邝斋：《庚子秋兴》，同上，第178页。
21 周绍昌：《庚子都门纪事诗》，同上，第40页。
22 沈允铿：《庚子秋感》，《庚子事变文学集》，第55页。
23 经元善致汪康年函，《汪康年师友信札》（三），总第2429页，上海古籍出版社，1987年版。
24 蒋楷：《得庐沛南昌诒书述河西务战事甚详纪之以诗兼輓海城尚书》，同上，第44页。

逃散的拳匪，还有几千人，跟着同行。[25]

1860年英法联军攻陷北京，火烧圆明园，咸丰皇帝"巡狩"热河，史称"庚申之变"。朝廷巡狩，士人或藏匿或奔逃，境遇其实大抵与庚子事变时无异。可如果我们将庚申之变时的士人诗文与庚子之乱时加以对比，会发现四十年间，人心变迁已若天壤。庚申之变时，士人被激起的是同仇敌忾与义愤填膺。僧格林沁的蒙古骑兵虽然一败再败，但那深潜于士人心中的自信几乎完好无损，对由代代圣贤传承的天朝传统的归属感毫不动摇。那一次的天子战败巡狩，绝未让士人离心离德，充溢笔端的是咬牙切齿的臣子之恨和意欲一雪国耻的忠臣之志，忠君爱国之义坚如磐石："三辅烽烟归浩劫，七朝恩泽在人心。史臣莫奋河阳笔，秋弥由来圣虑深。"[26] 后来的一代名抚陈宝箴庚申将国难当头视为士子建功立业的良机，其忠忱与自信清晰可见：

> 方今国家多难，正忠臣义士顶踵图报之秋，足下之所以自信，与二三知己，所以信足下者，皆不诬也。迩者英夷犯顺，再扑津门，抚议迁延，坐耗士气，遂致寇氛充斥，渐薄都城。至尊廑垂堂之戒，已于月之八日巡幸木兰。……假和议以款其兵，暗设守备，檄召远近王师，以制其死命。逆夷不满万人，悬军深入，师无后援，已蹈绝地。且鳞介之形，不利趋走。若得惯战步卒，犄角相抗，设伏置疑，出奇袭击，彼见援师四集，必惧而谋归。然后以蒙古铁骑，与津通应募义兵，四面夹攻，乘其自溃，夷虽狡逞，岂能以一甲生还哉？况彼贪我奋，彼骄我忍，彼曲我直，胜负之形，妇孺亦皆共喻。向为和议所牵，以有今日，今则一意用兵，更无犹豫，反败为攻，在此时矣！[27]

庚申之际，清朝外有英法联军来袭，京师沦陷之耻；内有与南方的太平天国日夜鏖战之难，其时国家困局有甚于庚子。可是潜藏于士人心中的信念与传统依旧坚韧，耿耿不灭，这正是彼时清朝又能重现生机迎来"同治中兴"所凭借的重要的政教资产。篇篇诗文豪"气"纵横，亦支撑着满清王朝"气数未

25　阿英编：《庚子事变文学集》，第248页。
26　贾树诚：《庚申九月作》，阿英编：《鸦片战争文学集》上册，第92页，北京：古籍出版社，1957年版。
27　陈宝箴：《致田玉梅书》，《鸦片战争文学集》下册，第815页。

尽"。

这藏于人心深处的"气数"有时会比有形的钢铁坚韧，即便时至甲午大败，士人们这番耿耿寸心仍余音未绝，豪情壮志仍然可以充溢天地。后来成为洋务派代表性思想家的郑观应（1842–1922）当时亦以诗抒怀："呜呼！流芳遗臭竟如何？懦夫贪夫听我歌。广厦千间眠七尺，良田万顷食无多。曷不为国执干戈？"[28] 晚清时代一个意味深长的现象是，变局中人物，其激烈的情绪与款款而言的理性思考是常常无法区隔得泾渭分明，看似最具逻辑的煌煌大论其根底处往往是为往往为难压抑的幽微情绪所牵引，看似僵化的政策言说其实未必操持者思有未逮，而不过是畏于众口人心。人心无形，但人心有力。因其无形，甲午战败北洋水师重型炮舰沉没之时，人心堤防仍能受冲刷而不毁；人心有力，所以在光绪皇帝的《定国是诏》激进强烈而普遍的人心反弹时，西太后弹指之间百日维新便灰飞烟灭——戊戌变法的失败绝非只因慈禧的个人手腕，太后手腕若真有此伟力，又何以在戊戌之后欲废掉已被囚禁的废光绪帝却慑于"中外之口"而不能成功？无形的人心走向，正是研究晚清变局的一个引人入胜的领域。

可是不到两年以后，历经庚子一劫，中国士人心中的自信与豪情，已如冬风卷过一片狼籍。士人抵御西潮的心理堤防也就此崩毁。有形的重舰巨炮，失去以后可以再购重建，无形的人心防线，一旦消失即难再现。这人心堤防虽然表面看是被西来的洪水冲垮，但其实却是溃于自身的崩溃。几乎彼时所有的中国士人都感到，庚子一劫是标准的中国古语所云"国必自伐而后人伐之"的案例。所以面对亡国失都的境遇，他们不愿战、无可望甚至没有了对外强们清晰的仇恨。1840年之后，耿耿于诗文作者们笔下几十年的对外国洋人的仇恨至庚子之时几近消失，留下的是针对家国之内的怨恨。"毕竟何人为画策？铸成此错恨无穷！"[29]"众寡强弱本不敌，何况壮老在曲直？回首山东首祸人，磔肉食狗狗不食！"[30] 怨恨突显，则反思清算的指向尽向于内；仇恨消失，复仇之志也就烟消云散，臣子之义亦已无所凭依。情绪推衍至此，传统意识形态中许多坚固信条都已随之风干。《庚子秋词》的序文中的一句话对士人在两宫西狩

28　郑观应：《闻大东沟战事感作》，阿英编：《甲午中日战争文学集》，第46页，北京：中华书局，1958年。

29　吕湘：《庚子书愤》，《庚子事变文学集》上册，第74页。

30　蒋楷：《得卢沛南昌诒书述河西务战事甚详纪之以诗兼赖海城尚书》，同上，第44页。

之后的绝望之情作了清晰的表达："古今之变既极，生死之路皆穷。"[31]

　　远逃西北的朝廷已经失去了对全国的感召力，其统治力也已令人失去敬畏，东南督抚都将清廷调兵"勤王"的诏令斥为"乱命"拒不奉诏，隔岸观火，这是彼时摆在全国面前的局面，文学作者们当然也意识到到了。可是当作者笔触至此时，却很少将这些南方督抚斥为"奸臣"。甚至，袁世凯（1859–1916）率领当时全国最精锐的武卫右军近在山东而不发一兵，可时人却以诗赞之："独凭智力完东境，百口推袁第一勋。"[32]如此，诗文作者亦与地方大员们一样实际上成了面带冷笑的袖手旁观之人。

　　不惟此也，这条西逃的行旅同时牵动着对这场灾难的回顾与反思。当太后王公尚在北京之时，即便胡作非为、神人共愤，但也得以仍旧耀武扬威。但是当他们狼狈奔逃在西行路上已成落水狗、丧家犬时，对这场灾难的回顾与反思便随之而起。西狩之旅，正是开启对此次灾变系统反思的冒号。王朝的帝统亦在"回首"与反思中片片失落。彼时作者笔下丝毫不愿隐瞒，仓皇奔逃，帝统式微，其实是祸从己出、咎由自取："追原祸始嗟何及？罪己诏书墨数行。"[33]既是朝廷咎由自取，百姓士人颠沛流离之苦自然是无辜受难。庚申之变中，朝廷与百姓的苦难合一，同舟共济，以共同的愤怒指向入侵的联军。可时至庚子，晚清作者们笔下却已常有城门失火殃及池鱼之怨："尽有沟渠填白骨，问谁霄汉捧丹心？城门殃后池鱼及，五夜何堪听断磲？[34]

　　因为离心离德，人心尽失，此次两宫西狩，在彼时作者心中已经不能与历史上的天子巡狩相提并论。"巡狩"这一为尊者讳的最后聊作遮羞的历史词汇，此时已经无效。清廷的意识形态护身符已经失去殆尽，话语资源已经透支，从意义与价值的眼光审视，"庚子之乱"中的清廷，实在是穿着皇帝的新衣在仓皇西逃："六飞莅西秦，其事非马嵬。"[35]"南渡西迁成往事，天王巡狩莫同论。"[36]

　　"天子巡狩"此时已不再能成为朝廷败逃的意义护符，执笔之人和阅读之人保持千年的心照不宣也已破裂。这些情愫蕴于人心深处，或明或暗，若隐若

31　《庚子事变文学集》，同上，第198页。
32　李宝琛：《纪事诗四十首》，同上，上册，第32页。
33　邵孟：《西幸陕》，同上，第146页。
34　世荣：《秋日感事诗七首》，同上，第177页。
35　倪在田：《尚阳》，同上，第15页。
36　常济生：《杂感》，同上，第179页。

现，可千万人的众声低吟对彼时帝统王朝却已足堪秋风乍寒，这种寒冷庙堂之人也感受到了。西狩终点之处，肃亲王善耆的笔端寒意阵阵："西望长安路逦迤，连天白草雪盈陂。覆巢幸得留完卵，绳木焉能养别枝。郑困三钟犹可录。周衰九鼎讵能移？寸心青史他年笔，麟阁知谁绩可垂？"[37]

面对如此困局此时清廷唯一勉强可为的唤起人心的"御寒"之道，重新振作，祭起"中兴"这一历史符码，来召唤全国臣民的希望——40年前的"庚申之役"后中，清朝不就迎来了"同治中兴"？此次清廷也确实有意为之，下罪己诏书，征天下人才。可是彼时作者却无心附和了。清廷种种试图振作的行为，都已不能激起彼时文辞的任何热情，诗文冷嘲热讽，纷至沓来，言辞之间已无所顾忌："翘首齐瞻辇路尘，又迟銮驾阻时巡。翠华望遍今天下，玉玺犹持一妇人。"[38]

胡思敬（1869-1922）在《驴背集》中对清廷的罪己诏书亦作如此揶揄：

> 轮台遗恨古今同，六事何曾肯责躬？读到奉天哀痛诏，令人翘望陆宣公。

> 两宫既达西安，皆言宜下诏罪己，枢臣撰拟不敢归过于上，但云："祸乱之萌，匪伊朝夕，果使大小臣工有公忠体国之心，无泄沓偷安之习，何至一旦败坏若此。"读者皆揄口而笑。[39]

彼时作者们对清廷重新振作的号召无心附和，但对清廷逃至西安之后的骄奢淫逸却浓墨重彩。皇室奢华其来有自，何待人言，其实晚清作者们亦无法说明"庚子西狩"时清廷的奢侈比庚申之役时清廷逃至热河行宫时更甚。唯一的差别只是这中间隔了整整四十年，不但时空坐标皆已变换，更重要的是人心是非亦已转移，诗文作者的信息渠道与执笔时的兴奋视野亦随之不同。严格而论，清廷之罪过和愚蠢并不只在于她的挥霍令人触目，而在于她的一如既往。就在作者们的竭力铺陈中，任何"中兴"的希望都随之幻灭：

> 长虹一道如行空，千乘万骑来秦中。瞬息荒城与废苑，化为别馆兼离宫。疆臣望幸出意外，搜罗进奉穷人工，温帏却冻陋狐貉，盛筵燔火烹麟

---

37 善耆：《秋日感事八首》，同上，第175页。

38 黄遵宪：《奉谕改于八月廿四日回銮感赋》，《人境庐诗草笺注》（下），第1053页。

39 胡思敬：《驴背集》，第232页，《近代中国史料丛刊》第一编钞本，台北：文海出版公司，1966年。

龙，推陈出新矫时尚，驱使遍及寒畦翁。窟穴得地恣颠倒，阴阳变易夸豪雄。青葱甘脆备瓜果，冰盘叠进何时穷？天颜悦豫锡大赉，君臣同乐真融融，茅土阶崇晋五等，仓庾粟富加千钟。蠲租赈恤诏屡下，纵有水旱如绥丰。刘伶但醉酒地同，邓通岩压铜山铜。瞻云就日合中外，不劳太史陈民风。[40]

中兴之望已成笑谈，此次西狩之旅不但无人喝彩，且已成为时人绝望的药引。不惟此也，戊戌之后，光绪皇帝的锐意改革一时成为士人众望所归，其圣主明君的形象亦成为康有为、梁启超等维新派最能打动人心的论说资源。可是在章太炎笔下，就是这次"西狩"的旅程已证明光绪绝非圣主，不过是汉献帝之类的废物："幽废之时，犹曰爪牙不具，乃至庚子西幸，日在道涂，已脱幽居之轭，尚不能转移俄顷，以一身逃窜于南方，与太后分地而处，其孱弱少用如此！是则仁柔寡断之主，汉献、唐昭之传耳！"[41]

晚清作者笔下的西狩之旅将对王朝帝统的绝望推向极端，也正是契机之下，一个意味深长的情形悄然出现：既然作者们已纷纷都作"不臣之语"，"臣民"的身份也自然在话语恣肆处土崩瓦解。在回顾与反思清廷的"庚子西狩"的过程中，晚清作者们笔下"同胞"和"国民"的概念开始频频闪闪耀，现代民族国家的话语种子开始萌芽：

> 千乘万骑，苍黄而出。冒顿霜雪，炎徼风日。芜亭麦饭，难求一饱。蓬首跣足，仆夫载道。凝碧管弦，积尘不扫。白发宫人，怕谭天宝。珠盘玉敦，盟之城下。蹊田夺牛，操璧牵马。卧薪尝胆，则曰未暇。……普法张本，波印寻辙。是赫胥黎，是福庐特。……山璞海珠，萃于一纸。同胞黄种，其各视此。[42]

梁启超在庚子两年之后，面对"西狩回銮"后令人失望的朝政，以"中国之新民"的名义大声疾呼：

40 潘庆澜：《闻回銮信息感赋》，阿英编：《庚子事变文学集》上册，第75页，中华书局，1959年版。
41 章炳麟：《驳康有为书》，张（木）丹、王忍之编：《辛亥革命前十年时论文选》，第一卷（下册），第758页，生活·读书·新知三联书店，1977年版。
42 昔秋生：《题乌目山僧庚子纪念图》，阿英编：《庚子事变文学集》上册，第166页，中华书局，1959年版。

回銮以来，忽忽两新年矣。去年今日，我国民犹嗃嗃然企踵拭目，若不胜其望治之心者，而今果何如矣？呜呼，我国民依赖政府之恶梦，其醒也未！……自今以往，我国民真不可不认定一目的，求所以自立于剧烈天演界之道。我国民今已如孤儿，无父母之可怙；已如寡妇，无所天之可仰；如孤军被陷于重围，非人自为战，不足以保性命；如扁舟遇飓于沧海，非死中求生，不足以达彼岸。[43]

我们今天以后见之明，重理晚清作者书写"庚子西狩"的理路，会发现彼时中国作者们对的叙写姿态中已出现前所未有的嬗变，在特定时空之下产生了强烈的除魅效应：西北腹地"肴函之固"的地理优势、太后皇帝的威仪、面对国难而耿耿不灭的臣子忠心、朝廷重新振作以图"中兴"的希望甚至光绪皇帝的明君圣主形象，在彼时不同立场的晚清作者们笔下的众声喧哗中，都纷纷溃散。这些本来具有深厚传统的书写符码溃散的背后，清廷赖以维系天朝体制所依靠种种传统意识形态与政教资产的瓦解和崩毁，与"天子巡狩"的神话一同破灭，归于狼籍。更重要的是，崭新的话语资源与理势能量，也在"庚子西狩"所引发的绝望情绪的顶峰，开始播种和酝酿，传统的改朝换代的剧本已无法重新上演。在彼时文学书写的逻辑上，一个新的国家形态，其实已被虚位以待。

---

43 梁启超：《敬告我国民》，《辛亥革命前十年时论选集》第一卷（上册），第339页。

国際開発論の新たな段階

——「グローバル」と「ローカル」のはざまで——

佐藤元彦

Towards the Next Stage of International Development Studies: Between "Global" and "Local" Perspectives

Abstract: The study of International Development has experienced a significant change especially in the 21st century in the sense that it has been based on global development goals such as MDGs and SDGs (Agenda 2030). Before, it had a focus on National Development performances in the "South" and/or assistances to the "South" from the "North". This change reflects so-called globalization, which may be inevitable for our daily life.

However, this process towards globalization of development agendas seems to the author that it may overlook important issues of poverty and "happiness" which are closely connected with different cultural, historical backgrounds of local (or sometimes national) societies. Two examples are analysed as to this point, both of which show not a small discrepancy between people's poverty/happiness based on national/local surveys and that derived from global statistical analyses.

The author does not deny the importance of globalization of development agendas, but at the same time recommends a possible synergy between it and agenda-setting from a local or a people's point of view.

Keywords: International Development, MDGs, SDGs, MPI, new poverty, GNH

はじめに

　本稿の目的は、国際開発論の分野の前著書および前編著の出版[1]以後の同分野、特に貧困解消・削減に関する研究、さらにはそれと密接な関わりのある実務界の動向を念頭に置きながら、国際開発論の今後の展望を考察することにある。近年の動きとして筆者が特に注視しているのは、国際開発や貧困／脱貧困の目標、もしくは指標に関しての多角的見直し、脱貧困へのアプローチとしてのメゾの社会的枠組みへの注目、そして非工業／脱工業による開発／発展の追求、の3点である。これらは、いずれも今後の国際開発のあり方に大きな影響をもたらすものと思われるが、紙数に制約があるため、ここでは、2点目と3点目にも密接に関係してくると考えられる1点目にまずは限定して、以下の考察を進めたい。

　周知の通り、国連システムにおいては、1960年代から始まった「開発の十年」（UNDD）に代わって、「貧困根絶の十年」（UNDEP）が1990年代後半以降定着し[2]、この動きと連動する形で、国際開発の目標であるMDGs（ミレニアム開発目標）やその後継としてのSDGs（持続可能な開発目標／アジェンダ2030）が策定、実践されてきている。注視されるのは、MDGsが主に発展途上世界を念頭に取りまとめられたと言えるのに対して、SDGsはまさに地球社会全体を念頭に置いて設定されているという点である。前者については、先進世界が発展途上世界にどのような国際協力を行うのかも大きなイッシューであったのに対して、後者は、そのような国際協力が引き続き重要ではあるものの、世界中の全ての地域や国、また人間が対象であるという認識がより前面に出ていると言える。「どの国、地域も」にとどまらず、「誰一人として」取り残されない（No one will be left behind.）、というSDGsのキャッチフレーズは、このことを端的に示すものである。国・地域の単位ではなく、先進世界を含めて世界中の一人ひとりの人間に焦点が当てられて

1　佐藤元彦［2002］『脱貧困のための国際開発論』築地書館、および佐藤元彦編［2005］『貧困緩和・解消の国際政治経済学』築地書館を指す。

2　1997〜2006年を対象とする最初のUNDEPについては、佐藤元彦編［2005］前掲書の第4章を参照。これに続いて、第2次が2008〜2017年を、第3次が2018〜2027年をそれぞれ対象にこの取り組みが継続されている。なお、第2次はFull Employment and Decent Work for Allが、また現在進行中の第3次はAccelerating Global Actions for a World without Povertyがテーマである。

いることが、これまでにあまり見られない点として留意される。先進世界から発展途上世界への一方的協力だけでは、国際開発論が成立し得なくなっていると述べても過言ではないであろう[3]。

　国際開発に関しての目標のこうした改定、再設定は、前身の成果を踏まえ、それを発展させたと言える半面、グローバル化の進展とともに、貧困世界（「南」）と非貧困・先進世界（「北」）とに明確に区分することがますます難しくなっている、という背景を指摘できよう。先進世界、発展地域の中にも深刻な貧困問題が見られるようになっていることは、日本のケース（「子どもの貧困」など）をみても明らかである。その一方で、貧困世界の中に脱貧困の事例が少なからず見られるようになり、かつての「南北」や「第〇世界」といった概念で世界を認識することが難しくなっている。これらの概念が全く有効でなくなったとまでは言えないが、LDC、MSAC、NICS／NIES、LLDC、SIDS、BRICs／BRICS などといった概念が次々に提起されてきたように[4]、「南」の分化が断続的に進行した。

　その一方で、ミクロ面でも、貧困や人間開発に関する指標の改定、補強が、*Voices of the Poor*（世界銀行より2000年に刊行）に代表される貧困当事者の貧困／脱貧困認識の掘り起こしを背景に、近年急速に進められてきた[5]。こ

3　SDGs については、あまりにも多くの紹介があるが、念のため17の目標のみを列記すれば、1. 貧困撲滅、2. 飢餓終結（食料安全保障、栄養改善、持続可能な農業）、3. 健康的な生活、4. 公正な質の高い教育の包括的保障、5. ジェンダー平等、6. 水、衛生の保障、7. 持続可能な現代的エネルギーへのアクセス確保、8. 生産的雇用とディーセント・ワークの促進、9. 強靱なインフラ構築、イノベーション促進、10. 不平等是正、11. 持続可能な都市、12. 持続可能な生産と消費、13. 気候変動の影響への対策、14. 海洋・海洋資源の保全、15. 陸域生態系の保全、16. 平和で包摂的な社会、17. グローバル・パートナーシップである。なお、西川潤［2018］『2030年 未来への選択』（日本経済新聞出版社）も参照。

4　それぞれが最初に使用された経緯は、次の通りである。すなわち、LDC（最貧国）：1971年の国連総会決議、MSAC（石油危機により最も悪影響を受けた国）：1974年の国連特別総会決議、NICS（新興工業諸国）：1979年の OECD レポート、NIES（新興工業経済）：1988年の先進国首脳会議（トロント・サミット）、SIDS（小島嶼開発途上国）：1992年の国連・地球サミット、LLDC（内陸開発途上国、かつては、上記 LDC と同義）：不詳だが2000年頃（外務省 HP による）、BRICs（新興国、後に BRICS）：2001年のゴールドマン・サックスのレポート、である。

5　人間開発の指標に関しては、特に UNDP, *Human Development Report 2010*（20周年記念版）に示された改定、補強が重要である。ジェンダー・ギャップや不平等・格差への配慮、さらには、本文で後述の通り、貧困の多面性が重視されるようになったことは、周知の通りである。なお、2005年版までということになるが、発刊以来の当該リポートの変遷を分かりやすく俯瞰できる入門書として、足立文彦［2006］『人間開発報告書を読む』（古今書院）が参考になる。

128

のことに示唆されるのは、人間全般、あるいは平均的な人間ではなく、人間の個々の事情に即したよりきめの細かい課題設定が重要になり、さらには、それを国・地域別に加えて、あるいは国・地域別ではなく、グローバルな視点から集約していくことが、ますます求められるようになってきているということだろう。なお、地球温暖化、人権、文化の多様性など、地域や国の境界を跨いだ越境的な、さらには地球全体に及んでいる課題に、地域や国を単位とした枠組みだけではますます対応し切れなくなっていることは、多言するまでもない。

このような意味で、最近の SDGs に象徴されるような、一人ひとりの人間に配慮したグローバルな目標の設定、さらにはその共有の進展は、人類史上意義深いものがあると言ってよい。とはいえ、他方で、グローバルに共有された目標がもつ社会的意味は何か、社会的有効性はどの程度あるのかを、改めて考えてみる必要があるようにも思われる。すなわち、それが社会の全ての課題を解決することになるのか、という問題である。第一に、共有された目標は、地域・国、歴史的背景、文化、宗教、民族、ジェンダーなど様々な違いを乗り越えて取りまとめられてきたものであるため、最小限、あるいは最低限という性格をもともと有していると考えられる。その結果として、残された課題が何かが軽視されていく可能性が、同時に否定できない、ということに配慮が必要であろう。第二に、共有化された目標なり課題なりを誰が設定したのか、誰の問題関心なのか、達成に向けての主体は誰か、といった点も、十分に確認される必要があろう。

以下では、国際開発に関する目標や指標の、最近におけるグローバルな観点からの策定もしくは見直しを念頭に置きながら、そのような動きに潜んでいるかもしれない、いわば「グローバル」と「ローカル」（ナショナルを含む）のせめぎあいについて改めて考えてみたい。それは、また、国際開発論の将来を展望することにもつながる。

1．多次元的「貧困」認識の深化——成果と課題

ここでは、まず、特に21世紀に入って急速に進んだと言える貧困の多次元的認識の動きに注目しておきたい。その代表例は、従来の所得貧困に対し

表1　UNDP の貧困指数の変遷（構成要素）

HPI-Ⅰ・Ⅱ※（1997〜2009年）	領　域	MPI（2010年〜）
出生時余命（Ⅰ、Ⅱとも）	健　康	栄養状態、幼児死亡状況 （ウェイトはいずれも 1/6）
識字状況（Ⅰのみ） 機能的リテラシー（Ⅱのみ）	教　育	修学年数、就学状況 （ウェイトはいずれも 1/6）
良質の水（Ⅰのみ）	生活水準	調理用燃料、トイレ、安全な飲料水、 電気、住居、家財（テレビ等 8 種） （ウェイトはいずれも 1/18）
所得水準、長期失業 （ともにⅡのみ）	その他	（なし）

※HPI（Human Poverty Index）-Ⅰは発展途上諸国用、同-Ⅱは高所得 OECD 諸国用。

て人間貧困（所得に教育、健康の 2 側面を加味）の概念を提起し、さらにそれを「多次元貧困指数（MPI：Multidimensional Poverty Index）」にまで発展させた国連開発計画（UNDP）の取り組みと言えよう。よく知られているように、その概要は表 1 の通りである。

　貧困の状況についてさらに理解が深まり、貧困緩和・解消にとって何が問題であるかがより明確、かつきめ細かになったと評価できるが、別言すれば、所得貧困にのみ眼を向けていたかつての貧困認識が不十分だとしてとりまとめられた人間貧困、さらには人間開発がなお十分に実態を反映していなかった、実態はさらに多次元的なものであった、ということであろう。ともあれ、3 領域で 3 つもしくは 4 つの分野からしか構成されていなかった人間貧困に関する指数が、領域の数は変わらないながらも 10 分野にまで拡充されたことは積極的に評価すべきであろう。さらに興味深いことに、これら 10 分野には所得に関するものは全く含まれていない（ただし、以前の高所得 OECD 諸国に適用されていたものを除く）点を付言しておきたい。所得よりは、それを背景にして、どのような家財を所有しているのか、どのようなサービスを受けているのか、といういわば生活の機能に眼が向いている点に注目しておきたい。

　しかし、そうだとしても、そこには、グローバルな視野から設定された共通のものを、国・地域、あるいは歴史、社会、文化などのコンテクストと関係づけながら、どう理解し、いかに政策なり運動なり実践と結びつけていく

のか、という問題は残されている。それと同時に、こうした指標には現われ
ない貧困はどう扱うのか、という問題も無視できない。当事者の認識や受け
止め方を重視するという風潮が今後とも続いていけば、この点にはさらに注
意を要することになろう。

　このことに関連して、一例として、この間貧困緩和という点で目覚まし
い成果を収めてきたと評価されるマレーシアにおいて、「新しい貧困（new
poverty)」が問題になっているということに言及しておきたい。よく知ら
れているように、マレーシアは、2020年の先進社会入りを目指した Vision
(Wawasan) 2020（1991年）の下に急速な開発／発展をこの間進め、貧困比
率などの数値が大幅に改善されてきた。世界銀行の貧困線（1.90米ドル／日）
を下回る人口は、数年前には１％を下回ったし、マレーシア政府が地域（半
島、サバ、サラワク）ごとに独自に設定している PLI（Poverty Line Income）
を下回る人口比率も大幅に下がってきている。人間開発という点でも、その
指数はいまや「非常に高い」国グループの一角を常時占めるに至っており
（2017年は189ヵ国中57位）、絶対的貧困は殆ど見当たらない状況にある。し
かしながら、相対的貧困という観点で見ると、そこには新しい様々な貧困問
題が発生しているという。仕事には就いている（失業はしていない）が、収
入が十分ではないいわゆる working poor の問題、（特に都市での）劣悪な住
環境問題、等々である。これらは、公式の統計に基づいて政策の対象として
きた貧困の概念、指標には含まれていなかったために、実態の確認が、従っ
て対応が遅れがちであるというのである。さらに、多民族・文化国家である
ということを背景に、同じ事象（例えば、ジェンダー格差）の受け止め方が
民族によって異なるという点にも配慮が必要であるとしている[6]。

6　Gopal, P. S. & N. M. Malek [2015], "Breaking away from the Cycle of Poverty: The Case of Malaysian
　Poor", *Social Science Journal*, Vol. 52, No. 1, pp. 34–39、および Leng, K. S. et al. [2018], "Urban Poverty
　Alleviation Strategies from Multi-dimensional and Muti-ethnic Perspectives: Evidence from Malaysia",
　Kajian Malaysia, Vol. 36, No. 2, pp. 43–68 を参照。具体的内容の紹介は割愛するが、後者の研究が
　踏まえている民族ごとのインタビュー結果には、同じ現象に対する受け止め方の違いという意
　味で興味深いものがある。「新しい貧困」の一側面として、改めて公的な検証が必要であろう。
　　それから、筆者が本務校で担当している学部の演習クラスで、2017年11月３日にマレーシ
　ア科学大学（USM：Universiti Sains Malaysia）を訪問した際、以上の２つのペーパーの共著者
　でもあるマレク博士（Dr. Nor Malina Malek）から Poverty Alleviation in Malaysia: Revisiting the
　Concept of Poverty と題する講義を受ける機会があった。表２は、それに基づくものであるが、
　同博士には、改めてここに記して感謝を申し述べたい。

表2　フィールド調査に基づく貧困の多面的認識と対応の整理例（マレーシア）

	貧困の要因	貧困緩和の方向性
経済面	非恒常的就業／収入 無貯蓄、浪費、ギャンブル依存	転職、就業機会の追加 貯蓄の習慣づけ、給料からの天引き
地理面	貧困地区、貧困層の中での生活	生活の場の変更（引っ越し等）
社会面	動機、指導、支援の欠如 コミュニティとの絆の欠如 施設や生活必需品へのアクセス不良 宗教的信念の欠如、宗教的教えに反する生き方 前向きな姿勢の欠如、精神的依存 教育・技能の欠如	家族のサポート 相談・助言の機会 他人や公共的手段のサポート 宗教の涵養、信念の形成 忍耐力、決断力、独立心の涵養 知識、技能の修得
文化面	厚かましい生活スタイル	控えめな生活スタイル

出所：マレク博士のPPT講義資料（2017年11月3日、於USM）から筆者作成。

　表2は、そのマレーシアでフィールド調査に基づいてまとめられた最近の貧困状況に関してのものであるが、MPIでは捉えられていないような就業やそれを含めたいわば生き方に関わる問題が多いことが知られる。マレーシアについては、MPIの対象とはならなくなっているため、現在は関係するレポートに数値が掲載されておらず不明だが、ともあれ、表2のような状況は、貧困や開発／発展の分野でグローバルに共有されている統計・資料には出てこない、従って、対処すべき課題として国際的には認識されないでいる可能性が非常に高いと考えられる。グローバルな貧困指標では貧困問題は殆んどないと言える一方、「新しい貧困」とするかどうかは別として、当事者への調査、あるいは異なった指標によれば、解決されるべき貧困問題はなおあるという状況には、慎重な構えが求められる。

　このような例は、他の国・地域にも見受けられるはずであり、改めてグローバルに共有されている指標や概念、考え方だけでは、それぞれの国・地域、あるいは歴史、文化などのコンテクストをもった問題の把握や解決へのアプローチを誤る可能性があるということに気づかされる。目標や指標のグローバルな共有は必要であるが、他方で、貧困の問題を具体的に解決しようとする場合には、そうした目標や指標に的確に表われない実態、課題にどう目配りしていくのかに留意する必要がある、ということでもある。

　このことに関連して、貧困等の指標やデータが、現状では、国別を基本に

して取りまとめられているという点にも問題を提起しておきたい。マレーシアの例に示唆されているのは、国別のデータだけでは見えてこない問題がある、という点である。様々な形でのサブナショナルなブレークダウンが時には必要である一方、国境を跨いで問題が発生している場合には、トランスナショナルな視野でのデータの収集や示し方も求められよう。

2. 「幸福」をめぐる研究が示唆する課題

　以上に関連して、貧困の対義語とも言える「幸福（happiness）」についての研究が、この間大きな関心を集め、このことが国際開発の目標設定にも大きな影響を与えている点に次に言及したい。貧困の緩和・解消をどのような方向性、展望をもって進めるのかという問題に、大きく関わるからである。
　このことには、大きく 2 つの動きが関係していると言える。 1 つは、1970年代に遡るが、ブータン国王（第 4 代）による GNH（Gross National Happiness）の提起である[7]。石油危機を経験したにもかかわらず、またローマ・クラブによる警鐘（『成功の限界』）が鳴らされていたものの、経済（成長）を重視した取組みがなお盛んであった当時の世界の中で、こうした議論は同国内外ともになかなか広がりを見せなかった。しかし、最近になって国連（SDSN：Sustainable Development Solutions Network）は、*World Happiness Report*（以下 WHR と表記）を毎年定期刊行するようになり[8]、今日では、

7　GNH 提唱の経過とタイミングについては、山下修平・高見沢実［2016］「ブータンの国民総幸福（GNH）政策の理念と計画化に関する研究」（日本都市計画学会『都市計画論文集』第51巻第 3 号、741–748頁）を参照。それによれば、第 3 代国王が進めてきた一連の 5 ヵ年計画（ブータン型近代化とも呼ばれる）で示されていた考え方を第 4 代国王が受け継ぎ、1972年に計画委員会議長に就任した際に国民満足度として目標に掲げたが、その後1979年にこれを基礎に国民総幸福という概念に至った、という。
　なお、近年、日本語での GNH の紹介、考察も多く見られるようになっているが、例えば、賀戸一郎・田中一彦［2016］「ブータン GNH 指数の解説ならびに GNH 調査結果一覧」（『人間科学論集（西南学院大学）』第11巻第 2 号、117–140頁）、西川潤［2005］「ブータンに見る国民総幸福—理論と実際—」（『アジア太平洋研究（早稲田大学）』第18号、17–28頁）、大橋照枝［2010］「ブータンの GNH の算出手法と HSM の Ver. 6の開発」（『麗澤経済研究』第18巻第 2 号、17–43頁）を参照。また、ブータンとの交流を深めてきた福井県などによって、「LHI（Local Hope Index）」（ふるさと希望指数）が開発された点も特記しておきたい。
8　2012年が最初の版で、以後、毎年「世界幸福の日」（ 3 月20日）を念頭に公表されている（ただし、2014年版は欠）。

世界銀行の *World Development Report*（1978年が初版）や UNDP の *Human Development Report*（1990年が初版）と並んで、国際開発論分野の必携の資料となっている。また、ブータン国内でも、特に21世紀に入って GNH の政策的導入が加速され、2008年には GHN 指数が政府によって正式に採択されている。

　さて、WHR にせよ GNH にせよ既に多くの紹介があるが、行論の都合上、ここで簡単にそれぞれの内容を確認しておきたい。まず、WHR での「幸福」であるが、①一人当たり GDP、②社会的支援（困った際に頼ることのできる親戚、友人の有無）、③出生時健康余命、④人生の選択自由度、⑤寛容さ（過去1ヶ月間でのチャリティの有無）、⑥腐敗の状況認識、の6つの側面で構成されている。このうち、①と③を除いて、他の国際的機関によって実施された世論調査の結果が利用されており、この点は、人間の視点を重視する人間開発指数を含め、国連システムの同種の国際統計には従来は基本的に見られなかった。

　他方、GNH は「4本の柱」と「9つの分野の指標」が基本であるが、まず、「4本の柱」とは「持続可能な社会経済開発」「環境保護」「伝統文化の振興」、そして「良い統治の確立」である。他方、「9つの分野」とは、「心理的幸福」「時間の使い方（ワーク・ライフバランス）」「文化の多様性」「コミュニティの活力」「環境の多様性」「良い統治」「健康」「教育」「生活水準」であり、それぞれの分野はさらに複数のクラスター指標によって構成されている（合計33指標）。そして、これらの指標を構成しているのは合計124に及ぶ変数である[9]。注視したいのは、その多くが大規模な独自アンケート調査に基づくものであるという点であり、国民の受け止め方、考え方を重視していることが明確に示されている。

　さて、国連の WHR には、ブータンでの取り組みが大きく影響していると思われるが、ともあれ、両者に共通している重要なポイントは、繰り返しになるが、人々の感じ方、受け止め方という主観的な要素を重視していると

9　Ura, Karma et al. [2012], "Case Study: Bhutan—Gross National Happiness and the GNH Index", *World Happiness Report 2012*, pp. 109–145. なお、GNH の統計学的解説については、太田聡一 [2014]「幸福度指数を考える」（橘木俊詔編『幸福（福祉＋α）』ミネルヴァ書房、第3章）が参考になる。

いう点である。この点については、様々な見方（賛否）があろうが、しかし、先にもふれた当事者の見方、受け止め方を重視する流れが国際開発機関（世界銀行など）で定着してきていることも踏まえれば、政策立案を含め、大いに活用してよいはずである。

　ちなみに、ブータンは、一人当たりGNI、栄養不足人口比、乳幼児死亡率、識字率、農産物生産量、商品・サービス輸出額などの公式統計に基づいて定義されている国連の最貧国（LDC）であり続けてきただけでなく[10]、人間開発指数についても世界ランキングは低い。さらに、WHRでのランキングも低い方である（表3参照）。ただ、これには、WHRでの「幸福」とGNHの間に小さくない違いがあることが関係していると考えられよう。WHRの幸福指標の公式統計に依存している部分（特に一人当たりGDP）に関するブータンのランキングはもともと低く、そのことが幸福指標のあり様に大きく影響しているという点を踏まえておく必要がある（表4参照）。

　幸福研究への関心が近年高まっている2つ目の背景は、いわゆる「幸福のパラドックス」への関心の再興とそれを背景にした研究の進展である[11]。もともと、こうした議論は、同じく1970年代に端を発したとされ、提起した研究者の名前（Richard A. Easterlin）に因んでイースタリン・パラドックスとも呼ばれてきたが、近年、改めて多くの関心を集めるようになっている。要するに、所得を代表格とする経済的な豊かさの増大に伴って幸福感が高まるという傾向が必ずしも見られないということであるが、第1点目の動きの影響もあり、もともと念頭にあった先進世界を越えて、今日では全世界的な関心事になっている。

　ちなみに、ブータン2020年国家発展計画には、「GNH概念は、ひとた

10　UNCTADによれば、2016年末時点で、ブータンは2025年までにはLDCからの「卒業」が見込まれているという。

11　「より良い生活（better life）」に関するOECDの取り組み（*Better Life Index*の2011年からの公表）も同様の動きであり、実際、日本語訳では『幸福度白書』（明石書店から2012年に1冊目が、2019年に最新の4冊目が刊行）となっている。なお、日本では、『国民生活白書』（平成20年版）などを背景に「幸福のパラドックス」に改めて眼が向けられるようになり、政府内でも、内閣府の下に「幸福度に関する研究会」が設置され、幸福度指標などの検討がなされたことは記憶に新しい（平成22(2010)年12月～平成24(2012)年9月）。イースタリン・パラドックスを含めた「幸福のパラドックス」の展開については、例えば、伊藤正憲［2013］「幸福のパラドックスについてのノート」（『現代社会研究（京都女子大学）』第16号、119–130頁）を参照。

表3　国連統計に見るブータンの幸福度・人間開発指数

年	幸福度（WHR）	人間開発指数（HDI）
2012–2014年 （WHR 2015年版）	5.253（79／158） Max.7.587 Min.2.839	0.599（132／188） Max.0.944 Min.0.348
2013–2015年 （同2016年版）	5.196（84／157） Max.7.526 Min.2.905	0.603（132／188） Max.0.949 Min.0.352
2014–2016年 （同2017年版）	5.011（98／155） Max.7.537 Min.2.693	0.609（135／189） Max.0.951 Min.0.353
2015–2017年 （同2018年版）	5.082（98／156） Max.7.632 Min.2.905	0.612（134／189） Max.0.953 Min.0.354

注：HDI については対応する幸福度の最終年のもの（例えば、2015–2017年の幸福度に対しては、2017年の HDI）。度数・指数の次のカッコ内は、それぞれの順位を示す（ブータンの順位／総国数）。また、すぐ下の Max.、Min. はそれぞれ世界の最大値、最小値である。
出所：UNDP の *Human Development Report* と WHR のいずれも各年版より、筆者作成。

表4　各指標の構成分野・要素

		GNH	幸福度 (WHR)	HDI	GDP
経済（所得）		○	○	○	○
社会	健康	○	○	○	×
	教育	○	○	○	×
	労働	○	×	×	×
	ジェンダー	×	×	※1	×
	その他	※2	※3	—	—
環境		○	×	×	×

注：含まれていれば○、そうでなければ×。
　※1：同じ UNDP が別に GDI（Gender Development Index）を作成。
　※2：「良い統治」「時間の使い方（働き方）」「文化の多様性」「コミュニティの活力」「心理的満足感」など多数。
　※3：「腐敗度」「人生選択自由度」「寛容さ」「社会的支援度」の4つ。
出所：大橋照枝（2010）「ブータンの GNH の算出手法と HSM の Ver. 6 の開発」『麗澤経済研究』第18巻第2号の図1に筆者が加筆して改めて作成。

び物的な基礎的必要が満たされた後には、幸福のカギは非物質的な必要の
充足、感情的精神的な成長こそに見出されるという信念に根ざしている。
GNH概念は、従って、富と幸福との間に直接的で一義的な関係が存在する
という考え方を退ける。もしそのような関係が正しいとするならば、最も豊
かな国に住む人々こそ世界でもっとも幸福な人びとであるということにな
る。しかし、われわれはそれが事実でないことを知っている。豊かな国で成
長が続いたにせよ、それは多くの社会問題の拡大やストレスに発する人々の
病気、さらには自殺などを伴い、これらの現象が幸福とは正に反対の現象で
あることは、誰もが知っていることだ。」という一節があるという[12]。幸福の
パラドックスに関連した様々な世論調査の結果を踏まえれば、富と幸福との
関係が「直接的で一義的」ではないことには頷けるものがあるが、その一方
で、どこまでが貧困で、どこからが脱貧困ということになるのか、というこ
とは、必ずしも自明ではないだろう。「非物質的な必要の充足」「感情的精神
的な成長」が幸福の重要な部分であるとしても、幸福の全てがこれらによっ
て占められるとも思われない。開発・発展論では、しばしば「3000ドルの
壁」「5000ドルの壁」といった言い方がなされることがあるが、その当否、
数字的根拠はともかくも、こうした壁にぶち当たっている人が、幸福かどう
かということは、やはり一義的には言えないはずである。こうして見ると、
どのように多次元的に幸福度を定めたとしても、グローバルに共通である
ということが持つ限界は、やはり避けて通ることはできないのではないか。
国・地域、歴史、社会・文化などのコンテクストを適宜視野に入れながら、
共通の目標や指標を活用しつつもそれに縛られない柔軟な対応の余地を残し
ておく必要があると思われるのである。既に見たように、WHRではブータ
ンの幸福度は低い方の順位にある一方、GNH調査から見えてくるブータン
の姿は、これと同じではない[13]、ということ自体が、以上を裏づけていると

12　西川潤［2005］前掲論文からの重引（18頁）。なお、タイを震源としたアジア通貨・金融危機
　　（1997年）を契機に同国プミポーン国王（当時）によって提唱された「充足経済（セタキット・
　　ポーピアン／Setthakit Phoophiang）」や「世界で最も貧しい大統領」の異名を持つムヒカ・ウ
　　ルグアイ元大統領（在任期間は2010年3月〜2015年2月）の一種の清貧論なども、同じ趣旨
　　の思考として注視される。なお、西川潤［2002］「経済学と幸福」（『早稲田大学政治経済学雑
　　誌』第300号、1–32頁）も参照。
13　例えば、岡崎理香［2016］「ブータンのGNHの最新動向—2015年GNH調査とGNH国際会
　　議開催—」（日本GNH学会『GNH研究』第3号、37–44頁）を参照。

言えるだろう。

　なお、「幸福のパラドックス」がいま一つ示唆しているのは、幸福が時間、あるいは開発／発展の局面などと共に変化し得るという点である。前節でふれたマレーシアのケースは、従来の、あるいはグローバルに共有されてきた見方、分析ツールでは可視化できなかった「新たな貧困」に眼を向けているが、それは同時に、開発／発展に伴う、あるいはその中での貧困という側面も併せ持つ。「開発／発展と貧困」に関して、時間軸を十分に考慮に入れてこなかったことへの再検討を促しているとも言える。貧困の多次元的認識に対応した多次元的で時系列的な、あるいは段階論的な脱貧困・開発／発展論の枠組みの検討が改めて求められている、と言えよう。

おわりに

　本稿で言及したマレーシアとブータンのケースは、はからずも、前者は、国際的目標や指標とそれに基づいて収集された統計、情報では貧困問題の解決が順調に進んでいると見受けられる一方で、それだけでは掘り起こすことができない問題があるということ、後者は、同種の統計、情報では人々が実際に見たり感じたりしている「良さ」が十分に表現されていないということ、を示すものであり、ともに過度に「グローバル」を強調することには慎重さが必要であることを示唆するものであった。

　繰り返し述べてきたように、国際開発の目標のグローバルな共有は重要であり、そのための指標等の共有もまた必要である。しかしながら、それだけで十分なのか、それぞれの歴史、社会・文化などのコンテクストを十分に踏まえた状況の認識や課題設定が重要ではないのか、というのが本稿の中心的なテーマであった。このように考えると、貧困や開発／発展に関する研究、実務両面での取り組みは、なお改良の余地があろうし、その際に基礎となるのは、やはり当事者の見方、感じ方、あるいは現場から提供される具体的な情報やデータではないかと考える。

　ところで、参加型の開発／発展ということが言われてから久しいが、その参加とは、開発／発展の事業や取り組みへの参加であって、その前段階に当たる、課題認識、問題設定への参加という側面は弱かったという印象があ

る。人間貧困に関して何が課題であるのか、問題をどう設定するのか、ということ自体に当事者が関与していくプロセスが強化される必要があり、このことが当事者としての意識を一層高めることにもなる。

　いずれにしても、今後の国際開発においては、グローバルな方向性を追求しながらも、ローカル（既述の通り、ナショナルを含む）な視点、問題意識・設定との連携、シナジー効果を積極的に取り入れていこうとする研究ならびに実務の姿勢が重要である。そのことが、ひいては、グローバルな目標を着実に実現することにもつながろう。

マーケティングへの招待

——消費者は、マーケティングの何を評価しているのか？——

太田幸治

Introduction to Marketing:
What Do Consumers Evaluate the Nature of Marketing?

Abstract: This chapter provides a review of marketing and consumer research literature from the perspective of consumers' evaluation of marketing and its basis. It also introduces generated thought of marketing and discusses differences between consumption and purchase. In conclusion, this chapter indicates that the function of marketing is better focused on consumption rather than purchase, in terms of marketing thought.

Keywords: Marketing, Product Concept, Consumption, Purchase, Self-Knowledge, Self-Relevance

はじめに

　筆者は、2018年7月14日に開催された愛知大学国際問題研究所設立70周年記念国際シンポジウムの第2部「民族・経済」の司会を担当した。かかる部会において、愛知大学経営学部の土屋仁志氏が「グローバル化するマーケティング」というタイトルで報告をした。その際、土屋氏のパワフルかつ興味深い報告により、他のパネリストのみならず、ご来場いただいたオーディエンスの方々もマーケティングに関心を寄せてくれた。しかしながら、筆者が司会をしていて感じたことは、報告者以外のパネリストも会場のオーディエンスもマーケティングのエッセンスを理解していないのではないか、という疑念であった。

本稿では、今日のマーケティングのエッセンスを示すために、「消費者が製品の何を評価して買っているのか」の観点からマーケティングおよび購買行動研究をレビューし、今日のマーケティングの考え方を示したい。

1．今日のマーケティングの根底にある思想

1）Drucker［1954, 1973］の所説1——顧客志向

Drucker［1954, 1973］によって主張された思想が、今日のマーケティングの根底に流れている。ここでは、Drucker［1954, 1973］のマーケティングに関する考え方を紹介する。

Drucker［1954］は、企業の目的は顧客の創造である、とした。Drucker［1954］は顧客がいるから雇用が生まれ、企業が存在できる、とした。ただ、顧客は自然と生まれるものではない。企業によって作られるものである。企業が、消費者の欲求を作り、それを有効需要に変える。消費者が、何かを欲しいと思い、それに対価を支払うことで、消費者は顧客になる。企業が消費者に刺激を与え、欲求を産み出す。そして、消費者は、その欲求を満たすために財やサービスに代金を支払い、その財やサービスを提供する企業の顧客となる[1]。

これを企業の視点から見ると、企業が消費者を顧客に変えられなければ、企業は存在することはできない、となる。消費者が当該企業の顧客になるには、当該企業が当該消費者の欲求を満たす財やサービスを提供することが求められる。また、その消費者の欲求は、消費者に自然と生まれたものではなく、企業が作り出したものである。ここまで含めて、Drucker［1954］は、企業の目的は顧客の創造であるとした。

Drucker［1954］の主張は、顧客がいなければ、企業は存在しない、すなわち顧客が雇用を産み出しているということ。そして、その顧客は企業によって作られるということである。

ゆえに、Drucker［1954, 1973］は企業の自身の事業（business）は、「顧客が求めているもの」で定義されるとした[2]。Drucker［1954, 1973］は、この「顧

1　Drucker［1954］、訳書上巻46頁。
2　Drucker［1954］、訳書上巻64頁、Drucker［1973］、訳書上巻99頁。

客にとっての価値は何か」という問いが、ビジネスを展開するうえで最も重要な問いであるにも係わらず、企業自身が最も問うことの少ない問いになっているという興味深い指摘をしている[3]。

2）Drucker［1954, 1973］の所説2——マーケティングと販売は異なる

Drucker［1973］は、マーケティングと販売（selling）は異なるものであることを強調した。そして、販売とマーケティングは逆である、とまでいった[4]。

Drucker［1973］は、販売は自社の製品、すなわち売るものが決まっており、それが売れる市場を探して、そこに製品を売り込むことであると捉えた。販売は、企業が自社の視点、つまり「我々が売りたいものは何か」から考え始めるのに対し、マーケティングは、企業が顧客の視点、つまり「顧客は何を買いたいのか」から考え始める。そして、マーケティングの理想は、販売を不要にすることであり、マーケティングが目指すものは、顧客を理解し、顧客に製品とサービスを合わせ、自ら売れるようにすることである[5]、とした。

3）Levitt［1960, 1969］の所説

上記のDrucker［1954］に多大な影響を受けた[6]のがLevitt［1960, 1969］である。Drucker［1954］のマーケティング観を全面的に支持し、さらに分かりやすい事例で顧客志向を説いたLevitt［1960, 1969］の考えは、今日のマーケティングの根底にある思想となっている。

Levitt［1960］は、鉄道会社、映画会社などのケースを用い、自社の販売

3　Drucker［1954］、訳書上巻63頁、Drucker［1973］、訳書上巻105–106頁。Drucker［1973］は、かかる問いが最も問われることが少ない理由は、企業が自社の提供している製品の物的な品質こそが顧客にとっての価値であると思っていることであり、また、かかる問いの答えは経済学的に言うならば自明である、からだとした（Drucker［1973］、訳書上巻105–107頁）。また、Drucker［1973］では、企業は、かかる問いを苦境におちいった時にしか問わないことを指摘している（Drucker［1973］、訳書上巻109–110頁）。

4　Drucker［1973］は、販売とマーケティングは、「同じ意味ではないことはもちろん、補い合う部分さえない」と付け加える（訳書上巻78頁）。

5　Drucker［1973］、訳書上巻78頁。

6　Levittが受けたDruckerの影響については、三浦［2008］54–59頁が詳しい。

している物すなわち製品で事業を定義するのではなく、顧客ニーズを中心に置いた顧客志向で自社の事業を定義すべきだと主張した[7]。続いて Levitt [1969] は、ドリルや化粧品などの例を用い、消費者が買っているものは物理的な製品（スペックを含む）やサービスそのものではなく、それから得られる便益（benefit）の期待を買っているとした[8]。そして、マーケティングでは顧客の購買行動を（顧客の）問題解決のための行動と捉えた。ゆえに企業には、どのような売り方をするのか、どれくらい売るのかよりも、顧客がどんな問題を抱えているのかをはっきりさせることが求められるとし、売り手がこの課題を正しく定義できてはじめて、売り手が自分が何をすべきかを決めることができる[9]、とした。

2. 本稿におけるマーケティングの定義

上記のごとき思想が、今日のマーケティングには流れている。

ここで、本稿におけるマーケティングを定義したい。本稿では、マーケティング（marketing）を「市場（market）のニーズ（needs）やウォンツ（wants）を探り、それを満たすことを目的とした重要な企業活動」[10]とする。ここでいう市場とは、マーケティングにおける市場、すなわち「ニーズやウォンツを充たすために金を支払う消費者の集合体」[11]であり、経済学の市場[12]とは異なる。また、ここでいうニーズとは、消費者の感じる欠乏状態[13]であり、抽象的欲望[14]とも言い換えることができる。そして、ここでいう

7　Levitt [1960] pp. 45–46、訳書53–54頁。Levitt は自社の販売している物すなわち製品で事業を定義することを「マーケティング近視眼」（戦略的近視眼）と呼び、企業は、かような近視眼に陥ってはならないとした。

8　Levitt [1969] pp. 1–3、訳書3–6頁。

9　Levitt [1969] p. 5、訳書 9 頁。

10　相原 [1989] 22頁、相原 [2003] 19頁に基づき、筆者が作成した。

11　Kotler [2001] は市場を「ある製品の実際の購買者と潜在的な購買者の集まり」（Kotler [2001]、訳書17頁）と定義している。

12　一般的に、経済学の市場は「売り手と買い手の集まる場」とされる（吉原 [1998] 18頁、林 [1999] 195–197頁）。また経済学における市場は具体的市場と抽象的市場からなる（林 [1999] 196–197頁）。

13　Kotler [2001]、訳書10頁。

14　石原 [1982] 44頁。

ウォンツとは、先のニーズが文化や人格を通じて具体化[15]されたものであり、具体的欲望[16]と言い換えることができる。最後に本定義で強調しておくべきことは、マーケティングは現象でも状態でもなく、マーケティング主体[17]の活動であるという点である。

3．マーケティングでは、消費者は、何を買っているのか？

Drucker が主張したように、企業がマーケティングをしなければ消費者は顧客にならない。消費者のニーズがウォンツとなるためには、消費者が製品の便益を感知する必要がある。消費者は、その製品のことを知って初めてその製品を欲しいと思えるのである。つまり、消費者は、自身でニーズをウォンツに変えているのではなく、企業が提供した製品を感知してウォンツを作っているのである[18]。製品がなければマーケティングもない。製品はマーケティングの中核を担っている。

マーケティングにおける製品を論じる上で、とりわけ重要なものが製品コンセプトである。製品コンセプトとは、「ターゲット（標的市場）のニーズをユニークに充たす当該製品固有の便益を凝縮的な一言で言い表したもの」[19]である。製品コンセプトは、消費者が消費時に感じる当該製品の価値を表現したものである。かように製品コンセプトを捉えると、消費者は製品コンセプトを消費していると言える。

製品開発を含むマーケティングにとって製品コンセプトは大変重要である。企業が消費者に提供するものは、製品そのものではなく、製品コンセプ

15　Kotler［2001］、訳書10頁。

16　石原［1982］44頁。

17　マーケティング主体は、企業にとどめるべきではなく、政府や非営利組織、個人にも拡張すべきだという議論（Kotler and Levy［1969］等）はあるが、さしあたり本稿においては、マーケティング主体を、製造業者をはじめとした企業のマーケティング・マネージャーと捉えたい。

18　石原［1982］43-47, 50-55頁、石原［2000］78-83頁。

19　太田［2014］105頁を一部修正。本稿の製品コンセプトと似た概念に CBP（core benefit proposition）（Urban *et. al.*［1987］、訳書151-155頁）、ブランド・アイデンティティ（Aaker［1996］、訳書86頁、小林［2016］45頁）がある。本稿では、製品コンセプトとこれら2つの概念を同義と捉える。なお、ここでいうターゲットとは、マーケティング主体が当該製品をマーケティングしたい消費者のことを言う。ターゲットを定める際、マーケティング主体は、市場をニーズによってグループ化する市場細分化（market segmentation）を行なう。

トだからである。製品がマーケティングされるということは、製品コンセプトがマーケティングされるということなのである。製品コンセプトを具現化したものが製品そのものであるし、それを消費者に届けるために流通経路がある。また、それを消費者に伝えるために広告のようなプロモーションがある[20]。上記のごとく製品コンセプトを捉えることで、企業は他社と競争する際、製品コンセプトの競争ができる。いいかえれば、製品コンセプトで製品差別化[21]できるのである。

4．購買行動研究では、消費者は、何を買っているのか？

1）購買行動研究とは

　昨今のマーケティング研究の中で重要な役割を果たしている分野に、消費者行動研究（consumer research）がある。消費者行動（consumer behavior）とは、消費者が製品やサービスを取得、消費、処分する際に従事する諸活動（意思決定を含む）[22]のことである。消費者行動は、消費者が製品やサービスを選択する、すなわち購入するところから、それらを消費、さらには処分するまでが範囲となる。この消費者行動のなかでとりわけ重点的に研究されてきたのが、製品やサービスの取得、すなわち購買行動（buying behavior）の研究である。

20　マーケティング主体であるマーケティング・マネージャーの意思決定の枠組みを説明するものに「マーケティング・ミックス（Marketing Mix）」がある。マーケティング主体にとっての統制不可能変数には、「経済環境」「政治・法律環境」「文化・社会環境」「競争環境」「当該企業の資源と目的」の5つがある。また、かかる統制可能変数は製品（product）、価格（price）、流通経路（place）、プロモーション（promotion）にまとめられる。これらは頭文字をとって、4Pと呼ばれる（McCarthy［1960］）。マーケティング・マネージャーは統制可能変数である4Pを組み合わせてマーケティングを展開する。かかる組み合わせのことをマーケティング・ミックスという。マーケティング・ミックスの策定は、4P間に矛盾がないようになされねばならない。また、4Pと5つの統制不可能変数の間に整合性があるように意思決定しなくてはならない（石井他［2004］36-44頁）。

21　製品差別化（product differentiation）とは、消費者が当該製品を他の製品とは違ったものだと感じることをいう。その違いは、当該製品と他の製品の間に客観的な違いがなくてもよい。その2つの間にある主観的な違いであっても消費者がその2つを違うものだと思えば、製品差別化はなされているといえる。なお、製品差別化の目的は、消費者が当該製品を他の製品とは異なるものであると知覚し、選好することにある（Chamberlin［1962］、訳書72頁を参照）。

22　青木［2010a］20頁。

２）購買時における消費者の情報処理

(1) 消費者情報処理の統合モデル
　　──「情報の探索」「情報の解釈」「情報の評価（あるいは統合）」

　まず、消費者情報処理の統合モデルの理解から始めたい。当該モデルは、消費者が購買時に当該製品を評価することを目的としている。

　新倉［2005］は、消費者の購買意思決定プロセスを考慮して、このプロセスに対応する消費者の情報処理メカニズムをモデル化した[23]。消費者の情報処理のモデルには、Bettman モデルなどがあるが、それを簡略化したのが新倉［2005］のモデルである。かかる分析モデルは、購買意思決定の流れにそって、作動記憶（短期記憶）上で展開される主要な情報処理操作の内容と、それらの処理操作を規定する要因との関係を示したものである[24]。

　本稿では、購買行動のうち、消費者の当該製品の評価に焦点を当てたい。新倉［2005］のモデルでは、消費者の作業記憶（短期記憶）上で展開される消費者の情報処理作業は、「情報の探索」、「情報の解釈」、「情報の評価」の３つからなるとした[25]。

　「情報の探索」とは、購買を意識したうえでの購買前の積極的かつ能動的な情報の取得である[26]。具体的には、過去の購買・消費経験をとおして記憶内に蓄積した情報を探索（検索）する「内部探索」と新たに外部の情報源から情報を探索・取得する「外部探索」とがある[27]。「内部探索」で情報が十分でないときや欠如しているとき、情報が相矛盾するなど錯綜するときには、「内部探索」を中断し、「外部探索」に移行する[28]。

　「情報の解釈」とは、情報探索によって取得された外部情報は、それが得られた文脈や利用可能な内部情報（既存知識）に照らして意味づけられ、有意味な内部情報へと変換されていく。知覚符号化は、まさにこのプロセスである。そして、「情報の解釈」とは、新たな知識形成のための意味付け（sense

---

23　新倉［2005］7頁。
24　青木［2010b］170頁。
25　新倉［2005］7頁。
26　池尾［1991］178頁。
27　青木［2010b］172頁。
28　新倉［2005］9頁。

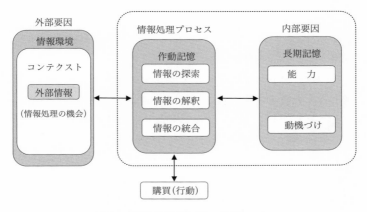

図1　消費者情報処理の分析モデル

出所：青木［2010b］171頁（新倉［2005］7頁を一部修正）。

making）のプロセスとも捉えられる[29]。

　「情報の評価」とは、探索によって収集された情報や形成された知識を
もとに、購買に適切な選択肢を様々な角度から検討して評価することであ
る[30]。また青木［2010b］は、新倉［2005］の「情報の評価」を「情報の統合」
とした[31]。青木［2010b］は、消費者が購買行動をする際、一連の情報処理操
作によって、主観化され解釈（意味付け）された入力情報は、さまざまな形
で統合されることに注目した。またその情報は内部情報として長期記憶内に
蓄積されたり、選択や購買のための意思決定に利用されたりする[32]ことに注
目した。

29　青木［2010b］172頁。
30　新倉［2005］18頁。
31　青木［2010b］171頁。
32　青木［2010b］172頁。青木［2010b］は、ブランドについての「信念」や「態度」は、情報の
　　統合によってできた知識であるとした。またヒューリスティクスは、情報統合のためのルー
　　ルであるとした（青木［2010b］172–173頁）。なお、ヒューリスティクスとは、消費者が製
　　品の代替品評価の際に用いる、簡略化された評価ルールである（青木［2010a］151頁）。新倉
　　［2005］によれば、ヒューリスティクスは、消費者の購買や選択における最適化の評価ルール
　　ではなく、満足化の原理にしたがう評価ルールである。これは消費者情報処理研究が消費者の
　　情報処理の限界を前提としたことから用いられる概念である（新倉［2005］18–19頁）。

(2)　知覚符号化

　本稿では、消費者が製品の何を評価しているのかを議論するため、情報の
解釈に注目する。情報の解釈のなかでも、マーケティング主体が大いに関
心を寄せるのは、マーケティング主体が市場に提供している製品の「意味
づけ」である。消費者情報処理研究では、製品やブランドを意味づける情
報処理として知覚符号化（perceptual coding）というプロセスが考えられて
きた[33]。中西［1984］は、知覚符号化を、消費者が自身の目的に照らし合わ
せ、製品がその目的の達成に寄与するかどうかを判断するプロセスであると
した[34]。青木［2010a］は、知覚符号化を、製品やブランドについての情報が、
特性情報→属性情報→便益情報という形で変換（主観化）されるプロセスと
した[35]（図2参照）。かように変換された情報は、知識として消費者の記憶に
取り込まれていく。また、それと同時に、それらの情報は縮約されて使い勝
手の良いものになり、最後には、ブランドに対する態度（あるいは選好）が
形成される。態度とは、そのブランドに対する全体的な評価に相当する[36]。

(3)　情報処理プロセスの規定要因

　消費者の情報処理プロセスに影響を与える要因は2つある。ひとつは、外

33　新倉［2005］16頁。
34　中西［1984］10頁。
35　青木［2010a］169–170頁。特性（characteristics）情報とは、製品の組成、構造、機能に関して
　客観的に測定可能な特性に関する情報のことである。例えば、パソコン（PC）を例にとると、
　動作周波数2GHz、メインメモリ2GB、TFTカラー液晶、HDD 256GB、重量588g、消費電
　力10Wといった製品仕様に関する詳細な情報のことを指す。属性（attribute）情報とは、当該
　製品（ブランド）が消費者のニーズを充足できるか否かについての主観的な判断（あるいは信
　念）のことである。例えば、パソコンの処理速度や操作性、携帯性、経済性といった縮約され
　た有意味な情報が、これに該当する。一方、便益（benefit）情報とは、そのような属性に基づ
　き、消費者が製品やブランドに付与する個人的な意味や価値についての情報である。例えば、
　パソコンの場合には、処理速度や操作性などをベースとした機能的便益や、色やデザインなど
　から感じる情報的便益などが考えられる（青木［2010a］169–170頁）。
　　なお、新倉［2005］が指摘したように、今日のマーケティング研究及び購買行動研究におい
　て、コンジョイント分析など一部の例外を除き、製品の属性という語が安易に使われてきた
　（新倉［2005］49頁）。またFinn［1985］やLefkoff-Hagius and Mason［1993］がレビューした
　ようにマーケティングにおいて、製品の特性と属性及びコンセプトを区別することなく、曖昧
　に用いている研究が多いことを残念に思う。筆者は、先に示したDruckerおよびLevittのマー
　ケティングの思想に則るならば、マーケティング研究においても企業のマーケティングにおい
　ても製品の特性と属性およびコンセプトは、明確に区別されなければならないと考えている。
36　青木［2010a］169–170頁。

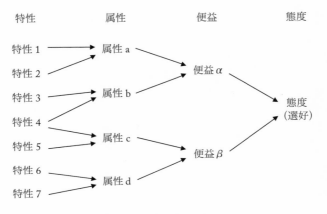

図2　知覚符号化のプロセス

出所：青木［2010a］169頁。

部要因であり、いまひとつは、内部要因である。

①外部要因——外部情報とコンテクスト

　外部情報とコンテクストが、消費者が製品を購買する際の情報処理プロセスに影響を与える。つまり、外部情報とコンテクストが消費者の製品の評価を規定する。外部情報とは、消費者にとって取得可能な外部情報源からの情報（その量や内容、提供方法）であり、コンテクストとは、提供される外部情報の背景、あるいは、情報を処理する消費者が置かれた状況や文脈のことである。とくに、消費者関連のコンテクストには、時間的圧力、予算的制約、社会的ネットワークなどがあげられる[37]。

②内部要因

　消費者の内部要因も、購買時における消費者の情報処理プロセスに影響を与える。かかる内部要因は、購買時の消費者の情報処理操作を推進したり、制御したりする要因である[38]。かかる内部要因には、動機づけと能力がある[39]。消費者の情報処理の動機づけとして機能するものには、消費者の

37　新倉［2005］8頁、青木［2010b］170頁。
38　青木［2010b］170頁。
39　新倉［2005］8頁、青木［2010b］170頁。

もつ目的がある[40]。そして、消費者の情報処理の能力として、専門知識力（expertise）が重要な役割を果たすと考えられている[41]。

⑷　消費者情報処理の動機づけ要因──目的／関与

　購買行動研究では、消費者情報処理の規定要因を、動機づけと能力としているが、本稿では、動機づけの目的および関与を中心に議論する。なお、本稿では目的と目標を同義として用いる。

　先にも述べたように消費者情報処理は、消費者が目的を感知したことから起こる。先の知覚符号化も、消費者の目的に照らし合わせて製品についての情報が縮約され、消費者にとっての製品の意味付けがなされていた。購買行動研究では、消費者情報処理における動機づけのメカニズムは、手段−目的連鎖モデル（means-end chain）などによって説明されてきた。手段−目的連鎖モデルとは、ブランドや製品などがもつ特性や便益と消費者が持つ価値意識＝目的とが、個人内で対応すると仮定し、製品の特性が、より抽象的な目的である便益を提供する手段となり、その便益が消費者のもつ価値意識＝目的によって選ばれていると考えるものである[42]。

　一方、目的によって動機づけられた消費者は、活性化された内部状態として「関与」を感知する。「関与」とは、「対象、状況、課題といった諸要因によって活性化された個人内の目的志向的な状態であり、「情報処理の水準や内容を規定する状態変数」である[43]。

　関与の源泉は、「自己関連性」（personal relevance）で説明される。自己関連性は、先の「手段−目的連鎖モデル」によって説明される。自己関連性とは、消費者の自己知識と、購買を検討している製品の製品知識がつながっており、さらに、消費者が対象となる製品について「自分ごと」として認識することをいう[44]。ここでいう消費者の自己知識とは、消費者が自分自身とは何かを考える自己に関する知識構造である[45]。また、ここでいう製品知識

40　新倉［2005］21頁。

41　Alba and Hutchinson［1987］pp. 411–412、新倉［2005］8頁、青木［2010b］174–175頁など。

42　Gutman［1982］pp. 67–68、丸岡［2002］49–50頁など。

43　青木［1989］125頁。

44　堀田［2017］105頁。

45　新倉［2005］23頁、Peter and Olson［2005］p. 90. なお、新倉［2005］では、自己知識ではなく、自己概念という語が用いられている。

とは、製品にまつわる諸々の知識であり、特性や属性など過去の知覚符号化によって得られた知識構造である[46]。消費者のなかで自己知識と製品知識がつながっていることを知っており、かかる自己関連知識が活性化しているとき[47]、消費者はその製品に関与して（まさに巻き込まれて）いくことになる[48]。そして消費者がその製品に関与していれば、消費者の情報処理が動機づけられた状態になる[49]。

⑸　消費者情報処理の２つのタイプ

　消費者の情報処理は大きく２つの処理に分けることができる。ひとつは、データ駆動型処理であり、いまひとつは、理論駆動型処理である[50]。

①データ駆動型処理

　データ駆動型処理とは、外部から入力されるデータにより駆動され、それらを組織化して意味ある構造を作り上げようとするものである[51]。データ駆動型処理は、外部データから始まり下から上へより上位の知識を順次活性化させるという意味でボトムアップ型処理とも呼ばれる。一方、データ駆動型処理は、解釈のために個々の膨大な量の外部データを処理する必要があり、情報処理の負荷がかかり過ぎるために、この負荷を軽減する機能が必要となる[52]。また外部データのなかには、曖昧なものや信頼性に欠けるものも数多く存在するので、これらの選別を効率的に行なう機能が必要になる。さらに、データ駆動型処理だけでは対処できない重要な問題が存在する。その問題とは、解釈するために要求される解釈されるべき対象についての知識である。この知識がデータ駆動型処理を補完するために必要となる[53]。

②理論駆動型処理

　理論駆動型処理は、消費者のもつ理論がその推進力となり、上位の知識か

46　Peter and Olson［2005］p. 90を一部修正のうえ引用。
47　Celsi and Olson［1988］p. 211、堀田［2017］113–114頁。
48　青木［2010b］186頁。
49　Celsi and Olson［1988］p. 211、堀田［2017］113–114頁。
50　Lindsay and Norman［1977］、訳書8–11頁、川崎［1985］169頁、新倉［2005］8–9, 72–75頁、高橋［2011］156頁。なお、Lindsay and Norman［1977］は、理論駆動型処理ではなく、概念駆動型処理としている（訳書10頁）。
51　川崎［1985］169頁、新倉［2005］72頁。
52　Tybout and Artz［1994］p. 143.
53　新倉［2005］14–15, 72–73頁。

ら下位の知識を順次活性化させることからトップダウン型処理ともいわれる。かかる情報処理は、実際に存在する外部データではなく、解釈すべき対象についての知識にもとづいて処理が方向づけられる。対象についての知識として考えられる概念や概念構造と、そこから生み出される期待は、対象の性質に関する簡単な仮説や理論とも考えられ、これを基に処理が開始される[54]。まさに、「そこに何を見ればよいかを知っていると、それは容易に見える」[55]というわけである。こうした処理は、その理論や仮説を支持するための事実確認となるので、それが期待する理論通りの結果を生み出すように処理を導いていく。そこでの情報の流れは、まさしく理論から始まるトップダウン型であり、これが処理のメカニズムを規制してさまざまなバイアスを引き起こしていくと考えられる[56]。例えば、ある製品やブランドに関する頑健な概念が既に構築されている場合などは、探索中にある属性に一部分だけ情報の欠落（missing information）があるとしても、この理論が推進力となりその穴埋めを積極的に行なうのである[57]。

⑹　目的の水準（レベル）と目的のタイプ

　消費者情報処理の規定要因となる目的および関与には、階層性がある。消費者の持つ目標・目的は、抽象的なものから具体的なものまで階層をなしており[58]、そのレベルの違いによって達成したい価値も異なる[59]。Lawson［1997］は、目標階層は１）価値レベル、２）活動レベル、３）製品獲得レベル、４）ブランド獲得レベルに大別できることを示した。１）と２）が抽象的な目標、３）と４）が具体的な目標で、そのどちらの目標を持つかにより、その後の意思決定の仕方が異なることを示した[60]。

　また目的は大きく２つのタイプに分けられる。ひとつは、達成性の目標である。かような目標は「安定した企業に就職するために大学に入学する」といったような何らかの最終的な対象や状態を獲得したり、達成したり、習得

54　新倉［2005］15頁。
55　Lindsay and Norman［1977］、訳書10頁。
56　新倉［2005］74頁。
57　新倉［2005］16頁。
58　清水［1999］101頁。
59　高橋［2011］152頁。
60　Lawson［1997］pp. 432–433. なお、Lawson［1997］は、Carver and Scheier［1990］の理論をベースに、かかる枠組みを作成した。

するような目標である。そこでは、目標となる対象や状態をめざした行動の
結果が問題となる[61]。かかる達成性の目標は、結果志向の目的[62]、プロダクト
志向の目的[63]ともいわれる。かような目的は、基本的に「目標─手段」分析
を必要とする[64]。

　いまひとつの目的のタイプは、コンサマトリー性の目標である。それは、
特定の行動や状態を経験するプロセスそのものが目標の実現に直結している
目標である。すなわちプロセス志向という特徴をもった目標である[65]。具体
的には、「ゲームを楽しむ」とか、「ゼミナールでマーケティングの研究その
ものを楽しむ」といったものである。そこでは、ゲームなどすぐにクリアで
きてしまったら、大変つまらない。研究も同様である。かような目的は、プ
ロセスそのものを楽しむものである。

　もちろん、コンサマトリー性の目標にも目標─手段関係がある[66]。

(7)　目的／関与と処理方略

　目的や関与水準の高低によって、情報処理の水準やその内容が規定され
る[67]。

　目的が曖昧な場合、すなわち、消費者の製品の自己関連性が活性化されて
いない、いわば当該消費者が当該製品に低関与な時には、データ駆動型処理
を行なう[68]。かかる処理では、目的の設定からしなければならないので、消
費者に大きな情報負荷がかかる[69]。しかし、消費者は当該製品に低関与なた
め、意思決定の努力を軽減しようとし、単純な達成性の目的を設定し、単純
な目標階層、例えば製品獲得レベル、ブランドの獲得レベルの目標を設定す
る。そして、最小の努力で適切な製品を選択しようとする。ゆえに、消費者
は少数の具体的属性を使用して、製品から望ましい機能的結果を獲得しよう

61　池田・村田［1991］125頁。
62　新倉［2005］22頁。
63　高橋［2011］155頁。
64　池田・村田［1991］126頁。
65　池田・村田［1991］126-127頁、新倉［2005］22頁、高橋［2011］155頁。
66　池田・村田［1991］127頁。
67　青木［2010b］176-177頁を一部修正のうえ引用。
68　Park and Smith［1989］pp. 291-292, 298, Lawson［1997］p. 433、清水［1999］99-102頁、高橋
　　［2011］156-157, 162-163頁。
69　清水［1999］102頁。

とする[70]。また、消費者が、全く新しい目的を達成しようとする際も、同じ
ような処理方略が採られる[71]。

　次に目的が明確な場合を考えてみよう。目的が明確な消費者は、理論駆動
型処理を行なう。また目的が明確な消費者は、目標階層を形成する。また
個々の目的が具体的であるほど、目的を達成する製品やブランドが心に浮か
ぶ[72]。

　しかし、目的が明確な消費者でも当該製品への関与が高い消費者と低い消
費者では情報処理が異なると考えられる。目的が明確でも、当該製品への関
与が低い消費者は、比較的単純な達成性の目標を設定しているだろう。そし
て、比較的単純な目標階層を設定するだろう。また、かような消費者は、先
の目標が明確でも低関与な消費者と同様に、意思決定の努力を軽減しようと
するため、適度な努力で満足が行く製品を選択しようとするはずである。そ
して、少数の具体的属性を使用して、望ましい結果を得ようとするはずであ
る[73]。

　また、目的が明確で、関与が高い消費者も理論駆動型処理を行なう。しか
しながら、かかる消費者は当該製品についての自己関連性が活性化されてい
るため、単純な目標ではなく、コンサマトリー性の目標も意識した達成性の
目標を設定しているはずである。かような消費者の目的は最大の満足を獲得
するものとなる。そして、かような消費者は、より複雑な目標階層を設定
し、広範囲な製品知識を使用するであろう[74]。

70　Peter and Olson［2005］pp. 180–183. なお、このタイプの消費者は、Peter and Olson［2005］が
　　示した低関与で製品知識が少ない消費者と同様の情報処理方略を取ると考えられる（Peter and
　　Olson［2005］pp. 180–183）。
71　Park and Smith［1989］pp. 291–292, 298、高橋［2011］156–157, 162–163頁。
72　Park and Smith［1989］pp. 291–292, 298, Lawson［1997］p. 433、清水［1999］99–102頁、高橋
　　［2011］156–157, 162–163頁。
73　この消費者のタイプの情報処理方略については、上記の既存研究を参考に、筆者がまとめた。
　　なお、このタイプの消費者は、Peter and Olson［2005］が示した低関与で製品知識が少ない消
　　費者と同じ情報処理をする（Peter and Olson［2005］pp. 180–183）と考えられる。
74　この消費者のタイプの情報処理方略については、上記の既存研究を参考に、筆者がまとめた。
　　なお、このタイプの消費者は、Peter and Olson［2005］が示した高関与で製品知識が多い消費
　　者と同じ情報処理をする（Peter and Olson［2005］pp. 180–183）と考えられる。

5．製品コンセプトと購買行動

　本稿のレビューにより、マーケティングでは、製品コンセプトの重要性が説かれてきたことが明らかになった。それは、マーケティングは、購買ではなく、消費に向かうものであると考えられてきたからである[75]。ここでいう消費とは、消費者が製品を破壊したり減耗したりして、その製品から便益を引き出そうとする行為である[76]。購買とは金銭を支払い製品の所有権を獲得する行為である。

　一方、購買行動研究のレビューを鑑みると、消費者の中には、購買時に製品コンセプトを評価できる消費者と、製品コンセプトを評価できない消費者がいることが分かる。目的が明確か、不明確かの如何に係わらず、当該製品への関与が低い消費者は、単純な達成性の目標を設定し、少数の具体的属性を使用して、機能的な結果を得ようとする。かような消費者は、比較的単純な達成性の目標を充たす製品コンセプトについては評価することができるであろう。

　ただ、今日の製品は単純な達成性の目標を充たす製品だけではない。企業側から見ると、かような単純な製品では、他社との製品差別化が実現できない。ゆえに、消費者がコンサマトリー性を充たすことを意図した製品が登場する。だが、かような製品の消費者の購買時の情報処理は単純な達成性の目標を充たす製品よりも複雑になる。ゆえに、関与が低い消費者は、かような製品コンセプトを評価できないことになる。

　消費者の関与の高低は、消費者に製品の自己関連性があるか、ないかで決まる。かかる自己関連性があるということは、消費者の中で自己知識と製品知識がリンクしており、それが活性化していることである。ひいては、消費者が購買時にコンセプトを考えるか否かは、消費者に自己知識があるか、ないかの違いであるように思われる。つまり、消費者が自分自身とは何かを考えているか、否かが製品コンセプトを評価するか、否かを決めていると本稿では考える。

　もし市場に、自己知識が少ない消費者が多いと、企業はコンサマトリー性

75　上原［1999］137–138頁、太田［2017］21頁。
76　上原［1999］5頁を参考に筆者が定義した。

の目標を充たす製品をマーケティングできないことになる。その製品は、かような消費者が評価できるような具体的で単純かつ機能的な属性を訴求することで、売れるのかもしれない。しかし、それは、マーケティング主体が消費者の消費ではなく、購買のみしか見ていないことになる。そして、かような属性の訴求は、製品が売れれば何でもいいという販売であって、マーケティングとはいえない。

そもそも、単純な達成性を充たすような製品ばかりが溢れた社会はつまらない。ゆえに、消費者にかような製品コンセプトを評価してもらうマーケティングが必要になる。マーケティングの目的は、顧客の創造である。顧客に適応することではない。また、マーケティングは市場のニーズやウォンツを創り出すものである。企業は、コンサマトリー性を有する製品、すなわち抽象度の高いコンセプトを消費者が評価してくれるようなマーケティングを展開すべきである。そのためには、企業は消費者の製品の自己関連性、とりわけ消費者の自己知識を刺激するマーケティングを展開する必要がある。

結びに代えて

本稿では、「消費者が製品の何を評価して買っているのか」の観点からマーケティングおよび購買行動研究をレビューし、今日のマーケティングの考え方を示した。

そして、本稿では、マーケティングは、購買に向かうのではなく、消費に向かうべきであること、マーケティングでは製品コンセプトが重要であることが主張された。また、消費者には、当該コンセプトを理解できる消費者とできない消費者がいることを明らかにした。

本稿には、次のような課題が残されている。

本稿では、消費者の購買時の情報処理を規定する知識については、目的及び関与と関連付けて検討したが、知識そのものが、例えば、製品精通性がいかに消費者情報処理に影響を与えるのか、また消費者の製品コンセプトの評価に影響を与えるのかについての検討が希薄であった。

また、本稿では既存研究に基づき、消費者の自己知識の有無と消費者の製品コンセプトの評価についての仮説を提示したに過ぎない。かかる仮説は、

経験的に確証されていない。かかる確証は今後の研究課題としたい。

参考文献

Aaker, D. A.［1996］*Building Strong Brands*, The Free Press.（陶山計介・小林哲・梅本春夫・石垣智徳訳［1997］『ブランド優位の戦略―顧客を創造する BI の開発と実践―』ダイヤモンド社）

相原修［1989］『ベーシック／マーケティング入門』日本経済新聞社.

Alba, J. W. and J. W. Hutchinson［1987］"Dimensions of Consumer Expertise," *Journal of Consumer Research*, Vol. 13, March, pp. 411–454.

青木幸弘［1989］「消費者関与の概念的整理―階層性と多様性の問題を中心として―」『商學論究』（関西学院大学商学研究会）第37巻1・2・3・4号合併号、119–138頁.

青木幸弘［2010a］『消費者行動の知識』日本経済新聞社.

青木幸弘［2010b］「知識構造と関与水準の分析」池尾恭一・青木幸弘・南知恵子・井上哲浩『マーケティング』有斐閣、163–199頁.

Bagozzi, R. P. and U. Dholakia［1999］"Goal Setting and Goal Striving in Consumer Behavior," *Journal of Marketing*, Vol. 63, pp. 19–32.

Chamberlin, E. H.［1962］*The Theory of Monopolistic Competition. A Re-orientation of the Theory of Value, Harvard Economic Studies* XXXVIII, Eighth Edition, Harvard Business Press.（青山秀夫訳［1966］『独占的競争の理論』至誠堂）

Clesi, R. and J. C. Olson［1988］"The Role of Involvement in Attention and Comprehension Process," *Journal of Consumer Research*, Vol. 15 (2), pp. 210–233.

Drucker［1954］*The Practice of Management*, Harper & Row.（上田惇生訳［2006］『ドラッカー名著集 2　現代の経営』上・下、ダイヤモンド社）

Drucker［1973］*Management: Tasks, Responsibilities Practices*, Harper & Row.（上田惇生訳［2008］『ドラッカー名著集13　マネジメント』ダイヤモンド社）

Finn, A.［1985］"A Theory of the Consumer Evaluation Process for New Product Concepts," *Research in Consumer Behavior*, Vol. 1, Greenwich, pp. 35–65.

Gutman, J.［1982］"A Means-End Chain Model Based on Consumer Categorization Processes," *Journal of Marketing*, Vol. 46 (Spring), pp. 60–72.

堀田治［2017］「体験消費による新たな関与研究の視点―認知構造と活性状態の分離―」『マーケティング・ジャーナル』（日本マーケティング協会）第37巻第1号、101–123頁.

池田謙一・村田光二［1991］『こころと社会―認知社会心理学への招待―』東京大学出版会.

池尾恭一［1991］『消費者行動とマーケティング戦略』千倉書房.

石井淳蔵・栗木契・嶋口充輝・余田拓郎［2004］『ゼミナール マーケティング入門』日本経済新聞社.

石原武政［1982］『マーケティング競争の構造』千倉書房．

石原武政［2000］『商業組織の内部編成』千倉書房．

林周二［1999］『現代の商学』有斐閣．

小林哲［2016］『地域ブランディングの論理』有斐閣．

川崎恵里子［1985］「記憶におけるスキーマ理論」小谷津孝明編『認知心理学講座第2巻　記憶と知識』東京大学出版会、167–196頁．

Kotler, P.［1980］*Principles of Marketing*, Prentice-Hall.（村田昭治監修、和田充夫・上原征彦訳［1983］『マーケティング原理』ダイヤモンド社）

Kotler, P. and G. Armstrong［2001］*Principals of Marketing*, 9th ed., Prentice-Hall.（和田充夫監訳［2003］『マーケティング原理』ダイヤモンド社）

Laaksonen, P.［1994］*Consumer Involvement: Concepts and Research*, Routledge.（池尾恭一・青木幸弘監訳［1998］『消費者関与―概念と調査―』千倉書房）

Lefkoff-Hagius, R. and C. H. Mason［1993］"Characteristic, Beneficial, and Image Attributes in Consumer Judgement of Similarity and Preference," *Journal of Consumer Research*, Vol. 20, June, pp. 100–110.

Levitt, T.［1960］"Marketing Myopia," *Harvard Business Review*, Vol. 38, No. 4, pp. 45–56.（DIAMOND ハーバード・ビジネス・レビュー編集部訳「マーケティング近視眼」（新訳）『DIAMOND ハーバード・ビジネス・レビュー』2001年11月号、52–69頁）

Levitt, T.［1969］*The Marketing Mode*, McGraw-Hill.（土岐坤訳［1971］『マーケティング発想法』ダイヤモンド社）

Lindsay, P. H. and D. A. Norman［1977］*Human Information Processing: An Introduction to Psychology*, 2 ed., Academic Press.（中溝幸夫・箱田裕司・近藤倫明訳［1983］『リンゼイ／ノーマン情報処理心理学入門Ⅰ―感覚と知覚―』サイエンス社）

Lawson, R.［1997］"Consumer Decision Making within a Goal-Driven Framework," *Psychology and Marketing*, Vol. 14 (5), John Wiley and Sons, pp. 427–449.

McCarthy, E. J.［1960］*Basic Marketing*, Irwin.

丸岡吉人［2002］「手段目的連鎖モデルで消費者を理解する」『一橋ビジネスレビュー』2002年WIN、50巻3号、東洋経済新報社、48–56頁．

三浦一郎［2008］「ドラッカーとレビット―レビットのドラッカー讃―」『文明とマネジメント　ドラッカー学会年報』第2号、50–61頁．

中西正雄［1984］「消費者行動の多属性分析」中西正雄編著『消費者行動のニューフロンティア』誠文堂新光社、2–26頁．

新倉貴士［2005］『消費者の認知世界』千倉書房．

太田幸治［2014］「製品コンセプトと製品の核に関する一考察」『愛知経営論集』（愛知大学経営学会）169号、79–109頁．

太田幸治［2017］「消費者はコンセプトを購買できるのか？」『愛知経営論集』（愛知大学経営学会）第174・175合併号、3–24頁．

Park, C. W. and D. C. Smith［1989］Product-Level Choice: A Top-Down or Bottom-Up Process?," *Journal of Consumer Research*, Vol. 16, December, pp. 289–299.

Peter, J. P. and J. C. Olson［2005］*Consumer Behavior and Marketing Strategy*, 7th ed., Irwin.

Peterman, M. L.［1997］"The Effects of Concrete and Abstract Consumer Goals on Information Processing," *Psychology and Marketing*, Vol. 14 (6), John Wiley and Sons, pp. 561–583.

清水聰［1999］『新しい消費者行動』千倉書房.

高橋広行［2011］『カテゴリーの役割と構造―ブランドとライフスタイルをつなぐもの―』関西学院大学出版会.

Tybout, A. M. and N. Artz［1994］"Consumer Psychology," *Annual Review Psychology*, 45, pp. 131–169.

上原征彦［1999］『マーケティング戦略論』有斐閣.

Urban, G. L. U., Hauser, J. H., and N. Dholakia［1987］*Essentials of New Product Management*, Prentice-Hall.（林廣茂・中島望・小川孔輔・山中正彦訳［1989］『プロダクト・マネジメント』プレジデント社）

吉原龍介［1998］『需要と供給の経済学』学文社.

グローバル化するマーケティングと 文化衝突

土屋仁志

The Cross-Cultural Conflict in Global Marketing

Abstract: While Globalization is progressing in business, the cross-cultural understanding is becoming crucial as well as understanding marketing techniques and methodologies. At time cross-cultural misunderstand may cause conflict, and it possible to become the risks such as sales and brand depressed. Mostly cultural conflict in global marketing tends to occur for concerning about history, moral and religion. However, these studies are not covered in business administration. In the meantime, there are a number of studies about cross-cultural difference in Humanities. The purpose of this study is to classified types of cultural risk by Humanities idea, and to suggest several ways to avoid cultural conflicts in global marketing.

Keywords: global marketing, cultural conflict, cross-cultural understand

はじめに

　社会科学である経営学の分野では現象を数値化し、科学的に分析することが重要視されている。そのため人類学や歴史学、文学などの人文学系の学問とはアプローチ方法が大きく異なり、またそれらに関する知見との接点もほとんどない。確かに企業が自国内にて活動を行う場合に限れば、人文学系の知見はとくに必要とされない。なぜなら自国の文化慣習に関しては、とりわけ意識せずとも人々の間にある程度の共通認識が培われているためである。しかし国を越えた企業活動の場合、様相は一変する。自国で卓越したビジネ

スモデルを確立して成功した企業でさえも、国際市場において常にその優位性を発揮するには、さらなる工夫が求められる。国外ではほとんどの場合、自国での共通認識は通用せず、異文化という曖昧な事象がしばしば国際活動の障壁となるためである。とりわけ現地の最終消費者とコミュニケーションを図らなければならないマーケティングの分野では現地の文化や慣習に反する活動を行ってしまい、現地消費者から感情的な抵抗を受けてしまうケースが散見される。異文化に対する不理解は企業にとってはブランドイメージの損傷や金銭的な損失という切実な結果となって現れるのである。本稿では人文学系の文化に関する様々な知見が、社会科学であるグローバルマーケティングの分野でいかに重要な役割を果たすことになるのかについて述べる。

1．国を越えるマーケティング
──マーケティングとグローバルマーケティング

　マーケティングとは企業が自社の製品・商品を市場へ販売、普及させる体系的な活動の総称である。前章でも定義されているように「市場のニーズやウォンツを探り、それを満たすことを目的とした重要な企業活動」のことである。学術的には1902年にミシガン大学が "Distributive and Regulative Industries of the United Stats" というコースを開設して以来、アメリカの各大学でマーケティング論の端緒をなす講座が20世紀初頭に次々と開講された[1]。当初は Distribution や Commerce と表現されていたものが、その後 Marketing という言葉が使われるようになり、この概念は全世界へと伝わっていった。戦前期の日本では福田［1937］によってマーケティングが「市場配給」という言葉で表されていた時期もあったが、戦後はマーケティングと外来語のまま用いられるようになり、それが定着し今日までいたる[2]。そもそもマーケティングとは Market（市場）という単語に進行形である ing を加えた言葉で、あえて漢訳するならば「市場化」と表現するのが適当である。もともと市場が存在しないところに企業が主体となって何らかの働きかけをし、そのことによって新しい市場を造り出す、つまり「市場化」を試みる行

1　橋本勲［1965］「マーケティング論成立の沿革」『經濟論叢』95 (5), pp. 369–374.
2　福田敬太郎［1937］『市場配給論』千倉書房, pp. 42–43。

図表1　グローバルマーケティングの進化

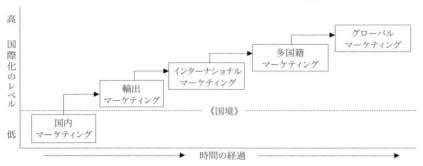

出所：Kotabe & Helsen［2014］より筆者が加筆作成。

為のことである。

　企業が主体となり新たな市場と創りだすことを試みるマーケティング活
動は時として国を越える。第2次世界大戦後、アメリカでは生産力が拡大
し、その結果、国内のみでは市場規模が足りず、国外に市場を求めること
なしには国内での生産や雇用を維持することができない状況に陥ったこと
がその背景にあった[3]。マーケティングの国際化は国内マーケティングが外的方
向に進化したものであり、そのプロセスにはおおよそ5つの発展段階がある
［Kotabe & Helsen 2014][4]。図表1は国内マーケティングからグローバルマー
ケティングへの進化段階を簡略化して示したものである。

　第1段階は国内マーケティングである。ここではまだ国境を越えていな
い。一般的に国際マーケティングとよばれる活動は第2段階の輸出マーケ
ティングから始まる。輸出マーケティングでは企業の組織は自国に留まり
ながらも、自社の製品のみが間接輸出、もしくは直接輸出という形態で国境
を越えて販売され始める。第3段階のインターナショナルマーケティングで
は、現地生産や現地販売のために実際に組織の国外活動拠点が設置される。
この段階で複数国へ展開することもあるが、そのマーケティングの意思決定
はそれぞれの進出先国で個別に行われ、本国を含め他国とのつながりは希薄

3　土屋仁志［2017］「小売国際化論」木立真直・佐久間英俊・吉村純一編著『流通経済の動態と
　　理論展開』同文舘出版、p. 235.

4　Kotabe, M. and K. Helsen［2014］, *Global Marketing Management*, John Wiley & Sons, Inc., pp. 14–19.

である。あくまでも進出した国レベルでの部分最適化が図られる。第4段階の多国籍マーケティングでは、世界の多数の国に活動拠点をもつようになり、それらの拠点をアメリカエリア、ヨーロッパエリア、アジアエリアなど地域レベルで統括してマーケティングの意思決定を行う。第5段階のグローバルマーケティングでは世界を1つの市場とみなし、マーケティングの意思決定を一極集中で行う。ここではブランド管理を含め、統一された戦略が世界規模で実行され、各国での販売や調達を互いに有機的に結びつかせることによってコストを削減し全体最適化が目指される。

　このような国を越えるマーケティング活動は地理的な越境であるとともに、「文化」の越境活動という要素も多分に含んでいる。進出先国の社会で自社の存在が受入れられるか否かはその国の「文化」に対する理解の深度に関わっている。またそれは図表1でみたグローバルマーケティングの段階が進展するに従って、要求される理解のレベルは高くなる。「文化」は企業が国際化する際、最初に遭遇する壁となる。

2．文化と経営学

1）文化の定義

　文化という概念は主として民俗学・民族学を含む文化人類学や考古学・歴史学で研究対象となってきた。文化のヨーロッパ語である culture の語源は「農耕」であり、自然に対する人為的な働きかけという意味合いをもつ[5]。「農耕」という人為的な自然への介入は、収穫物の貯蔵や分配にかかわる諸々の制度や機構、慣習を確立させ、またその記録のために文字や記号を発明させるなど、人類に「社会」をもたらす原点となった。その「社会」に内在する宗教、政治、経済、言語、慣習、倫理、美学などの制度や価値観が文化とよばれるようになった。この文化という概念はとらえ方次第で多面的にいかようにも理解ができ、実態は極めて曖昧であるため、明確に定義付けることは容易ではない。人類学では古くからこの曖昧な概念に実態をもたせようとする努力がなされてきた。E. B. Tylor は1871年にその著書 *Primitive Culture* で、

5　村上陽一郎［1994］『文明のなかの科学』青土社、p. 76.

民族学上の文化概念を「知識、信仰、芸術、道徳、法律、慣習など人間が社会の一員として習得した諸々の能力と習慣で構成される複合的な総体」と定義している[6]。同じ人類学者の Ralph Linton［1936］は「文化とは人類によって伝承される社会的行為の総体である」としている[7]。また、Goodenough［1970］は「文化とは複数の個人が有する目的意識や状況認識への対応の集合体」としている[8]。以上のように近年に近づけば近づくほど文化概念は曖昧に定義されている。その意味で Tylor が文化の要素を解体・分類化し、実態をとらえ易くした点で大きな貢献がある。

2）経済学・経営学の文化

　経済学や経営学においても文化はしばしば重要な研究対象とされてきた。経済学では文化経済学という研究領域であつかわれて来た。文化や芸術を産業としてとらえ、その経済効果を計り、活性化のためのルール作りや政策提言などをすることを目的とする学問である。世界的な教育科学文化機関であるユネスコは人種・性・言語・宗教にかかわらず、正義や法、人権を尊重するという立場から、文化のとらえ方は文化経済学的な立場に近い。2009年にユネスコは *The 2009 UNESCO Framework for Cultural Statistics* のなかで文化を統計的にとらえる際のフレームワークを提示している。そこでは文化という概念を①文化・自然遺産、②パフォーマンス・セレブレーション、③ビジュアルアーツ（絵画・写真）・工芸、④書籍・出版物、⑤音楽・映像・インタラクティブメディア、⑥デザイン・サービスという6つの領域と⑦ツーリズム、⑧スポーツ・レクリエーションという2つの関連領域に分類している[9]。この分類はユネスコモデルとよばれ、国や地方自治体が文化産業の創造を推進する際に、しばしば引用されるフレームワークである。

　一方、ビジネスと直結する経営学では、文化はより具体的・現実的な問題としてあつかわれており、そのとらえられ方は大きく2つある。1つは商品

6　Edward Burnett Tylor［1871］, *Primitive Culture*, John Murray, p. 1（1994復刻版、Routledge/Thoemmes Press）.

7　Ralph Linton［1936］, *The Study of Man*, Appleton Century Crofts, Inc., p. 78.

8　Ward Hunt Goodenough［1970］, *Description and Comparison in Cultural, Anthropology*, Aldine Publishing Company, p. 103.

9　UNESCO, *The 2009 UNESCO Framework for Cultural Statistics*, p. 24.

図表2　グローバルマーケティング戦略のフレームワーク

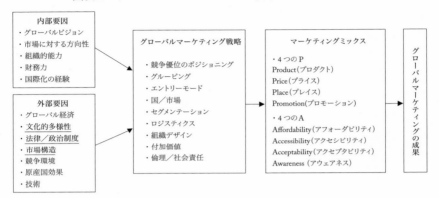

出所：IIan Alon, Eugene Jaffe, Christiane Prange, and Donata Vianelli［2016］

としての文化であり、もう1つは市場参入対策としての文化研究である。前者の商品として文化とは、上記のユネスコモデルで分類された諸文化をコンテンツ化し、これらを自社の商品になんらかのかたちで取り込むことによってビジネス上、他者との差別化を図ろうとするものである。例えば世界遺産をめぐる旅行商品、伝統舞踏のパフォーマンス興行、現代風にアレンジされた伝統工芸品、伝統音楽などの商品化などがあげられる。後者の市場参入対策としての文化研究とは、本来国内的なマーケティング活動であったものが国外へとその活動が拡大される際に求められるものである。国内におけるマーケティング活動においてはポジショニング、エントリーモード、セグメンテーション、マーケティングミックス、差別化、ロジスティクスなどの経営学的な方法論の駆使がメインアプローチとなるが、国を跨ぐマーケティング活動においてはそれらの方法論と同等もしくはそれ以上に進出先国の文化に精通することが重要となる。図表2はIIan & Eugene［2016］によるグローバルマーケティングのフレームワークである。このフレームワークで文化に関わる要素は、外部要因のなかの文化的多様性、法律／政治、市場構造が該当する。外部要因とはすなわち環境条件のことであり、グローバルマーケティング戦略の諸々のテクニカルな戦略に至る前の段階で、進出先国の文化的要素について考慮する必要があることを指摘している。さらにIIan & Eugene はこのような文化的背景への理解についてマクロ的に監査す

る PESTEL 分析というフレームワークとして提示している。すなわち、政治（Political）、経済（Economic）、社会（Social）、技術（Technological）、環境（Environmental）、法律（Legal）の 6 つの視点で戦略的なマーケティングの立案に活用しようというものである[10]。それ以外にも Kotabe & Helsen［2014］は文化の構成要素をより細かに①物質的格差、②言語、③社会相互性、④美学、⑤宗教、⑥教育、⑦価値の 7 つに分類している[11]。

　このように文化の諸要素を分類化して理解することは、企業が国を越えてマーケティングを行う際に進出先国にて自社製品をスムーズに浸透させるうえで大きな助けとなる。現地の文化や商習慣を理解し、そこに合わせていこうとする動きは適応化戦略とよばれる。その一方で、現地の文化を考慮せずに本国でのスタイルを維持する動きは標準化戦略とよばれ、この二つの戦略は国際マーケティングの要諦となっている。実際のマーケティング戦略の策定では相手の文化に順じようとする適応化戦略か、それとも順じようとしない標準化戦略かという二者択一的なものではなく、部分的に適応化戦略が採用され、また部分的に標準化戦略が採用されるのが常であり、そのバランスが重要となる。

3）グローバルマーケティングにおける文化の移転と伝播

　人は国際間を往来することによって他の文化と交流し、互いに理解し学びあってきた。それは双方向性の異文化交流であり、人類の発展に貢献してきた。しかしマーケティングという商業活動においては、国際間の文化の移動は、基本的に川上（先進国）から川下（後発国）へと単方向性で流れる。図表 3 は国際マーケティングにおける文化移動のイメージを示したものである。第 2 次世界大戦後、戦勝国のアメリカの文化が世界のスタンダードとなり、1960 年代に台頭してきた EU 諸国や日本、カナダへと伝わる。それら先進国の諸文化が 1980 年代にはアジア NIEs へ伝わり、さらに 2000 年代には BRICs へと伝わっていく。ここでのポイントはこの流れに双方向性はなく、例えば BRICs の文化がアメリカに逆流して伝わるということは例外的

10　IIan Alon, Eugene Jaffe, Christiane Prange, and Donata Vianelli［2016］, *Global Marketing Contemporary Theory, Practice, and Cases*, Routledge, p. 35.

11　Kotabe, M. and K. Helsen［2014］, *Global Marketing Management*, John Wiley & Sons, Inc., pp. 97–112.

図表3　国際マーケティングにおける文化移動のイメージ

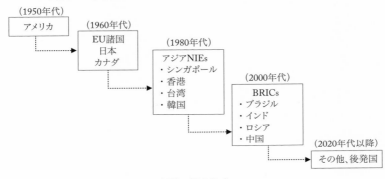

出所：筆者作成。

な事例を除けばほとんど発生しない。その理由はマーケティングで伝わる文化の大部分は先進国で培われた最新の技術やノウハウ、アイデアであり、後発国はその文化を拝借して享受する。つまり国際マーケティングの分野における文化の移動方向は経済発展のレベルに規定される。そして技術やノウハウ、アイデアなどの知識の国家間移動は「移転」もしくは「伝播」という2種の方法で行われる［Kacker 1988］[12]。「移転」とは、ライセンシングや直接投資などによって先進国の知識が計画的かつ合法的に移動されるものである。一方「伝播」とは、先進国での視察やセミナーなどでみつけた知識を非計画的かつ非公式的に移動されるものである。

4）グローバルマーケティングの主体

　グローバルマーケティングにおいて、先進国から後発国に向けて「移転」や「伝播」がなされる対象となるのは製品（Product）、価格（Price）、チャネル（Place）、プロモーション（Promotion）の4つのPである。これら4つの要素すべてが文化を貫通して初めて、グローバルマーケティングは成立する。その文化の諸要素については既述のごとく各学問で目的に応じて過去様々な角度から分類化されてきた（図表4）。本稿では原点に戻るという意味で最も原始的かつシンプルな民族学上の概念、すなわち Tylor による①知

12　Kacker, M. P.［1988］, "International Flow of Retailing Know-how: Bridging the Technology Gap in Distribution," *Journal of Retailing*, Vol. 64, No. 1, pp. 41–67.

図表4　分野別 文化の分類

学　問	目　的	分　類
人類学（E. B. Tylor）	人類への理解	①知識、②信仰、③芸術、④道徳、⑤法律、⑥慣習
文化経済学 （UNESCO）	文化・芸術の活性化 政策提言	①文化・自然遺産、②パフォーマンス・セレブレーション、③ビジュアルアーツ（絵画・写真）・工芸、④書籍・出版物、⑤音楽・映像・インタラクティブメディア、⑥デザイン・サービス、⑦ツーリズム、⑧スポーツ・レクリエーション
国際マーケティング （Kotabe）	ビジネスへの応用	①物質的格差、②言語、③社会相互性、④美学、⑤宗教、⑥教育、⑦価値

出所：筆者まとめ。

図表5　異文化貫通のイメージ

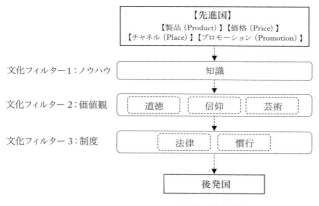

出所：筆者作成。

識、②信仰、③芸術、④道徳、⑤法律、⑥慣習で考える。企業はある一国で
マーケティング活動を実行するには、これら6つの文化的要素が大きな障害
の壁となる。それをイメージ化したものが図表5である。

　ここではこの6要素のうち①知識をノウハウフィルター、②信仰③芸術④
道徳を価値観フィルター、そして⑤法律⑥慣習を制度フィルターと大きく三
分類化した。グローバルマーケティングとは先進国で培われた4つのPをい
かにこれら3つの文化フィルターを貫き、後発国に到達させるかという活動
にほかならない。それはまるで水がろ過装置を透過するようなものであり、
仮にいずれかのフィルターを透過できないという状況が発生した場合はなん

らかの文化的要素に遮られたということになる[13]。グローバルマーケティングにとって文化は参入障壁として機能し、「受入れられる」もしくは「拒絶される」という二者択一の結果としてあらわれる。ノウハウフィルターとは先進国のマーケティング技術に対する後発国の受入れ態度である。通常は先進技術を学ぶという姿勢から「受入れられる」傾向にある。価値観フィルターとは先進国の企業のマーケティング活動がそれを受入れる後発国の信仰や芸術、道徳などの価値観に抵触するか否かを判断するものである。先進国のマーケティング手法によって作られる価値観は、後発国の若い世代にとって新たな生活スタイルとして表面的には憧れの対象となる。しかしながらそれぞれの国で長い歴史にわたり培われてきた宗教や道徳に関する価値観とはしばしば衝突することがある。制度フィルターとは先進国企業のマーケティング活動が受入れる側の後発国の法律や慣習に合致するか否かをみるものである。通常、現地の法律や慣習を変更することは容易ではなく、かりに後発国が先進国の制度を学び、改革を進めるとしても即時的な変更は期待できない。そのため制度フィルターに関しては、先進国の企業側が後発国にあわせてマーケティング活動を調整し、その障壁を越えようとするのが常である。

3．マーケティングと文化衝突

マーケティングを国際的に展開する企業は上記3つの文化フィルターを無事に透過するために「標準化戦略」や「適応化戦略」を織り交ぜて様々な策を施す。実際に戦略を実行に移す際には思いつく限りの注意を払い、現地の文化要素との衝突を避ける努力をしている。それにもかかわらず、しばしば問題が発生し、それらはいくつかのタイプに分けることができる。ひとつは「現地で活動し、現地の要因で拒絶される」ケース、次に「現地での活動が現地以外のグローバルな要因によって拒絶される」ケース、最後に「現地では受入れられたものの、現地以外のグローバルな要因によって拒絶される」ケースである。以下にそれぞれのケースの特徴的な具体例を挙げる。

13　市場のフィルター構造については、川端基夫［1999］『アジア市場幻想論——市場のフィルター構造とは何か』新評論、pp. 281–284を参考とした。

⑴　ケース１：道徳・信仰×国際プロモーション戦略

　現地で活動し、現地の要因で市場から拒絶されたというオーソドックスなケースである。世界的な自動車メーカーであるA社がSUVを中国市場にて販売する際に製作された雑誌広告が問題となった。広告は「尊敬せずにはいられない」というキャッチコピーのもと、中国に伝わる架空の動物である獅子から同社のSUVが敬礼を受けつつ都会を走破するというイメージ図であった。問題は中国の象徴的な魔除けの神獣である獅子の用途であった。神獣である獅子が日本車に頭を下げているという姿が中国文化を侮辱しているという理由から強く批判された。また当SUVの中国市場向けにつけられた車名が現地の言葉で「横暴」という意味を含んでいたことが事態を悪化させた。最終的には経営陣の謝罪とともに車名を変更し、問題を収拾させた。

　当広告内容は中国の象徴である獅子のイメージを使用し、現地消費者に親近感を与え、文化障壁を透過しようと試みられたマーケティング活動であった。グローバルマーケティングの定石通り、適応化を意識して現地文化に順じようとする方向性は間違っていなかったが、用途を誤り中国人消費者に情緒的な不快感を与えた点が問題であった。グローバルマーケティングのプロモーション戦略が信仰フィルターおよび道徳フィルターを透過することができなかった例である。

⑵　ケース２：道徳×国際製品戦略

　現地での活動が、現地以外のグローバルな要因によって拒絶されたケースである。世界的なSPAアパレル企業であるB社がヨーロッパ市場にて新製品としてTシャツをオンライン販売した際に、そのデザインが問題となった。白と濃紺の細いストライプ柄で左胸部分に黄色の六芒星をあしらったTシャツのデザインが第2次世界大戦時にナチスのユダヤ人強制収容所で使用されていた収容者の制服に酷似しているとの批判を世界中から指摘された。その後すぐにB社はこのデザインは西部開拓時代のアメリカの保安官をイメージしたものであり悪意はなかったとしながらも謝罪を表明し、このTシャツの販売を中止した。

　当製品はヨーロッパ市場に向けられたもので、イスラエルでは販売されてはいなかった。しかし人類が犯した負の遺産に関連する出来事を連想させたことから、このマーケティングが実施された国以外の消費者からも強い批判

を受けた。歴史的事実の認識不足が原因となり、グローバルマーケティングにおける製品戦略が道徳フィルターの透過に失敗したケースである。

⑶　ケース３：現地信仰・世界的道徳×国際プロモーション戦略

　現地での活動は成功したものの、現地以外のグローバルな要因によって拒絶されたケースである。世界的な家具の製造小売であるＣ社がサウジアラビア市場向けに作成した商品カタログが問題となった。Ｃ社の商品カタログの写真イメージは全世界で共通したものが使用されていたが、サウジアラビア市場向けのものに限っては写真から女性モデルをすべて削除するという加工が施されていた。このことに対し男女平等の精神、女性の人権という観点からＣ社の本国政府および消費者から強い批判を受け、その後Ｃ社経営陣はカタログ写真の加工について謝罪した。

　サウジアラビアでは宗教的な理由から女性の自動車運転、海外渡航、銀行口座開設、露出度の高い服装の写真の広告使用など諸所の活動に関する多くの禁止・制限事項がある。Ｃ社もこのカタログの写真を加工することによって現地の文化（宗教）に適応化するという定石通りのグローバルマーケティングを実行し、進出先であるサウジアラビアの宗教フィルターの透過に成功した。しかし男女平等という世界の潮流となっている道徳を重視するＣ社の本国政府から厳しい指摘を受けたことが原因となり、このプロモーション戦略はグローバルな道徳フィルターの透過に失敗した。

　以上、ここでは特徴的な３つのケースを取り上げたが、グローバルマーケティングにおける失敗の類似例は枚挙にいとまがない。とくに製品戦略やプロモーション戦略を行う際に文化フィルターの道徳や信仰の面で衝突が発生することが多い。ケース１およびケース３は試行錯誤のもと、進出先国の文化に歩み寄ろうとした結果、問題を起こしている。またグローバル化が進み、インターネットを通じて情報が即時に世界的に共有される今日の環境下では、単に進出先国に受入れられれば良いというわけでなく、先進国側の道徳観も考慮する必要があるということをケース２やケース３が示している。ともあれマーケティング活動における文化衝突は単に刹那的な販売不振といった金銭的なリスクを引き起こすだけに留まらず、当事者となる企業に対する心理的嫌悪感を抱かせるリスク、すなわち企業のブランド価値を損傷さ

せる多大なリスクともなる。

おわりに

　マーケティング活動が国を越える際、自国内での暗黙の共通理解は通用せ
ず、異文化に対する高度な理解が不可欠となる。それゆえマーケティング担
当者は異文化理解を試みる。しかし事実上は理解できておらず、さらにその
無理解に気づくことができないという状況がしばしば起こる。マーケティン
グによる文化衝突のほとんどは、後になってその要因を指摘されれば容易に
理解できるシンプルなミスであることが多い。事後に指摘されればすぐにわ
かることを、なぜ事前にチェックを行っているにもかかわらず衝突を発生さ
せてしまうのか。その原因はマーケティングが純粋に企業経営の技術を探求
する社会科学の領域内にのみ留まっていることにある。確かに企業経営に関
しては多分の知識集積があるため、その点ではマーケティング担当者やチー
ムがもつグローバルマーケティングの技術はアドバンテージとなる。しかし
そのような純粋な経営技術だけでは文化衝突を完全に排除することはでき
ず、そのリスクを回避させることは能力的に限界がある。ここに人文科学分
野の高度な専門家の存在が必要となる。とくに歴史や道徳、宗教に関する専
門的な知識によって事前チェックが機能すれば、文化衝突はかなりの割合で
回避できる。また昨今では文化盗用という新しい概念が生まれ、マーケティ
ングにおける異文化の使用に制限をかけようとする動きもでてきている。今
日のグローバルマーケティングの環境は複雑化しており、チェック機能とし
ての人文科学の役割が不可欠な時代となっている。

民族文化をめぐるジレンマ

——中国客家地域における市場経済化と生活実践——

河合洋尚

The Current Problem of Ethnic Cultures in Contemporary China:
A Case for Hakka District, East Guangdong

Abstract: This paper aims to discuss the uniformity and diversity of "ethnic culture" based on fieldwork in the Hakka districts of Guangdong, China. According to General books and Internet dictionaries, the Hakka people have a well-established and unique culture which is different from the culture of other Chinese Han or ethnic minorities. However, while conducting fieldwork in the Hakka districts of China and other countries, I found multifarious customs and material cultures within Hakka society, a part of which can actually be found in non-Hakka districts. For example, it is generally considered that *tulou* (enclosed and fortified earth building) is representative of typical Hakka culture. However, in fact, some of the Chaoshan people, another Han ethnic group, are living in structures indicative of *tulou* in non-Hakka districts. We can say that such a stereotyped version of Hakka culture originally did not exist in the real societies but rather existed only in the minds of researchers or local elites. However, alongside rapid development of the market economy since the 1990s, local governments and developers have been trying to use the stereotyped Hakka culture as a resource to highlight the spatial features of Hakka districts. In doing so, buildings which imitated *tulou* started appearing in Guangdong Hakka districts where it historically did not exist. This is why stereotyped versions of Hakka culture are now unceasingly appearing in the real societies due to the power of economic forces. This kind of culture starts to conflict with various ways of life and social memories because each culture has different traits. This study focuses on the contestation and adjustments of these different "ethnic cultures" as well as explores the current situation of "ethnic cultural issues," analyzing such problems using the Hakka districts as an example.

Keywords: ethnic culture, market economy, Hakka, China

近年の中国では、市場経済化が進むにともない、民族文化の特色を利用した都市開発が促進されるようになっている。だが、こうした動きのなかで、都市開発の資源として用いられる民族文化が、その土地で当該民族により育まれてきた生活の実践・価値観と乖離する問題が次第に顕著となってきた。たとえ同じ民族の文化を扱っていても、市場経済化の原理で活用される文化と、そこに住む人々が生活を営むなかで育んできた文化とにズレが生じ、時として両者が葛藤する状況を生み出しているのである。本稿は、中国広東省の客家地域に焦点を当てることで、このような現象の一端を記述するとともに、人類学の視点から考察することを目的とする。

1．客家と客家文化

　本題に入る前に、まず客家とその文化をめぐるイメージについて概説することにしよう。

　一般的な見解に基づけば、客家とは、中原（北方にある古代王朝の所在地）をルーツとする、漢族の一集団である。周知の通り、中国には56の民族があり、その約92％を占めるマジョリティが漢族であるが、その内部には言語や文化が異なる数多くのサブ集団がある。漢族のサブ集団は民系と呼ばれることもあるが、客家とはそうした民系の一つであるといえる。現在の中国本土では広東省―福建省―江西省の境界地域（以下、交界区と称する）が客家の本拠地（原郷）とみなされており、そこから移住した客家が中国南部各地に点在して居住している。さらに、客家は、中国本土から、香港、台湾、東南アジア諸国、環インド洋諸国、環カリブ海諸国、オセアニア地域などにも移住しており、世界中に分布する民系となっている。客家の正確な人口は不詳であるが[1]、確実にいえるのは、世界に分布する客家の大半が広東省の中部・東部から移住していることである。ただし、特に1960年代以降、台湾出身の客家（彼らの大多数も広東省にルーツをもつ）が新移民として世

1　中国には民族別の統計はあっても、民系別の統計はない。さらに、オセアニアのように混血が進み客家としての自覚も証拠もない人々がいるため、誰を客家とみなすかという基準が難しい。したがって、世界中の客家人口は、2000万人とも4500万人とも1億人以上といわれることもあるが［瀬川 2010: 100］、いずれにしてもその数を正確に把握することは困難である。

界各国へ移住し、別系統の客家団体を結成していることは特筆に値する。

　客家については、これまで数多くの書籍／論文が中国語、英語、フランス語、日本語などで出版されてきたし、今では客家がどのような人々であるのかインターネットでも掲載されている。本稿は、これらの記載内容を逐一分析することを目的としていないが、総じて言えば、とりわけ一般の目につきやすい概説書やインターネット辞典で、客家は「中国の内なる異邦人」［高木 1991］と称されるように、他の漢族の民系とは異なる特色をもつ集団として描かれる傾向が強い。客家がテキストで、どのように特殊な集団であると描かれてきたかについて、瀬川昌久［2010］の議論などを参照して簡潔にまとめると、次の通りである。

　第一に、客家は、質素倹約で、愛国心が強く、教育を重視するパーソナリティを有しているとされる。それゆえ、客家は、文天祥、洪秀全、孫文のような異民族（モンゴル族支配の元朝や満州族支配の清朝）に抗した漢族の英雄や、リー・クワンユー、葉剣英、鄧小平のような政治リーダー、朱熹、郭沫若、黄遵憲のような学者・作家など、数多くの偉人を輩出してきたといわれる［瀬川 2010: 101–102; cf. 高木 1991］。

　本当に彼らが客家としてのアイデンティティをもっていたかは別として、客家が結束力の強い優秀な民系であるとする語りは、一般書やインターネットで必ずといっていいほど強調されており、その特徴を体現する有名人が挙げられる。そのほか、客家の女性は勤勉であり、纏足もせず家事と戸外の重労働をこなしてきたことが指摘されてきた［瀬川 2010: 103］。

　第二に、客家は他の民系／民族とは異なる特殊な言語と文化をもつとされる。一般に前者は客家語、後者は客家文化と称される。客家の言語・文化が他にはない特色をもつ要因としては、客家が中原から移住した集団であることが挙げられる。他方で、客家は中原にルーツをもつ集団であるため、古代中原の言語的・文化的要素を継承している。彼らは中原から移住するなかで環境に適応し、先住民の影響を受けたため、固有の言語や文化が生み出されたともされる。とりわけ、客家文化については、このような文脈から衣・食・住、信仰などが論じられてきた。詳しくは次節で述べるが、もはや客家文化の代表格となった円形土楼、および客家地域で特に流行するとされる風水や二次葬などは、この文脈から客家文化の特色として表象されている。

こうした客家特殊論は、テクストのうえだけでなく博物館展示、さらには後述する都市開発でも利用されてきた。だが、客家文化にどこまで特殊性があるのかは極めて疑わしいし、実際、瀬川［1993, 2010］をはじめとする少なからずの人類学者が、客家特殊論に異を唱えてきた。また、客家が中原に起源するという前提も1990年代から疑われるようになっており、中国でも、房学嘉［1996］が提唱する土着起源論や、謝重光［2008］が論じる文化融合論（土着の諸民族と中原の民族の融合を論じるが必ずしも中原文化を主軸に据えない）を支持する研究者が現れている。

　筆者は、中国広東省における長期間のフィールドワークを出発点とし、2009年から中国南部と東南アジア諸国の客家地域で、2013年からはオセアニアとアメリカ大陸で、客家を対象とする短期調査を並行して実施してきた。その結果明らかになったことは、世界各地の客家文化は極めて多様で、かつ他民族とも共通する文化的要素が少なくないということであった。それに対して、客家文化にはもともと特色があったが、世界各地への移住の過程で現地の環境と民族文化に適用したため「変化」してしまったのではないか、と考える読者もおられるかもしれない。だが、この想定には二つの問題がある。

　第一に、あるモノや生活実践が客家文化であると認識するのは研究者なのだろうか、それとも現地の人々なのだろうか、という問題である。もし後者であるならば、言うまでもなく客家文化は一枚岩ではない。例えば、広東省にルーツをもつタヒチの客家は、麻婆豆腐やマア・ティニトなど、広東客家地域にもともと存在しない文化的要素を客家文化とみなすことがある。

　第二に、もし客家文化にオリジナルとなる固有かつ特色ある文化的要素があるとすれば、その「原点」をどこに見出したらよいのだろうか。たとえ中国東南部の山岳地帯であるとしても、交界区の客家地域における慣習や物質に大きな違いがあることは、すでに指摘されてきた通りである［河合2013a］。

　本稿では、まず大半の客家華僑のルーツとなっている広東省中部・東部、とりわけ東部の梅州から中部の深圳に至る一帯（図1参照）に焦点を当て、この限られた地理的範囲ですら、客家文化は多様であり、その他の集団の文化との境界が必ずしも明確ではないことを論じてみることにしたい。具体的

には、衣・食・住、信仰に焦点を当て、各々の客家特殊論を参照したうえ
で、筆者のフィールド・データから、それが客家の生活実践とどれほど乖離
しているのかを検討してみる。

2．広東客家地域における生活実践と物質文化

　中国広東省は、中国東南部に位置しており、その人口の約98％が漢族で
ある。一般的に、広東省の漢族は、大別して広府人、潮州人、客家という三
つの民系に分かれている。大雑把に概観すれば、そのうち広府人は、主に香
港や広州を含む珠江デルタ地帯および西江流域で主に分布しており、潮州人
は韓江流域の潮州や汕頭を本拠地としている。そして、客家は、梅州を主要
な本拠地としており、龍川、河源といった東江流域で主に分布している。恵
州、東莞、深圳は、広府人と客家の雑居地帯となっている。これら三つの民
系は、それぞれ言語や文化が異なるといわれる［Kawai 2012: 43］。

　それでは、客家文化は、広府人や潮州人などの文化と比べて、どのように
異なるとみなされているのだろうか。衣と纏足、食、住と風水、民間信仰
の四つの文化的要素について、それぞれ客家特殊論の説明と筆者のフィール
ド・データとを比較してみることにしよう。

図1　広東省地図

1）衣と纏足

　客家特殊論において、客家はしばしば黒色や紺色をベースとする質素な服装を身にまとってきたと語られる。特に女性は、勤勉で、戸外の農業にも従事したため、纏足をしておらず、大襟衫と呼ばれる質素な服装に身をまとい、涼帽と呼ばれる労働用の日除け付き帽子（写真1）を被っていたとされる。こうした衣装

写真1　香港・新界の涼帽（2009年9月、筆者撮影）

は、確かに恵州・東莞・深圳といった東江流域の客家地域に実在する。これらは広東省でも客家文化をめぐる博物館展示の「必需品」であるし、東江客家地域からの移民が多いマレーシア・サバ州のサンダカン客家会館などでも、大襟衫や涼帽が展示されている。

　このように、これらは中華圏では典型的な客家の衣裳とみなされがちであるが、特に涼帽に関しては、梅州をはじめとする中国の他の客家地域では、歴史的にほとんど存在してこなかった。また、東江流域（深圳・香港へと至る珠江本流域も含む）では、広府人の女性も涼帽を被っている。写真1で涼帽を被っている女性は、香港・新界の広府人女性である。つまり、涼帽は客家文化というより、むしろ東江の地域文化であるという方が正確かもしれない。それに対して、大襟衫は、梅州や台湾などでも、少なくとも民国期以前に女性が着ていたことが現地でのインタビューや写真等から分かるため、涼帽に比べると分布範囲が広い。だが、中国南部の全ての客家女性が大襟衫ばかりを着てきたわけでない。

　広東省の客家地域でインタビューをおこなうと、纏足の習慣は、ごく一部の都市部や富裕層の女性に限られており、確かにほとんどみられなかったようである。瀬川［2010: 103–104］が指摘するように、これは民系の差というよりは、貧富や生業の差であるとみるべきである。筆者の調査によると、潮州人の居住地にも纏足をしなかった村落が存在している。

2）食

客家の食は客家料理と呼ばれ、広東料理（粤菜）や潮州料理（潮汕菜）とは異なる、独立した系統としてカテゴリー化されている。客家料理の特色は、概説書や客家料理本において、「肥」（脂っこい）、「咸」（塩辛い）、「香」（香ばしい）という特色があると描かれている［曽編 2011］。その調理法のほか、いくつかの代表的とされる客家料理には、中原もしくは中原からの移住に関する物語がある。例えば、醸豆腐（豆腐に切れ目を入れ豚肉を詰めて蒸した料理）は、北方から移住した客家が餃子をつくろうとしたところ南方で小麦粉が入手できず、かわりに豆腐で包んでできた料理であると言い伝えられている［高木 1991: 110］。また、梅菜扣肉（紫蘇のうえに豚肉の厚切りを載せて蒸した料理）や盆菜（各種の肉や野菜などを一緒に入れて煮る鍋料理）は中原の皇帝にまつわる物語が、娘酒（糯米でつくった）は中原から移住した苦難の歴史に関する物語がある［謝 1994: 19; Cheung 2001ほか］。また、擂茶（お茶に米や各種の具を入れる「食べるお茶」）も代表的な客家料理として知られる。

広東省の飲食店や土産物店では、醸豆腐が「客家豆腐」、娘酒が「客家ワイン」という名で売り出されることがある。実際これらは基本的に広東省の客家地域で存在してきた。ただし、いわゆる客家料理といわれるものは偏差が大きく、また広東省や台湾のそれに潮州料理との類似性が認められることは、別稿で述べた通りである［河合 2018］。とりわけ盆菜は、梅州ではほとんどみられず、広州では広府人が村落の年中行事で好んで選択することもある［河合 2013b: 263］。擂茶にいたっては、広東省の河源、陸河、陸豊、海豊あたりを中心に分布する地域文化であり、梅州や深圳、香港の客家地域では、それほど馴染みがない。そうかと思えば、広西チワン族自治区のヤオ族が食す油茶（写真 2）は、製法に多少の違いがあるとはいえ［稲澤 2017］基本的な性質が擂茶と類似してい

写真 2　広西・桂林の油茶
（2017年 6 月、筆者撮影）

る。その他、湖南の非客家地域でも擂茶が食されている。

3）住と風水

　客家の住居と聞いて大抵の人々が真っ先に思い浮かべるのは、福建省の円形土楼であろう。円形土楼だけでなく、囲屋、囲龍屋、四角楼といった「囲い込み式」の住宅は、客家建築としてしばしばみなされがちである。また、これらの住居をつくる原理ともなっている、風水も客家文化の重要な一要素であると考えられている。風水は、中原にルーツをもつ文化的要素であるため、客家がより色濃くその習慣を残しているといわれる［河合 2007］。

　ところが、円形土楼は、必ずしも客家だけが住む居住地ではない。ユネスコの世界文化遺産登録にあたって、その登録名が「客家土楼」ではなく「福建土楼」になったのは、福建省南靖県の土楼居住者に閩南人が少なくないからである。また、広東省東部の潮州や饒平にも円形土楼があるが、そこの住民は往々にして潮州人である［横田 2012: 204; 河合 2013b: 110］。従って、円形土楼は客家文化というより、福建省と広東省の境界にまたがる地域文化であるといえる。同様に、囲龍屋は梅州を中心とする、四角楼は河源を中心にする地域文化であり、中国の他省の客家地域では必ずしも存在しない[2]。

　他方で、風水によって住宅を判断している地域は客家地域だけに限定されないし、風水と関連する二次葬の習俗は沖縄や東／東南アジア各地などに広く分布している［渡邊 2017: 30］。潮州地域では、墓や住宅を建造する時には今でも風水をみる慣習が盛行しているし、近年は減少しているとはいえ二次葬の慣習があったことも、筆者の調査データから明らかである。

4）民間信仰

　客家は漢族の一系統であるから、その民間信仰は基本的に他の漢族と大差ないといわれる。ただし、いくつかの概説書で客家が主に信仰する「守護神」として表象されがちであるのは、三山国王と義民爺である［高木 1991: 127］。

2　囲龍屋は、梅州とその隣接する河源で主に分布しているが、類似する建築はそれ以外の地域にもみられる。例えば、広西東北部の賀州に分布する府第式の客家建築は、建築構造が囲龍屋に似ている。

　しかし、三山国王と義民爺は、広東省中部・西部の客家地域、さらには福建省、江西省など他省の客家地域ではほとんど信仰されていない。これらは旧潮州府の管轄内で主に信仰されてきた神々である。客家地域である梅州は、明の洪武2年（1369）から清の雍正11年（1733）まで潮州府の管轄下にあり、その一部の県（大埔・豊順）は民国期まで潮州府に属していた。それゆえ、梅州にはいくつかの三山国王廟や義塚が設けられたが、その数は現在の潮州・汕頭に比べると圧倒的に少ない［渡邊 2017: 30］。旧潮州府に属していた客家地域の出身者が、台湾や東南アジアに移住するにつれ、それが海外の各地で客家の特色とみなされるようになったにすぎないのである。

3．グローバル市場経済の進展による客家文化の創造

　このように一般書やインターネットなどでしばしば描かれる客家特殊論は、広東省だけでも、人々の生活実践と必ずしも一致しているとは限らないことが、これまでの議論から明らかである。

　筆者は、中国南部や東南アジアを含む環太平洋の客家地域へ赴き、現地で客家の生活実践や物質文化を観察してきた。だが、調査を進めれば進めるほど、客家だけに特殊な文化的要素を見つけることが困難であることを実感するようになった。特にオセアニアのような、混血が進み文化の混淆化が顕著な地域では、先述のように、何をもって客家文化とみなすのかを再検討する必要がでてくる。

　例えば、タヒチの華人は大半が東江流域出身の客家であり、探そうと思えば（いくばくか変容しているが）醸豆腐や娘酒でつくった料理を見つけることができる。だが、タヒチではこれらが典型的な客家の食であるとは大抵の場合みなされていない。代わりに、四川料理の代表格である麻婆豆腐や、写真3にみるマア・ティニトと呼

写真3　タヒチのマア・ティニト
（2017年2月、筆者撮影）

ばれるパスタをベースとする料理が客家料理とみなされることが往々にして
ある。この場合、広東省の東江客家料理を「正統な」客家料理としてしまう
のは、研究者の勝手な解釈にすぎない。もし現地の人々の解釈をとりいれる
ならば、客家文化をめぐるパースペクティヴは実に多様なものとなる。

　こうした状況において、客家文化の特色を「客観的に」探し出そうとする
科学的営為は何の意味もなさない。ロイ・ワグナー［2000］が指摘するよう
に、特殊性を念頭に置く文化とは、現地社会にある無数の実践や物質を客
観的に描き出すというよりは、学者が現地の人々と出会うことで「発明され
る」カテゴリーなのである。具体的には、学者が異文化を描き出すときに、
一定の地域文化を民族／エスニック集団の特色として転換する権力的過程こ
そが問われねばならない。

　本来、客家文化の特色は、現実社会ではなく、人々の頭のなかに存在して
いる。しかし、客家文化の特色をめぐるイメージが文字としていったん確立
すると、それを人々は各自の利益を追求するために利用しはじめる。なかで
も顕著であるのは、地方政府、デベロッパー、店舗経営者などによる、経済
収入のうえでの追求である。

　周知の通り、中国政府は1978年12月に改革開放政策を実施し、外資を積
極的にとりいれる方針を採択した。それにより、香港、台湾、東南アジアな
どから華僑が帰郷し、寄付・投資をするとともに、中国国内外の人々を対象
とする観光業が発展した。さらに、1992年に中国政府が社会主義的特色の
ある市場経済化政策を提唱すると、各都市は、外部の投資者や観光客を惹き
つけるための魅力づくりに着手した。その一環として、当該地域の民族／民
系を文化資源として、特色ある都市空間の建設を促進するようになったので
ある［河合 2013b: 67–94］。

　そのなかで広東省の客家地域は、華僑や観光客がイメージしがちな客家文
化を資源として利用し、都市／地域開発を進めるようになった。広東省にお
いて、その先駆けとなったのが梅州である。梅州は、広東省東部の山岳地帯
にあるため、交通の便が悪く、豊かな広東省においては相対的に貧困な地域
であった。エズラ・ヴォーゲル［1991: 316–322］は、改革開放政策が始まっ
た直後、梅州が広東省で最も経済水準の低い地域の一つであったと指摘して
いる。1980年代に入り、中央政府が山間地域への経済援助を開始すると梅

州の生活水準も改善されるようになったが、それでも人々の生活は質素なままであった。

だが、梅州には、この地から世界各地に移住している数多くの華僑がおり、その一部の人々が富をなしているという強みがあった。華僑もまた梅県を自身の「故郷」であるとみなしていた。したがって、1980年代に入ると、華僑が梅州に足を踏み入れるようになり、梅州に多額の寄付や投資をおこなった。華僑は、当時の梅州を支える強力なパートナーとなっていた。また、1990年代に入ると、梅州は国内の観光客が訪れる地区ともなっていった［河合 2016: 207–211］。

こうした状況のなか、梅州の政府が進めたのが、華僑や観光客がイメージする、「客家らしさにあふれる空間」をつくりあげることであった。特に都市部とその郊外（本稿では梅県と呼称する）で、客家文化を資源として利用した都市開発を進めた。ただし、ここで用いられた客家文化が、基本的に客家特殊論を基盤とするそれであったことは、強調してもしすぎることはない。換言すれば、梅県の都市開発で用いられた客家文化は、必ずしも人々の日常生活と密接したものであるとは限らなかった。

具体的に、1990年代までの梅県では、人々は、萱葺き、レンガ、コンクリート造りの平屋や、伝統集合住宅である囲龍屋に住んできた。そこでは歴史的に円形土楼は存在してこなかった。ところが、1990年代後半より都市開発が加速すると、円形土楼を模した博物館、ホテル、レストラン、体育館などが次々と建てられた一方で、平屋や囲龍屋など人々が住んできた住宅が次々と取り壊された。また、公王という神が座すと民間で考えられてきた泮坑公王廟は、三山国王の廟としてリゾート開発された。2007年には、梅県の郊外で客天下観光リゾート区が建設されたが、そこでは円形土楼型の建造物が複数建てら

写真4　客天下観光リゾート区における
　　　　擂茶の実演（2014年9月、筆者撮影）

れたほか、醸豆腐や娘酒などの代表的な客家料理が売られている。さらに注目に値するのは、ここでは梅県では歴史的にないはずの擂茶が客家のものとして宣伝され、スタッフが実演しながらそれを作るコーナーも設けられていることである（写真4）。

　このように梅州で「客家らしさにあふれる空間」をつくりだす資源として、客家特殊論の文化イメージが使用される要因は、外部の観光客や投資者などを呼び寄せて、経済収入を得ることにある。すなわち、客家文化の特色は、グローバル規模での市場経済化が進むにつれ、収入を増加させるための文化的記号として使用されている。この文化的記号の一部は、確かに梅県でも存在しているが、そのなかから特色とみなされている一部が拾い出されている。

　また、円形土楼のように、もともと地元でなかったはずの物質文化や生活習俗が、他の客家地域にあるという理由で「借用」されることもある。こうした一部の事象が客家文化の特色として拾い出される背景には、言うまでもなく、外部者の「まなざし」がかかわっている。なぜ円形土楼、三山国王、擂茶などが強調されるのかというと、円形土楼はユネスコの世界文化遺産に認定されるほど国際的な知名度が高く、三山国王や擂茶は台湾、マレーシアの華人の間で客家文化のシンボル的な存在となっているからである。

　だから、広東省では、梅県に限らず、そこが客家の居住地であることを示すために円形土楼や擂茶などが使われている。いくつか例を挙げると、河源では、2010年11月に第23回世界客家大会[3]が開催されたが、その開催前に市街区の文化公園で円形土楼を模した建造物がつくられた。また、客家が主に居住する深圳の龍崗区では客家文化を資源とする都市開発が進められており、そのうち現在開発中の甘坑客家小鎮では涼帽や擂茶が主なモチーフとなっている。しかし龍崗では涼帽こそ存在するが、擂茶を飲む習慣があまりなかった。前述のように、擂茶は非客家地域を含む中国の各地に分布するが、それを代表的な客家文化としてみなすようになったのは特に台湾である。ただし、台湾でも歴史的に擂茶は存在していなかった。擂茶は、第二次

3　世界客家大会とは、世界の客家が集まり経済、文化などの面で交流をする親睦会である。1971年に香港で開始され以降、1〜3年に1回の頻度で、香港、台湾、東南アジア諸国、日本、アメリカ、そして中国本土で開催されてきた。

世界大戦後に台湾へ移住した陸豊県出身の客家がもたらしたものであり、台湾で擂茶の商売が成功したことから客家文化のシンボル的存在になったのである［黄 2004: 41-45］。

筆者は先ほど「客家文化の特色は現実の中ではなく人々の頭の中にある」と述べた。しかしながら、ここまで見てきたように、概念・表象にすぎなかったはずの客家文化の特色は、経済の力によって現実のものとして現れるようになっている。さらに言えば、客家特殊論で描かれてきた客家文化は、台湾や華僑社会で特色としてまずイメージ（もしくは記号化）され、それが中国本土にフィードバックされるという循環が、しばしばおこっているのである。こうした現象をグローバル化と呼ぶか否かはさらなる議論が求められるが[4]、いずれにしても客家文化のイメージは国境を越えて現実社会に浸透するようになっている。

4．客家文化をめぐる葛藤と併存

ここまで、国境を越えた市場経済の波が押し寄せるにつれ、客家文化の特色をめぐるイメージが、都市開発の主要な資源として使われてきたことを示してきた。それにより、客家特殊論で掲げられてきた「特色ある」文化的要素が——かつて現地で存在してきたか否かを問わず——現実社会へと投影されるようになった。だが、梅県で円形土楼型の建造物が次々と出現する一方で平屋や囲龍屋が取り壊されてきたように、本当に客家の日常生活と密接な物質や慣習が次第と失われていく結果を招くこともあった。華僑や観光客など外部者の「まなざし」を重視し、現地に住む内部者の生活実践とその物質的結晶を軽視する傾向は、時として葛藤を生み出すことになった。

囲龍屋の破壊はその好例である。1990年代以降、梅州で都市開発が急速に進展するにつれ、囲龍屋が次々と取り壊されていくことになるが、それ

4　グローバル化とは、人、金、物質などが国境を越え世界規模に流通する現象を指すが、言うまでもなく、こうした現象は近現代に入りはじめて出現したわけではない。フランク［2000］が指摘するように、ヨーロッパで産業革命や大航海時代が訪れる前にもすでにアジアを中心とする世界規模の経済システムが存在していたのであり、人、金、物質は常に国境を越えて移動していた。それゆえ、グローバル／ローカルの言説そのものについての説明や検討も本来は必要となるが、本稿の趣旨から外れるため省略する。

に対して住民、特に規模の大きい宗族の成員は囲龍屋の取り壊しに反対した。なかには囲龍屋の取り壊し反対運動を展開する宗族もあった［周建新2006］。あるいは、こうした社会運動にまで発展しなくとも、どうにかして祖先より継承された囲龍屋を保護したいと考える宗族も現れた。ここで注目したいのは、少なくとも1980年代の時点で、人々は必ずしも囲龍屋を保護すべき文化遺産として捉えていなかったことである［周達生1979］。ところが、彼らが見たこともない円形土楼型の建造物が客家文化として建造され、自身の生活と密接にかかわってきたはずの囲龍屋が取り壊される姿を目の当たりにするにつれ、囲龍屋こそが「本物の客家文化」であるとする意識が生まれた。

　改革開放政策が始まり梅州の生活水準が向上すると、宗族の成員は次々と伝統集合住宅である囲龍屋を出て、付近にコンクリート仕様の近代建築を建て、そこに住むようになった。だから、政府やデベロッパーにとっては、この1階建ての広大な敷地を占拠する屋敷地は、人々がすでに「見捨てた」家屋であり、開発するのに適切な対象にみえた。ところが、宗族にとって、囲龍屋は、生命エネルギーの根源とみなされる化胎という名の高台があり、祖先の位牌を配置し、年中行事や冠婚葬祭をとりおこなうべき、「神聖な」空間として機能してきた。したがって、宗族の成員は、客家文化をめぐる概説書やインターネットを参照することで、囲龍屋もまた客家文化を代言する囲い込み型の住宅であり、そこに中原文化とのつながりを見出すことができる

写真5　自費で改造した囲龍屋
（梅県にて2007年7月、筆者撮影）

と主張するようになった［河合2016］。もしくは、一部の宗族は、華僑を含む親族から資金を集めて、自費で囲龍屋をコンクリート仕様の近代建築として改造し、そこに戻って住むようにもなった（写真5）。

　このように、市場経済の論理から用いられた客家文化に対して、人々は草の根から生

活に密着する別の客家文化を重視し、それを自身の文化的特色として主張するようになったのである。ここで異なる二つの客家文化が提示され、両者が対立している様相をみることができる。

現代中国において、同じ民族文化を名乗っているにもかかわらず、その内部で異なる種類の文化が分岐し対立する事例は、何も客家だけにとどまることはない。同じ中国東南部の漢族である広府人［河合 2013b］、さらには中国西部の少数民族であるハニ族［河合 2016: 21］やチャン族［松岡 2017］などの間でも、こうした事例を確認することができる[5]。ただし、筆者が広州の広府文化をめぐる事例から導き出したように、市場原理に支えられた文化と、人々の生活実践から紡ぎ出された文化は、対立ばかりするわけでなく、時として重なり合うこともある［河合 2013b: 55］。そして、こうした事例は、広東省の客家地域でフィールドワークしていても、部分的に見つけ出すことが可能である。

ここでは梅県に住む楊氏を例に挙げるとしよう。囲龍屋こそ改革開放政策前に破壊されていて、すでになくなっているが、楊氏宗族の居住地には始祖の墓とその友人であった定光古佛の指を埋めた墓がある。楊氏の成員は、二つの墓の風水が彼らの宗族の繁栄を保証してきたと信じてきた。だから、1990年代に梅県で都市開発の波が進むと、楊氏は、墓の前の池が埋めたてられて風水が破壊されることを恐れ、自分たちで資金を集めて墓とその周囲環境を守る行動に出た。21世紀に入るとまもなく政府より土地の移譲を受け、宗族が自ら「客家の特色にあふれた」公園を建設することが奨励されるようになったのである。その政策的意向を受け、楊氏は、愛国心が強く、教育を重視するというイメージを領有して、将軍亭（革命に参加した成員を記念する建物）と状元亭（科挙に合格した成員を記念する建物）を建造した。さらに、福建省や台湾で定光古佛が近年新たに客家の守護神として注目を集

5　中国をめぐる民族誌的研究を再読していけば、同様の事例を他にも発見できる可能性がある。ただし、同民族／民系内に内在する異なる文化の葛藤は、各民族／民系によって程度の差があることを断っておかねばならない。例えば、潮州地域ではステレオタイプ的な潮州文化が描かれこそするものの、地元政府がそれを都市／地域開発に利用することが多くないため、同じ広東省でも客家地域や広府人地域に比べるとこうしたジレンマが少ない。しかし、潮州地域でも、特定の民俗を非物質文化遺産に指定し、その開催内容を政府の指示で変更することにより、一定の問題を抱えることもある。

めていることから、その表象を領有して公園の特色の一つとなした。このように視覚のうえで、客家文化の特色をめぐるイメージを借用することにより、彼らが本当に重視する始祖の風水を守ったのである。

　楊氏の事例は、政府やデベロッパーらが重視する客家文化と、住民が生活を営むうえで重視する客家文化という、異なる文化をめぐる対立を乗り越えている。楊氏の成員は、表面的には愛国心が強く、教育を重視するイメージを視覚的につくりつつ、水面下で祖先と定光古佛の墓、およびそれと関連する風水を守ってきたからである。

　すでに述べたように、客家文化特殊論は、風水を代表的な客家文化の一つであるとみなしてきた。ただし、それが適用されるのは墓ではなく伝統集合住宅に対してであり、後者に中原の論理がいかに見え隠れするかを論じてきた。それに対し、楊氏が祖先の墓を守る動機は、中原の論理とは関係なく、多くの成員にとっては言葉で表すことが難しい感覚的なものである。しかし、定光古佛もまた、代表的な客家文化であるとする新たな言説を受け入れることで、墓とその風水を保護する「盾」を手に入れてきた。

　宗族による客家文化の利用は、政府にとっても、自ら手間や資金を負うことなく「客家らしさに溢れる」都市をつくりだす都合のいい手段となっている。だから、2009年に政府は、先述した囲龍屋をユネスコの世界遺産に申請することを宣告し、一部の囲龍屋を保存する政策を立てるようになった。梅州の各レベル（市、県、区）の文化遺産に登録された囲龍屋の成員は、中原文化とのつながりを強調し一族の将軍を記念する部屋をつくる一方で、宗族の生命の根源としての囲龍屋の意味を守ろうとしている。ここには都市開発において、経済をとるか文化をとるかというような二者択一の状況は生じていない。経済発展を進めるためにイメージ化された客家文化をうまく利用しながらも、祖先から伝えられてきた生活に密着するオルターナティブな客家文化を継承することに成功している。

　しかしながら、梅州さらには広東省全体でみるならば、異なるタイプの文化を巧みに併存させることに成功した事例は一握りに過ぎない。大抵は、経済論理を優勢する地方政府やデベロッパーの論理から、もしくは客家文化の特色を固定化する学者の論理から、住民にとって本当に重要な生活文化が失われるという事態を招いている。

　では、こうした問題を抑制し、異なるタイプの文化を併存させていくには、どうすればよいのだろうか。筆者は、現地で長期間のフィールドワークをおこなう人類学的な視点をもつ人々が重要な役割を担いうると考えている。これまで客家研究者は、中原文化とのつながりなど特定の視点から一部の事象を拾い出し、それを客家文化の名のもとで固定化してきた。しかし、本稿の議論から、客家文化は決して一枚岩ではなく、住民の生活実践に立脚したオルターナティブな見方があることも明らかであった。後者は、時として感覚的なものであり、人々と物質の相互作用を通して偶発的に変化しうる。したがって、双方の異なる文化の質の違いを認識したうえで、いかに両者を併存させることができるのか手助けをしていく、「媒介者」の役割を担うアクター［河合 2017］が必要となってくるのである。

参考文献

Cheung, Sidney
  2001 Hakka Restaurants: A Study of the Consumption of Food in Post-war Hong Kong Society. In David Y. H. Wu and Tan Chee Beng eds., *Changing Chinese Foodways in Asia*. Hong Kong: The Chinese University Press, pp. 81–95.

房学嘉
  1996 『客家源流探奥』武陵出版有限公司.

稲澤努
  2017 「『食べる』茶の生むつながりとへだたり」櫻田涼子・稲澤努・三浦哲也編『食をめぐる人類学』昭和堂.

フランク, アンドレ・グンダー
  2000 『リオリエント――アジア時代のグローバル・エコノミー』（山下範久訳）藤原書店.

河合洋尚
  2007 「客家風水の表象と実践知――広東省梅州市における囲龍屋の事例から」『社会人類学年報』33: 65–74.
  2013a 「空間概念としての客家――『客家の故郷』建設活動をめぐって」『国立民族学博物館研究報告』37 (2): 199–244.
  2013b 『景観人類学の課題――中国広州における都市環境の表象と再生』風響社.
  2016 「序論」「都市景観をめぐるポリティクス」河合洋尚編『景観人類学――身体・政治・マテリアリティ』時潮社, pp. 13–36, 195–224.
  2017 「作為『調解人』的景観設計師――文化人類学視角的解読／Landscape Architect as "Mediator": An Anthropological Perspective」『景観設計学（*Landscape Architecture*

　　　　　Frontiers)』5（2）: 56–61.

　2018　「潮州人と客家」志賀市子編『潮州人』風響社、pp. 153–166.

Kawai, Hironao

　2012　Creating Multiculturalism among the Han Chinese: Production of Cantonese Landscape in Urban Guangzhou. *Asia Pacific World*, 3（1）: 39–56.

黄一民

　2004　『文化与商品——擂茶的社会学考察』国立台北大学社会学系修士論文.

松岡正子

　2017　『青蔵高原東部のチャン族とチベット族——2008汶川地震後の再建と開発』あるむ.

梅 威

　1994　「関於客家娘酒」『梅州僑郷月報』12: 36.

瀬川昌久

　1993　『客家——華南漢族のエスニシティとその境界』風響社.

　2010　「中国、台湾、本の学術書ならびに一般書における 「客家」のイメージ形成過程の研究」『東北アジア研究』14: 97–121.

高木桂蔵

　1991　『客家——中国の内なる異邦人』講談社現代新書.

ワグナー, ロイ

　2000　『文化のインベンション』（山崎美恵・谷口佳子訳）玉川大学出版部.

渡邊欣雄

　2017　『術としての生活と宗教——漢民族の文化システム』森話社.

ヴォーゲル, エズラ・F

　1991　『中国の実験——改革下の広東』（中島嶺雄訳）日本経済新聞社.

謝崇徳

　1994　「梅菜一品官」『梅州僑郷月報』8：19.

謝重光

　2008　『客家文化論述』中国社会科学出版社.

横田浩一

　2012　「潮汕の視点から見る客家文化の表象」瀬川昌久・飯島典子編『客家の創生と再創生』風響社、pp. 203–210.

曽遠波編

　2011　『客家菜』成都時代出版社.

周達生

　1979　「梅県あれこれ」『客家之声』（日本崇正総会）5 号（国立民族学博物館所蔵）.

周建新

　2006　『動蕩的囲龍屋———一個客家宗族的城市化遭遇与文化抗争』中国社会科学出版社.

バンコク民家の神仏像祭祀

——タイ都市民の家庭祭祀にみるグローバルとローカル——

加納 寛

Sacred Images in Laymen's Houses in Bangkok:
"Global" and "Local" Things Seen in Thai Lived Religion

Abstract: The purpose of this paper is to observe the balance between "global" and "local" sacred images worshiped in common laymen's houses in Bangkok. Most of the Buddhist families have shelves for worship on a wall in their houses. On the shelves, the most numerous are images of Buddha. On the other hand, the images of magical Buddhist Thai monks, historical Thai kings or other low rank "local" deities are aligned next to the image of Buddha. These images of "local" deities are affected by changes in fashion under the dominant position of the images of Buddha or "global" unvariable sacred figures in the vertical hierarchy of Thai lived religion.

Keywords: lived religion, sacred image, laymen's houses, Bangkok, Thailand

はじめに

　2018年7月14日に開催された愛知大学国際問題研究所設立70周年記念シンポジウムのテーマは、「グローバルな視野とローカルの思考：個性とのバランスを考える」であった。これは、「国際問題研究」といった際に想起されやすい社会的側面のみならず、文化的側面においても人間が居心地のよい「グローバル」と「ローカル」とのバランスを追求しようとしたものである。

　文化的側面のなかでも、人間の存在理由や意味を規定することも多い宗教的側面においては、安易な妥協が許されないことも多く、「グローバル」と「ローカル」のバランスを考える上で重要である。とくに、寺院や教会と

いった宗教的施設ではなく、人間が普段の生活を送る家庭の場に見られる宗教的側面において、どのように「グローバル」と「ローカル」のバランスをとっているのかを観察することは、「グローバル」と「ローカル」とがどのように個人のなかで共存しているかを考える上で大きな意味をもつと考える。

　本稿では、「仏教国」として知られるタイの首都バンコクの、あるコミュニティにおける諸家庭において、どのような神仏が祀られているかを描くことによって、バンコクの人々の日常生活の場での「生きた宗教（lived religion）」における「グローバル」と「ローカル」のバランスを垣間見てみたい。

　タイは、上座仏教圏に位置し、人口の95％が仏教徒である。従来、タイの人々の宗教生活に関する研究は盛んにおこなわれてきたが、その多くは農村地帯における人類学的研究であり、バンコクにおける研究は仏教教団や新興宗教、あるいは同時代的な信仰対象の流行などに関するものが多かった[1]。したがって、バンコクの一般の人々が家庭においてどのような宗教生活を営んでいるかについては、建築学から住居空間利用の一部として紹介したものを除けば[2]、従来ほとんど研究されてこなかった［加納2011: 753、Kano 2017: 149–150］[3]。もっとも、バンコクに居住する人々の社会的多様性を考えれば、「バンコクの一般的な人々」という存在は捉えがたいものである。本稿では、宗教・民族・教育・収入・生活パターンなどを異にする人々を包括する地域を調査し、それぞれの家庭において祭祀される神仏を観察することで、そこに見られる「グローバル」と「ローカル」のバランスを考えていきたい。

1　同時代的な信仰対象の流行については、2006年から2007年にかけてタイ全国において爆発的に流行したチャトゥカーム・ラーマテープやその護符に対する信仰に関する研究（たとえばプリーチャー［2009］など）や、1980年代から90年代にかけてのラーマ5世、観音、仏僧ルワンポー・クーンへの信仰の隆盛に関するジャクソンの研究［Jackson 1999a, 1999b］などがあり、日常生活における「生きた宗教」の動態を捉える上で大いに参考になる。

2　たとえば、田中［2006］は、バンコク及び近郊の住居空間を豊富な事例を挙げて示しており、祭祀に関する叙述と写真も数多く見られる。また、ウィルソンは、商業的な場における信仰要素について報告している［Wilson 2008］。

3　都市民の家庭における宗教生活が研究対象になりにくかったという傾向は、日本においても同様に見られ、都市における神棚などの家庭祭祀に関心を寄せるのは主に外国人研究者であったという［石井1996: 65］。

1．調査地

　タイの首都バンコクは、多様な文化的・社会的バックグラウンドを有する人々が居住している。本稿では、なるべく多様な人々が共住する地域として、バンコクのほぼ中央に位置するパトゥムワン区ローンムアン地区の一角にある水路沿いのコミュニティを調査地とした（図1・写真1参照）。当該コミュニティは、約12,000m²の面積をもち、ほとんどが財務局管理の国有地である。19世紀中頃にタイ南部から移住した（させられた）イスラム教徒が居住を開始したとされ、近隣にはイスラム教のモスク（現地での呼称としては「スラオ（สุเหร่า）」）が2つあるほか、1834年に建立された王立の仏教寺院（A寺院）に隣接している。区役

所資料によれば、1996年の調査時点において、家屋数は72戸であり、225世帯1350人が居住していた。家屋は一戸建て木造住宅のほか、「ホン・テーオ（ห้องแถว）」とよばれる単層賃貸棟割住宅があり、前者には旧来の居住者であるイスラム教徒家族が、後者には中国系住民とタイ系仏教徒家族が居住していることが多かった。

　在住者の中では、タイ系・中国系・イスラム教徒という分類が自生的になされており、タイ系と中国系との間の差異よりも、「仏教徒」と「イスラム教徒」との間の差異の方が強調される傾向が見られた。

図1　調査地位置図

写真1　マハーナーク水路からみた調査地
（1996年、筆者撮影）

193

表1 属性別基本情報

	平均世帯人員（人）	戸主平均年齢（歳）	世帯月収（バーツ）			戸主職業（%）					戸主父親職業（%）							居住年数平均（年）	持家率（%）	住居面積平均（m²）
			平均	最大値	最小値	公務員/教員	商人/自営業	タクシー運転手	雇われ人	なし	公務員/教員	商人/自営業	会社員	職人	農民	雇われ人	無回答			
首都圏出身タイ系（n=16）	7.6	52.8	10,950	20,000	6,000	13	50	0	13	25	25	25	6	6	13	25	0	51.8	75	106
地方出身タイ系（n=19）	5.0	38.6	9,684	20,000	3,000	5	37	5	37	16	0	0	0	0	95	5	0	10.6	16	49
中国系（n=11）	7.6	53.0	8,273	10,000	3,000	0	45	0	18	36	9	73	0	0	0	0	9	35.1	64	46
イスラム教徒（n=7）	8.4	59.6	23,833	50,000	6,000	14	29	0	0	57	0	0	14	29	43	14	0	74.4	100	128

　本調査地では、土地が国有地であることからもわかるとおり、住民の居住は非公式のものであり、住民の社会階層としては高くはない。もともと当地に居住し、大家としての側面をもつイスラム教徒は、本コミュニティ内において比較的高い社会階層に属する。

　本稿で用いたデータは、筆者が1996年から1997年にかけて、53世帯について聴取調査を実施したものである。内訳としては、首都圏出身タイ系仏教徒16世帯、地方出身（そのほとんどは東北地方出身）タイ系仏教徒19世帯、中国系11世帯、イスラム教徒7世帯であった。

2．タイ系仏教徒住民の傾向

　タイ系仏教徒住民世帯は、首都圏出身者と地方出身者に大別できる。ここでいう首都圏出身世帯とは、世帯主夫婦のどちらかが首都圏出身のものをいう。地方出身者は、出稼ぎのために上京した人々であり、ほとんどが東北地方出身であった。

　首都圏出身タイ系仏教徒世帯（16世帯）は、平均同居家族数7.6人、世帯月収平均は10,950バーツ（6,000〜20,000バーツ）であった[4]。

4　1996年当時のバンコク首都圏における世帯月収平均は、21,947バーツであったが、職業等による偏差が大きく、全世帯数の11.3％を占める専門職世帯の平均月収は44,925バーツであるのに

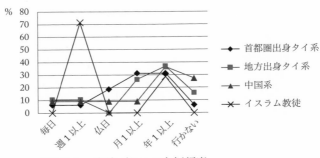

グラフ1　寺院／モスク参拝頻度

凡例：
- ◆ 首都圏出身タイ系
- ■ 地方出身タイ系
- ▲ 中国系
- ✕ イスラム教徒

地方出身タイ系仏教徒世帯（19世帯）は、平均同居家族数5.0人、世帯月収平均は9,684バーツ（3,000〜20,000バーツ）であった。

タイ系住民男性の出家経験率は、8割程度と高かった（首都圏出身者79％、地方出身者86％）。寺院参拝頻度・タムブン頻度は、首都圏出身者の方が地方出身者より高かった（グラフ1参照）。一

写真2　壁掛祭祀棚（ヒン・プラ）
上段に仏陀像と仏僧（ルワンポー・クーン）像、招き女神像、下段に供物が見られる。
（1996年、筆者撮影）

方、護符の着用率は、地方出身者の方が首都圏出身者より高かった（首都圏出身者69％、地方出身者89％）。タイ系仏教徒住民世帯は、ほとんどが墓をもたないことがわかった（墓保有率は首都圏出身世帯19％、地方出身世帯11％）。

タイ系仏教徒住民世帯は、首都圏出身世帯も、地方出身世帯も、ほとんどの家庭で、壁掛の祭祀棚（ヒン・プラ หิ้งพระ 写真2参照）が観察された

対して、全世帯数の0.9％を占める農業世帯では7,558バーツ、全世帯数の2.3％を占める一般労働者世帯では8,779バーツ、全世帯数の23.0％を占める製造業従業員世帯では12,241バーツ、全世帯数に占める割合が最も大きい32.3％を占めた事務・販売・サービス業従業員世帯では18,185バーツであった［National Statistical Office 1998: 21, Table 4］。

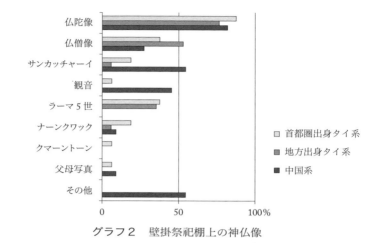

グラフ2　壁掛祭祀棚上の神仏像

凡例:
首都圏出身タイ系
地方出身タイ系
中国系

(縦軸項目)
仏陀像
仏僧像
サンカッチャーイ
観音
ラーマ5世
ナーンクワック
クマーントーン
父母写真
その他

(横軸) 0　　　50　　　100%

仏陀像　　　　　仏僧像　　　　プラ・サンカッチャーイ像

ヒンドゥー像（ブラフマー）　招き女神（ナーン・クワック）像　　プラ・チャイモンコン像

図2　バンコク民家において見られる神仏像の例

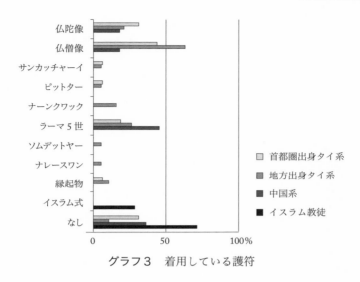

グラフ3　着用している護符

（首都圏出身世帯100％、地方出身世帯89％）。祭祀棚上に祀られた神仏像については、グラフ2と図2に示すとおりであった。まず、タイ系仏教徒住民世帯では、ほとんどの家庭で仏陀像が祀られていた（首都圏出身世帯88％、地方出身世帯76％）。また、仏陀像に並んで、高名なタイの仏僧の像が祀られた例も多かった（首都圏出身世帯38％、地方出身世帯53％）。こうした仏僧は、その呪力によって信仰を集めたが、たとえば1990年代には東北タイの仏僧ルワンポー・クーン（หลวงพ่อคูณ）信仰が盛んであった（Jackson 1999a）。ほかにも祭祀棚上には、肥満した僧形で表現されるプラ・サンカッチャーイ（พระสังกัจจายน์）像（首都圏出身世帯19％、地方出身世帯 6 ％）[5]やラーマ 5 世像（首都圏出身世帯38％、地方出身世帯35％）[6]など、人間的色彩の強いものが観察された。ラーマ 5 世信仰も、ルワンポー・クーン信仰と同様に1990年代における流行であった（Jackson 1999b）。首都圏出身世帯

5　仏陀の十大弟子のひとり、迦旃延の像であり、タイにおいてよく見られる。肥満した僧形像で、中国における弥勒仏像と体型的な類似が見られる［加納2011: 755］。

6　ラーマ 5 世（チュラーロンコーン大王）は、1868年から1910年まで在位し、タイの近代化を推進して今日のタイの礎を築いた王である。1990年代、火曜と木曜の夜にアナンタサマーコム宮殿前のラーマ 5 世騎馬像に参拝する人々が多くなり、ラーマ 5 世像が様々な場で見られるようになった［Jackson 1999b］。

において招き女神（ナーン・クワック นางกวัก）像を祀る例が多く見られるのは（19％）[7]、首都圏出身世帯に商人／自営業家庭が多いこと（50％）と関係すると思われる。タイ古典文学とも関係し呪術的要素の強い、クマーン・トーン（กุมารทอง）像については、首都圏出身世帯においてのみ観察された[8]。人間的色彩の強いものが好まれる傾向は、護符に関してより顕著に見られ、護符では仏陀像よりも仏僧像の着用率の方が高かった（グラフ3参照）。

　祭祀に用いるものは、バンコクではサオ・チンチャー周辺の仏具屋街において購入されることが多かった。祭祀棚の設置にあたっては、宗教者を招致することはなく、住民自らが設置する事例がほとんどであった[9]。

3．中国系住民の傾向

　中国系住民世帯は、平均世帯人員数7.6人、世帯月収平均は8,273バーツ（3,000〜10,000バーツ）であった。世帯主の父母ともに中国系であった世帯は50.0％、父が中国系で母がタイ系であった世帯が33.3％、父がタイ系で母が中国系であった世帯は16.7％であった。調査に応じていただいた11世帯のうち9世帯は、このコミュニティでの居住暦が古く、20年から100年に及ぶ。

　タイ系住民に比して、仏教寺院への参拝頻度が低く（グラフ1参照）、男性の出家経験率も少なかった（38％）。ほとんどの世帯が、チョンブリーやサラブリー方面に、墓をもっている（64％）。護符携帯率は64％であるが、ラーマ5世像を持つものが多かった（45％）。

　中国系住民世帯の屋内において最も多く見られたのは、壁掛祭祀棚であり、保有率は91％に及んだ。祭祀棚に祀られるものとしては、仏陀像が82％を占めるが、仏僧像はタイ系住民世帯に比べれば少なく（27％）、プラ・サンカッチャーイ像はタイ系住民より多かった（55％）。プラ・サンカッ

7　招き女神は、日本における招き猫と同様に、客や財を招く女神である［加納2005: 358］。

8　クマーン・トーン信仰については、野津［2017］を参照されたい。

9　それに対して、首都圏出身世帯の38％、地方出身世帯32％が保有する土地神祠（サーン・プラプーム ศาลพระภูมิ）の場合は、建立にあたって大多数の場合にバラモンなどの儀礼執行者が招請されていることが明らかになった（首都圏出身世帯88％、地方出身世帯100％）。なお、土地神祠については、加納［1996, 2002］を参照されたい。

チャーイ像を祀る例が多かったことは、プラ・サンカッチャーイ像と中国の弥勒仏像とが肥満した僧形である点において共通しており、両者が中国系住民において混交されている可能性を示唆するものである［加納2011：755］。また、観音像[10]を祀る例も多く見られた（45％）。一方で祭祀棚上にはラーマ5世像は見られなかった。観音像は、大乗仏教信仰の中国的習慣が家庭祭祀に現れているのに対して、流行のラーマ5世像は個人の護符としては着用するが、家庭祭祀の対象とはしないということなのかもしれない。タイ独自の神仏像としては、招き女神やクマーン・トーンの像が見られない一方で、プラ・チャイモンコン（พระชัยมงคล）[11]やプラ・サヤームテーワーティラート（พระสยามเทวาธิราช）[12]などが見られた。

写真3　中国系住民住居

扉上部には多くの札が貼られている。屋内上方に祭祀棚、床上に中国式小祠が見られる。
（1996年、筆者撮影）

　中国式の「土地公」「地主神」などの小祠（写真3参照）は、中国系の家にのみ見られた（保有率64％）。

　なお、家庭内の神仏像への祈願内容を尋ねると（グラフ4参照）、タイ系住民に比べて来世利益や死者供養の割合が低い点に特徴があり、中国系住民はタイ系住民よりも来世や死者供養への関心が低いことがわかる。また、供物（グラフ5参照）についてはタイ系住民に比べて飲食物を神仏に供える割

10　観音像は、通常、上座仏教においては祀られない。タイにおける観音信仰の流行については、ジャクソンの研究［Jackson 1999b］を参照されたい。なお、筆者の見聞によれば、タイにおける観音信仰は、中国系住民のみならず、タイ系住民にも見られる。観音は「チャオメー・クワンイム（เจ้าแม่กวนอิม）」と呼ばれ、女神として信仰されることも多い。タイの観音信者が牛肉食を避けるのも、観音が牛を乗り物とするとされるからであり、これはヒンドゥー教の禁忌のあり方に近い。

11　プラ・チャイモンコンは、土地神として祀られることの多い神像である。起源自体はインド神話に紐づけられることが多いが、実際にはタイ独自の神像であると考えられる［加納1996：31-32, 51-52］。

12　プラ・サヤームテーワーティラート像は、ラーマ4世の命によって製作され、タイの守護神像として王宮に祀られている金製の神像である。

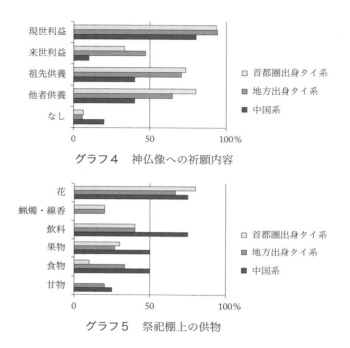

グラフ4　神仏像への祈願内容

グラフ5　祭祀棚上の供物

合が高い点も中国系住民の特徴といえよう。神前・仏前に茶を供える家庭も多く、ここにも「中国系らしさ」が見られる。

4．イスラム教徒住民の傾向

　イスラム教徒世帯は、平均家族数8.4人、世帯月収平均は23,833バーツ（6,000〜50,000バーツ）であった。居住歴は40年以上の世帯ばかりであり、100年を超える世帯もあった。すべての世帯が持ち家であり、他人に家（部屋）を貸して他の土地に住むものも多い。この地区内に限っていえば、イスラム教徒は相対的に上位の階層を形成している。移住や婚姻などのあり方を見ると、マハーナーク水路・センセープ水路沿いのマハーナークやミンブリーとの関連が強かった。

　調査地域のイスラム教徒は、かなり厳格に戒律を持しており、日に5回の礼拝や、ラマダーン、メッカ巡礼などをおこなっている。毎週金曜日に、近

写真4　イスラム教徒住居の壁面
（1996年、筆者撮影）

隣のモスクに参拝する者も多かった（71％）。墓はすべての世帯がモスク周辺にもっている。

　家庭内においては、「イスラム教徒の象徴」としてイスラム教的な壁飾りを目に付くようにかける者が多く（写真4参照）、身体にもイスラム教的意匠のペンダントを着用する者も見られた（着用率29％）[13]。

結びにかえて――バンコク民家の神仏像にみるグローバルとローカル

　以上のように、本調査地における家庭内に祀られた神仏像は、タイ系仏教徒であるか中国系であるか、イスラム教徒であるかによって、差異が見られた。イスラム教徒の場合は、宗教的アイデンティティが明確であり、仏教徒が神仏像を祀るような位置にイスラム教的意匠のものを置く様子が見られた。

　タイ系仏教徒の家庭では、ほとんどの家庭で仏陀像が祀られていた。さらに仏陀像に加え、仏僧像やプラ・サンカッチャーイ像等が併せて祀られる事例が多く見られた。これは、菩薩や明王といった身近な仏像の体系を欠いたタイ仏教において、仏陀よりも直接的に現世利益を期待できる仏僧像やプ

13　着用法は、タイにおいて仏教徒が護符を着用する方法と酷似している。

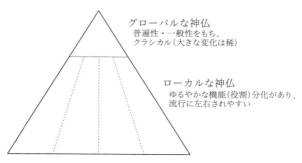

グローバルな神仏
普遍性・一般性をもち、
クラシカル（大きな変化は稀）

ローカルな神仏
ゆるやかな機能（役割）分化があり、
流行に左右されやすい

図3　バンコク民家の家庭祭祀に見られる
「グローバル」「ローカル」信仰対象モデル

ラ・サンカッチャーイ像、ラーマ5世像などが、生活の場における身近な神仏像として祭祀されていることによると考えられる。この点、「グローバル」と「ローカル」の視点から捉えなおせば、最上位には「グローバル」に普遍的な価値を有する仏陀像が祀られる一方で、現世利益を期待できる身近な神仏としては「ローカル」なタイの仏僧や王の像、あるいは招き女神などのように御利益（役割）が特化した神の像が祀られる傾向があると見ることができよう（図3参照）。さらに、「ローカル」な神仏像は、調査時の1990年代当時の流行でもあり、クラシカルな「グローバル」の信仰対象に対して、流行による新陳代謝が激しいと考えることもできるだろう。

　家庭内に祀られる神仏像からみると、最も多くの種類の神仏像を家庭内に祀っていたのは中国系住民世帯であった。とくに、中国式の弥勒仏像と類似の外見を有するプラ・サンカッチャーイ像や、大乗仏教の仏である観音像は、中国系住民世帯の家庭において多く見られた一方で、タイ独自の神像である招き女神やクマーン・トーンの像はあまり見られず、タイ系住民世帯で多く見られたラーマ5世像については中国系住民世帯では見られなかった。これだけを見ると、中国系住民家庭では、タイ的な要素よりも中国的な要素を表面化しているようにも見える。この点では、「ローカル」よりも、自分の出自とも関係させつつ「グローバル」な文脈に自己を位置付けようとしているともいえよう。しかし、タイ独自の神像の家庭内祭祀も見られ、ラーマ5世像を護符として着用する者も多いなど、タイ系住民とは異なった形で「ローカル」なタイ的要素を取り入れている様子も垣間見えた。

　以上のような20世紀末のバンコクにおける家庭内祭祀の状況には、ムーアが描いたアメリカの状況と同様に［Moore 1994］、宗教と商業との結び付きが色濃く見られた。神仏像は、宗教と結び付いた業者によって製造販売され、民家において祭祀されている。この点、ジャクソンが報告している1990年代のラーマ5世や観音、仏僧ルワンポー・クーン信仰の流行や［Jackson 1999a, 1999b］、本調査の約10年後にあたる2006年から2007年にかけてタイにおいて爆発的に流行したチャトゥカーム・ラーマテープ護符の普及過程なども［プリーチャー2009］、宗教と商業、そしてそれを受容する人々との関係を物語っている。

　こうした流行的な信仰要素の浸透について、ジャクソンは、上座仏教がバラモン教やアニミズムよりも上位に位置付けられるように歴史的に形成されてきたタイ的な伝統に対して、上座仏教と大乗仏教、バラモン教、アニミズムが、より水平的に位置付けられるようになったと指摘している［Jackson 1999b: 316］。しかし、家庭内での祭祀の状況から見れば、仏教徒家庭においては仏陀像がより中心的に扱われており、流行的な要素であるラーマ5世像やタイの仏僧像などはより従属的であるように見える。タイ系世帯も中国系世帯も「グローバル」な要素をより上位に置き、より身近で流行に対応しやすい信仰対象として「ローカル」な要素を祀っているといえるのではないだろうか。

参考文献

布野修司ほか［2017］『東南アジアの住居：その起源・伝播・類型・変容』京都大学学術出版会.

Hall, David D. (ed.)［1997］*Lived Religion in America: toward a History of Practice*. Princeton: Princeton Univ. Press.

石井研二［1996］「神棚祭祀の現状について」『神道文化』8.

Jackson, Peter A.［1999a］"The Enchanting Spirit of Thai Capitalism: the Cult of Luang Phor Khoon and the Post-modernization of Thai Buddhism." *South East Asia Research*. 7–1.

Jackson, Peter A.［1999b］"Royal Spirits, Chinese Gods and Magic Monks: Thailand's Boom Time Religions of Prosperity." *South East Asia Research*. 7–3.

加納寛［1996］「バンコク市街地における土地神信仰の変遷：祠・神体の形態変化を中心に」『東南アジア：歴史と文化』25.

加納寛［2002］『タイ国バンコク都パトゥムワン区、ラーチャテーウィー区土地神祠デー
　　タベース』愛知大学.

加納寛［2005］「どんぶりと招き猫：生活用具にみる江戸時代日タイ交流の可能性」『歴史
　　智の構想』鯨岡勝成先生追悼論文集刊行会.

加納寛［2011］「タイ民俗宗教史に関する物質文化史的アプローチの可能性」『梅檀林の考
　　古学』大竹憲治先生還暦記念論文集刊行会.

Kano Hiroshi. [2017] "Possibilities of Material Culture Approach to History of Thai Urban Lived
　　Religion." Wannasarn Noonsuk (ed.), *Peninsular Siam and Its Neighborhoods: Essays in Memory
　　of Dr. Preecha Noonsuk*. Nakhon Si Thammarat: Cultural Council of Nakhon Si Thammarat
　　Province.

Kirsch, A. Thomas. [1977] "Complexity in the Thai Religious System: An Interpretation." *Journal
　　of Asian Studies*. 36-2.

McDannell, Colleen. [1995] *Material Christianity: Religion and Popular Culture in America*. New
　　Haven: Yale Univ. Press.

McGuire, Meredith B. [2008] *Lived Religion: Faith and Practice in Everyday Life*. New York:
　　Oxford Univ. Press.

Moore, R. Laurence. [1994] *Selling God: American Religion in the Marketplace of Culture*. New York:
　　Oxford Univ. Press.

Morgan, David. [1998] *Visual Piety: a History and Theory of Popular Religious Images*. Berkeley:
　　Univ. of California Press.

Morgan, David. [2005] *The Sacred Gaze: Religious Visual Culture in Theory and Practice*. Berkeley:
　　Univ. of California Press.

Morgan, David. (ed.) [2010] *Religion and Material Culture: the Matter of Belief*. London: Routledge.

National Statistical Office, Office of the Prime Minister. [1998(2541)] *รายงานการสำรวจการใช้
　　พลังงานของครัวเรือน พ.ศ. 2539*. สำนักงานสถิติแห่งชาติ สำนักนายกรัฐมนตรี (http://statbbi.
　　nso.go.th/nso/search/show_picture_main.jsp?id_book=0000006643&index_=58)

野津幸治［2017］「タイにおけるクマーントーン信仰について：開運のお守りになった胎
　　児の霊」『四国学院大学論集』151.

Penth, Hans. [2007] "Lan Na Images of Mahakaccayana" in วารฉี โอสถารมย์ *ประวัติศาสตร์ศิลปะ
　　ที่ต้องจารึก รวมบทความทางวิชาการด้านศิลปะเนื่องในโอกาสเกษียณอายุราชการ รองศาสตราจารย์
　　ดร. พิริยะ ไกรฤกษ์ กรุงเทพฯ: อมรินทร์พริ้นติ้งแอนด์พับลิชชิ่ง*.

Pornpan Juntaronanont & Mak Lau Fong. [1994] *A Survey on Temples and Religious Practices of
　　Ethnic Chinese in Bangkok and Singapore*. Taipei: Institute of Ethnology, Academia Sinica.

プリーチャー・ヌンスック（加納寛訳）［2009］『タイを揺るがした護符信仰：その流行と
　　背景』第一書房.

Swearer, Donald K. [2004] *Becoming the Buddha: the Ritual of Image Consecration in Thailand*.
　　Princeton: Princeton Univ. Press.

田中麻里［2006］『タイの住まい』圓津喜屋.

Terwiel, B. J. [1994] *Monks and Magic: An Analysis of Religious Ceremonies in Central Thailand*.

Bangkok: White Lotus.

Tobias, Stephen F. [1977] "Buddhism, Belonging and Detachment: Some Paradoxes of Chinese Ethnicity in Thailand." *Journal of Asian Studies*. 36–2.

津村文彦［2015］『東北タイにおける精霊と呪術師の人類学』めこん.

Wilson, Ara. [2008] "The Sacred Geography of Bangkok's Markets." *International Journal of Urban and Regional Research*. 32–3.

กรมการศาสนา กระทรวงศึกษาธิการ 2525 *ประวัติวัดทั่วราชอาณาจักร* กรุงเทพฯ: กรมการศาสนา

กรมการศาสนา กระทรวงศึกษาธิการ 2536 *ทะเบียนมัสยิดในประเทศไทย พ.ศ.2535* กรุงเทพฯ: กรมการศาสนา

อาดิศร์ อิดรีส รักษมณี 2557 *มัสยิดในกรุงเทพฯ* กรุงเทพฯ: มติชน

四川アルス・チベット族における Jo と移住伝承

松岡正子

Jo Beliefs and Passing of Legends through Migration among the Ursu Tibetan Tribe in Sichuan

Abstract: In regards to Jo beliefs among the Ursu (爾蘇) Tibetan Tribe in Sichuan, China, this article clarifies the following points.

Firstly, Jo (mountain-shaped statues about 30 centimeters high) are described as symbols of goddess to exorcise illness and disasters; specifically, a family god, an ancestral god, or a mountain god. The divinity of Jo statues is derived from the power of the "founder of all things"—all of heaven, earth, and mankind—as sung about in the ancient song Jolimamu at the Guzazi festival and ceremonies such as weddings and funerals.

Secondly, the differences in how legends are passed through the three dialect regions show the multifaceted Jo and Ursu cultures. Four regions and three eras can be observed in the passing of legends through migration: the Xihia (West Sea) prior to the Han Dynasty, the Qionglai of Sichuan during the Three Kingdoms period, and the Xizang and Mianning areas after the eastward movement of the Tibetan Tubo Kingdom in the Tang Dynasty. Contents of the culture include (1) the legend of 邛州南橋, (2) the legend of 孔明, and (3) the legend of 西天起祖. (1) and (2) are fundamental legends found throughout all of the Ursu. These legends include memories of the battles between the Han forces of 孔明 and the anti-Han forces. However, the legends of (3) are only passed down in the western dialect region. This may be due to the effect of Tibetan Buddhism after the Tang Dynasty.

Thirdly is the role of shamans in the passing and rebirth of Jo legends. The presence of shamans has weakened in the eastern dialect ward. However, in the wester dialect ward, the migration destination is decided through dream divination by 欧貢巴. Even today, we can see how shamans give rebirth to ancestral memories in passed legends and Jo beliefs, continuing to empower their descendants.

Keywords: Jo, passing of tradition through migration, multifaceted culture, shamans

はじめに

本稿は、四川省西部の「蔵彝走廊区」[1]に居住するアルス・チベット族（爾蘇蔵族。以下、アルスとも記す）のJo（覚）の崇拝とそれにまつわる移住伝承について考察したものである。

Joとは、高さ15〜30cmの山型の石で、家屋入口の上方や屋上、神山などに置かれ、その前で様々な祭祀が行われる。しかし、Joについてはほとんどが記録報告にとどまり、その由来や「力」の分析、なぜ様々な儀礼に登場するのか、アルス集団内部における地域差の状況や背景、象徴される意味などについての考察はあまりなされていない。また、石崇拝は蔵彝走廊区のチベット族諸集団やチャン族などにも広くみられるもので、Joは蔵彝走廊諸集団の文化的多層性を考えるうえで重要な視点である。

そこで本稿では、Joの機能や儀礼における意味、移住伝承における語りについて分析し、アルス集団の文化的多層性について考察する。

1．アルス・チベット族およびJoに関する先行研究

四川省のチベット族は、人口149万6524人（2010年）[2]、13の下位グループに分かれる（図１）。このうちアルス・チベット族は、総人口約３万人（2007年）で、東部、中部、西部の三つの方言区に分かれる。東部方言区は自称アルスで主に甘洛、越西、漢源の各県に分布し、中部方言区は自称ドシュ（多続）で主に冕寧県東部に、西部方言区は自称リル（里汝）で主に冕寧県（和愛郷と青納郷）、木里県（倮波郷）、九龍県に集住する。

アルスに関する研究は、総じて量的に少なく、内容も族源や歴史、言語に

1　蔵彝走廊区とは、費孝通が1980年前後に提起した歴史、民族、文化に関する新たな区域概念。岷江、大渡河、雅礱江、金沙江、瀾滄江、怒江の六大河が南北に流れる四川省、雲南省、チベット自治区に跨る地域をいう。

2　2010年の統計によれば、中国のチベット族の総人口は628万2187人で、うちチベット自治区271万6388人（43.2％）、四川省149万6524人（23.8％）、青海省137万5059人（21.9％）、雲南省14万2257人（2.3％）、四川省では甘孜蔵族自治州85万4860人、阿壩蔵族羌族自治州48万9777人、涼山彝族自治州（主に木里県）４万2236人である。

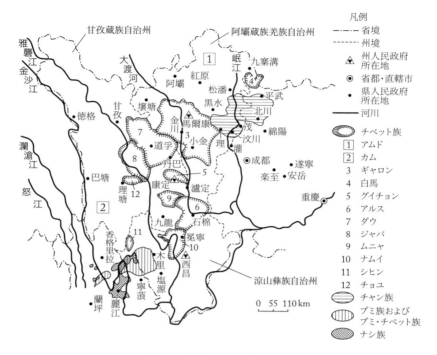

図1　四川チベット族の分布

偏っており、多層的な特徴をもつ儀礼や宗教信仰についての研究は十分ではない。1980年代に西南民族学会によって本格的なフィールドワークが始まり[3]、詳細な報告が李紹明・劉俊波編［2007］『爾蘇蔵族研究』、李星星［2007］『蟹螺蔵族』等に収められている。また近年、地元の知識人が中心となって「蔵学会」が各県で立ち上げられ、冕寧蔵学会『冕寧蔵学』創刊号（2015年12月）も刊行された[4]。彼らに共通するのは、アルスはかつて当地で最多の人口と最強勢力を有する先住集団であったが、後発の漢族やイ族との戦いに敗れて人口が激減し、土地を奪われて弱小集団となり、自民族および自民族文化が存亡の危機に直面しているという意識である。それは、明清以降のイ族

3　李紹明［2007］参照。

4　同号所収の袁暁文「作為蔵学的人類学研究：人類学（民族学）的蔵族及周辺民族研究述略」は中華人民共和国成立から近年までのチベット学（蔵彝走廊のチベット族を含む）の研究状況が簡潔にまとめられている。

や漢族との戦いと敗北、移住に関する伝承にも反映されている［陳明芳・王志良・劉世旭 2007 (1983): 31-35］。

　Jo に関する研究は、『爾蘇蔵族研究』に 1980 年代の調査報告が収められ、『蟹螺蔵族』は石棉県蟹螺郷での 2005 年 9 月、12 月と 2006 年 11 月のフィールドワーク報告である。これらの報告によれば、Jo の形状や移住伝承は三つの方言区によって少しずつ異なる。東部方言区の蟹螺と西部方言区の廟頂（冕寧県和愛郷）は両方言区の典型的な事例としてたびたび集中的な調査が行われ、前者については銭安靖報告の石棉県蟹螺郷（1986 年）や越西県板橋郷（1986 年）、越西県保安郷（1986 年）、李星星報告（2005 年）、松岡報告（2007 年）があり、李報告が最も詳しい。西部方言区については楊光甸（1982 年）、松岡調査（2004, 2016 年）等がある。みなフィールドワークに基づいた第一次資料である。このうち楊光甸報告（1982 年）など 1980 年代に収集された記録には、1940〜50 年代の状況や移住伝承を記憶する年配者やシャーマンの語りが記されており、貴重である。また、李星星「蔵彝走廊的爾蘇文化圏考察簡述」［李星星 2007: 334-351］は、アルス文化圏を想定して分析したもので、示唆的である。

　かつて筆者は、四川省西部の蔵彝走廊区に居住するチベット族諸集団やチャン族、ナシ族などの集団には共通した基層文化があり、その代表的な例として白石崇拝や、山上に白石を置いた石塔を築き、そこでシャーマンが祭山活動を行うことを指摘した［松岡 2010］。また石崇拝については、チャン族やギャロン・チベット族の白石、アルス・チベット族の Jo のほか、廟頂のナムイ・チベット族の白石があり［何耀華 2008 (1982): 49-52］、移住伝承とともに語られる特定の石を白石として、各集団に共通する要素であると考えた。これに対して李星星は、各集団の石崇拝は一様ではなく、アルスの Jo とチャン族の白石とは外観もそれに関わる伝説も同じではないとする［李星星 2007: 145-148］。李の指摘はアルスを含む蔵彝走廊諸集団の文化的多層性を示唆するものとして重要である。

　そこで本稿では、Jo の機能や移住伝承の分析を通して、まずアルスの基層的文化と多層的文化の形成と背景について初歩的な考察を行う。

2．日常生活におけるJo

　東部方言区の石棉県蟹螺郷のJoは次のようである[5]。蟹螺では、定住後、筍状の白っぽい石を、新たな移住地の人や家畜が踏みこんでいない穢れのない所で拾って家屋や神山に安置する。家屋のJoは、新築の時に入口の上方や屋根、神棚に置き、家族単位で祀る。よって家屋の年数はJoの新旧の状況からわかる。また、蟹螺のJoはもともと屋上にあったが、後に山側の2階の壁の窓「天門」から張り出した方形の石板に置かれ、その上方には万年青樹YYを挿す。ところが2008年の地震後、新築された家屋から天門は消え、村内では1980年代までに建てられた家屋数戸にしかみられなくなった。

　Joは、家族や一族の祖先を表し、霊物や鬼神と通じ、駆邪避災、福運を引き入れることができると信じられ、現在も様々な場面で祀られる。越西県保安郷のシュア[6] WZや甘洛県清水郷のシュアWLによれば、春節の時には、農暦12月30日の夜、「年飯」を一家で食べた後、鶏あるいは豚や山羊を殺し、シュアがJoの前で一晩中太鼓を打ちながら読経する。入口のJoには、「良いものは家から出るな、悪いものは家に入るな」という意味がある。また、病人あるいは非業の死者がでた時には、シャバが鶏を殺してJoに鶏の血と羽毛を貼り、鶏を持って病人の身体をなでて邪悪なものを追い出す[7]。

　神山においては、2種類のJoがみられる。一は、神山「鶏菩薩杠杠」の山頂の石積みの祭壇（高さ80cm、直径100cm）に2個置かれ、山神（山菩薩）を祀る。「放山鶏」ともいう。子供が誕生した年の2月に宗族単位（黄家2月6日、王家2月8日）で男性のみが参加して、雄鶏1羽と清潔な水1杯、白石（黄家1個、王家1～3個）、葉枝つきの2m弱の竹を持っていく［李星星 2007: 146-147］。いま一つは、8月のGuzazi（古扎子、漢語で「還山鶏節」）に神山中腹の大樹の根本に置かれて宗族単位で祖先を祀る。宗族単位ごとに神樹があり、先住の黄家がやや高い位置にある。Joの色は灰色

5　李星星調査［2007: 145-149, 155-166］や松岡調査（2017年）などによる。

6　チベット仏教伝来以前の土着信仰における宗教職能者をシャバ、シュアとよぶ。川西南チベット族諸集団には同様の土着のシャーマンがいる。プミ・チベット族のシャバ、ナムイ・チベット族のパツ、リル・チベット族のシャバなどで、葬儀で「指路経」を読み、病人を治療する。またチベット経文を読むボン教のシュアもいる［松岡 2017: 222, 367］。

7　2016年の松岡の現地での聞き取り調査による。

で、形態は笋状である。すなわち、神山の 2 種の Jo は系統が異なり、前者はチャン族の白石系で基層型であり［李・松岡主編 2010: 214-217, 230］、後者は後に受容されたものではないかと推測される。

　これに対して西部方言地区冕寧県廟頂の石は次のようである[8]。廟頂では、SibaJo（斯巴覚。以下、シバ Jo と記す）とよばれる白石を祀る［王志・伍明才 2015］。「斯巴」は宇宙、「覚」は国王で、宇宙の王の意味であり、最古の祖先ともいう。家内の祖先牌のある上階の神棚に置かれる。屋根には黒と白の高さ約30cm の金字塔型の石を 2 個置く。親が代々管理し、親と同居した息子（末子）が受け継ぎ、家屋からは持ち出さない。シバ Jo は岡底斯山の最高位の山神 Ganrenboqi（岡仁波斉）を表し、祖先が阿里地区を出た時、岡底斯山で白石を拾って持っていき、その後の定住地で祀る［陳明芳・王志良・劉世旭 2007 (1983)］。

　シバ Jo は宇宙の万物万事を管理し禍福を人々にもたらすとされ、様々な儀式に頻繁に登場する。家庭単位の「消災祈福」儀式では、儀式専用の高さ約15cm の金字塔型石を使う。石は黒でも白でもなく、必ず普通の色である。儀式のない時は入口の梁上の石板に置き、儀式の時にとりだして儀式用の机に置く。野外で儀式を行う時は、臨時に石を調達してシバ Jo とみなす。特に、災難や災いなど良くないことが起きた時や病気の時には、シャバがシバ Jo の前で消災経を唱えながら、病人あるいは家人の身体を鶏でなで、災厄を鶏に移してこれを殺し、その肉（「菩薩肉」）を煮てシバ Jo に捧げる。

　また、村は山神によって守られると信じられており、定住後は必ずその土地の山神を祀る。山神には等級があり、地方では拉姑薩、三亜、和愛廟頂の 3 か所の山神が 2 人の兄と妹の関係にあり、各地の山神はその下位に位置する。山神の祭壇ラザは神山頂上にあり、石を高さ約80cm 直径約 1 m の円丘形に積み上げ、上面は平らで、枝のついた約 2 m の竹を挿す[9]。

　山神を祀る「祭山会」は、目的や方法によって三つに分けられる。一は、全村型で、毎年、シャバが占定した 3 月某日に家庭ごとに供物を準備する。二は、家庭や数戸、全村で行うもので、新年の豊作や安全無事を願い、「還

8　陳明芳・王志良・劉世旭［2007 (1983)］や王志・伍明才［2015］による。
9　このような石積みの壇は、チャン族や黒水チベット族、川西南チベット族、四川ナシ族など所謂羌系とされる集団の神山に広くみられる［松岡 2010］。

願」（願解き）を伴う。屋外で線香を燃やし、「菩薩鶏」（赤の雄鶏）を抱き、山神に経文を唱える。次の春に菩薩鶏をラザの前で捧げ還願を行う。三は、個人が行うもので、困難に遭った時に吉日を選んでラザの前で「煨桑」（香りをもつ灌木を燃やして煙をあげ清める）して供物を供え、Jo に鶏の血と羽毛を塗り、酒、五穀を撒いて叩頭する。シャバが経文を唱え、法螺貝を吹いて経文を書いた紙を撒く。

　以上によれば、東部方言区と西部方言区の Jo については次のような共通点がある。一は、定住後に、人や動物が踏み入れてない穢れのない場所で石を拾って、村の神山に置く。二は、神山の祭祀空間は二つある。共通するのは頂上の石積みの塔で、白石を置く。神山中腹は東部方言区のみの空間で、Jo は普通の色の石で笥型である。三は、Jo の機能は駆邪避災と招福が主で、現在もシュアが病気治療をする際に不可欠である。四は、祭祀法は鶏を供物とし、Jo に鶏の血と羽毛をつけ、土着の宗教職能者シュアが読経する。

　共通点の一は、定住時に祀られる Jo が移住伝承と深く関わることを示している。二の、神山の祭祀空間が 2 種で、山頂の空間を共有し、Jo の色と形状が別であることは、三重の文化の重層、すなわち基層に白石信仰、次に東部方言区の Jo、さらに西部方言区のチベット仏教が重なっていることを示唆する。李星星が指摘するように石の色や形状も異なっており、西部方言区の冕寧県聯合郷ナムイ・チベット族村の屋根の石は灰色で（松岡1994年調査）、冕寧県和愛郷廟頂も同様で（松岡2006年調査）、また東部方言区の蟹螺の Jo も白ではない。1980年代の報告に白石と記録されているのは神山山頂のことを示すと考えられる。また、鶏の血と羽毛を石やタンカに貼り付けるという祭祀法も、チャン族の白石崇拝とはやや異なっており、アルス集団の形成の複雑性を示すものである。

　三の、Jo の機能の現況については、2016年に筆者が越西県保安郷を訪れた時も、屋内や家屋入り口には Jo が置かれ、シュアはたびたび病気治療を Jo の前で行い、他の地域にも呼ばれていた。ただし呼ばれることはかつてより減少したという。また、石棉県蟹螺郷でも、2008年四川地震後の新家屋にはすでに Jo はみられず、東部方言地区での Jo 信仰の衰退は顕著である。これに対して、西部方言区のシバ Jo は、チベット仏教受容後の Jo の展開型であり、シャバや「欧貢巴」などの宗教職能者を中心に、その機能は、

東部方言区より根強く活きている。背景には、人々のチベット仏教やボン教（「黒教」）に対する篤い信仰心があり、シャバやシュア、欧貢巴などの宗教職能者がなお様々な活動を担っていることがある。特に、廟頂や拉姑薩は住民のボン教に対する信仰が篤く、シュアや欧貢巴はチベット文字を理解し、チベット文字で書かれた経典を学び、人々の尊敬を受けている。なかでも欧貢巴は、チベット仏教寺院で年数をかけた修行を行う。チャン族の白石がすでにその伝承すらもほとんど忘れられているのとは大きな違いである。これは、Jo の力が、本来は人々が崇拝する土着の信仰であったこと、そのため東部方言区における Jo の衰退は土着信仰の衰退であり、西部方言区での継承は、チベット仏教の受容が土着信仰を吸収して発展したこと、チベット仏教の力が Jo の背景となっていることを示している。

3．アルス・チベット族の移住伝承と Jo

　長期にわたって移動を繰り返したアルスは、Jo にみられるように異なる文化の重層性が明らかである。本節では、Jo にまつわる各方言区の移住伝承から考える。

　東部方言区蟹螺の伝承は以下のようである。銭報告（1986年）によれば、蟹螺の移住伝承は農暦 8 月の Guzazi の時に、宗教職能者のシュア（あるいはシャバ）によって語られる。Guzazi とはアルス伝統の新年である[10]。移住伝承は主に 4 つの内容からなる ［銭2007b(1987): 615–616］。

　　①祖先は、初め西海にいた。蜀の諸葛孔明の時には、アルスと漢は邛州南橋を境に住み分けていた。両者に争いがおき、智謀に長けた孔明がアルスを攻めた。アルスは戦いに敗れ、南の峨眉山に逃れ、西の貢葛山まで追われた。②孔明の追撃を受け、離散したら何時再会できるかわからないので、みなで相談して塔状の石 Jo を拾って一族の目印とし、各集団がもつことにした。Jo を目印にしたのは他に何もなかったからである。③20日あまり後、首領はアルスに命じて山上の烽火を合図に一斉に孔明と戦ったが敗れた。次の戦いでは、家庭ごとに「瓦板」（杉板の

10　人々はこの日に 1 歳、年をとる ［李星星 2005: 155］。

屋根）で木籖を作って松明にし、夜、松明を山羊の両角につけて山野に放てと命じた。孔明は山野に多数の松明が動くのを見てアルスに支援がきて夜間に乗じて反攻してくると思い、退却した、こうしてアルスはようやく定住した。④戦いの勝利と定住を記念して、アルスの村では山上あるいは河岸の清潔な場所から Jo を選び、小高い場所の大樹の下に置く。毎年戦いのあった 8 月 12～19 日から 3 日間を選び、シュア（あるいはシャバ）が読経と儀式を行い、アルスの来源と移住を伝える。また Jo は家屋にも安置され、一家の祭祀活動はすべてそこで行う。祭祀法は Jo に鶏の血をたらした羽毛を貼り、酒をそそいでザンバ粉をまく。

　この蟹螺の移住伝承は、孔明との戦いと Jo の由来の二つの内容からなるが、彼らの信仰活動の中心となる Jo は、孔明との戦いと直接的な関わりはなく、そのものの神性もほとんど語られていない。チャン族のシンボルである白石が、先住民との戦いで神に授けられ、勝利したと語るのと大きな違いである。二つの内容は繋がりがやや不自然であり、本来は別々であったと思われる。孔明との戦いに関わる①と③は、祖先の地を邛州南橋とし、漢族との戦いで家畜の角に松明を付けて勝利するという有名な孔明伝説を語るが、史実の勝敗を逆転して孔明側を敗者とする。Jo の由来に関わるのは、②と④であるが、すべての祭祀活動に関わる Jo についてその神性の由来がほとんど述べられていない。また 8 月に Jo を祀るのは、戦いのあった 8 月に勝利と定住を記念するためとするが、8 月は本来、彼らの伝統の新年である。

　以上のように、蟹螺の移住伝承にも多層性が明らかにみられ、Jo をシンボルとする移住伝承に邛州南橋と孔明伝説が付加されたものと推測される。このような多層性は、1980 年代の越西や廟頂、2016 年の蟹螺、2000 年代のドシュ・チベット族の伝承と比べると一層明らかである。

　越西県板橋（1986 年調査）では、祖先は邛州南橋十八地にいたが人口増のために寧属地方に移った。しかし漢族が「孔明南征一箭之地」によって打箭炉（康定）や建昌（西昌）まで進出したために高山部に追われたとする[11]。越西県保安（1986 年調査）では邛州攔河壩鉄牛を境に漢族と番族が北

11　板橋郷広洪寨の黄正泉（80歳）の語り。この後に以下の記述が続く。後にイ族が雲南から入ってきた。アルスは散居していたため勢力が弱く、後に漢族になった者もいれば、漢源や石棉で

と南に住み分けていたとする[12]。蟹螺（2016年調査）では、祖地は「西海」
（青蔵高原）であったが、蜀の時には川西壩子（成都平原）あるいは邛州南
橋一帯におり、「孔明南征一箭之地」によって安寧河と大渡河を越え、雅安
に至ったとする。袁報告によれば中部方言区のドシュ・チベット族にも同様
の「邛州南橋十八洞」伝承が流布するとある［袁 2015b: 49–50］。

　さらに西部方言区廟頂（1982年調査）のリル・チベット族の移住伝承で
は、邛州南橋説に加えて「西天起祖」[13]が語られる。邛州南橋説は、祖先は
邛州南橋十八洞（天全、蘆山）にいたが「孔明一箭之地」で追われたとし
［楊2007（1982）: 115, 222］、東部方言区と同じである。いま一つの「西天起祖」
は、西天（尼瑪拉薩、チベットのこと）のラサや阿里から甲絨、九龍押爾な
どのギャロン・チベット族地区を経て廟頂堡、拉姑薩堡に移動したと語る。
ただし九龍からチベットに至るルートは不明であり、葬儀で唱えられる「指
路経」のルートも同様に九龍以降は不明である。廟頂の WM 黒叭[14]は、祖
先はチベットを出て四川に達し、木里、九龍、廟頂に分住し、廟頂では18
代約500年を経る、さらに民国期に貧困のために一部が木里に移住し、現在
も木里に親戚がいると語る。

　これらの伝承は、祖先の南下において少なくとも西海、邛州、大渡河を越
えて雅安から冕寧、西昌および九龍の 4 段階の大移動があったことを示し
ており、移住のルートと時代、異文化の受容による伝承の変化が反映されて
いる。まず、南下ルートを順に東部、中部、西部の方言区と仮定すれば、東
部、中部では、かつては西海、蜀の頃に成都平原邛州南橋、明清以降は雅安
から西昌とし、主に蜀の漢族と戦った邛州南橋と孔明伝説、および明清以降
の漢族とイ族との戦いを反映している。西部では、邛州南橋説に吐蕃東進以
降の西天説が加わり、チベット、木里、九龍の地域が追加される。すなわち

はイ族になった者もいる、清代から民国にはさらに人口が減った［銭 2007c (1987): 615］。

12　保安蔵族郷の張文成（75歳）の語り。明代、越西県城から保安海棠までは番の地で、番は人
　数も多く勢力があったが、明朝の総兵劉某が番の大小頭人を越西県城付近の天王崗に集め、酒
　で酔わせて殺して埋めた（「万人坑」）。この大虐殺後、番族は石棉県の河道松林地まで後退し
　た［銭 2007c (1987): 615］。

13　松岡［2017: 325–330］では川西南チベット族において故地を西天（チベット）と西北とする 2
　説があるのは吐蕃侵入以降であり、前者は支配者となった吐蕃側、後者は被支配者側と推測す
　る。

14　62歳。「黒叭」はボン教のシャーマン。調査当時、村には数人の黒叭がいた［松岡 2017: 335］。

彼らの記憶では、まず、漢代以降の移住に伴う蜀の邛州南橋と孔明伝説があり、さらに、西部方言区では唐代の吐蕃によって伝来されたチベット仏教を深く受け入れた結果、「西天起祖先」説が加わる。邛州説と西天説の出現は、移住伝承の空間的、時間的な重層性を示している。

　では、漢代以降の邛州南橋説と孔明伝説を伝承したのはどのような集団であったのか。第一の邛州南橋説に関して、袁暁文はドシュ・チベット族（以下、ドシュ）の族源について、まず安寧河流域で大石墓を築いた原住民、古蜀人、吐蕃の末裔、周辺集団との融合の可能性をあげる。そして邛州南橋は現在の四川省邛崃市や雅安市滎経県等で、まさに古代の古蜀の重要な地であり、ドシュの文化にホトトギス崇拝や石崇拝などの古蜀文化の要素がみられるのは、ドシュの族源の一つが古蜀人であるからではないかと指摘する[袁 2015b: 49–50]。また李星星も、白鶏の犠牲は4000～5000年前の新石器時代後期の中国西北部にあった粟作黍作農業文化の特徴で、それは秦に滅ぼされた古蜀人にみられる、よってアルスにおける鶏犠牲の祭祀法には古蜀人との関連が示唆されるとする[李星星 2008: 332–338]。袁説も李説もともに邛州南橋説の主体者を古蜀人と推測する。

　第二の孔明伝説については、雲南、貴州およびこれらに接する四川西南部地区には、当地の少数民族および漢族に諸葛亮の南征をめぐる孔明伝説が広く伝えられている[李福清・白嗣宏訳 1992]。ただし彼らの孔明に対する評価は肯定と否定の両極である。孔明を敵として否定するのが氐羌系の少数民族である。彼らには孔明と戦って敗れ、土地を奪われたとする伝説が多い。「孔明南征一箭之地」とは、孔明との戦いに敗れた少数民族側が、矢を放って届いたところまでの土地を孔明側に譲るという取り決めをした時に、孔明は矢を事前に遠くに置いておき、騙して広大な土地を奪ったという故事である。西南中国で最も広く流布する伝説の一つで、イ族やチノー族、ワ族、チベット族（康定）や白馬チベット族（平武）、チャン族にみられる[傅 1995: 20–24]。

　傅光宇は、漢代以降、北の蜀から移住し南下した集団のなかで雅礱江や金沙江流域に居住した氐羌系の少数民族のみが諸葛亮南征（225年）において実際に戦って追われた記憶をもつとする[傅 1995: 23]。例えば、九龍県では孔明との戦いが8年間続いて住民のほとんどが根絶やしにされ、「蜀山蛮」

の幾つかの集団のみが生き残った、と九龍県子耳郷のナムイ・チベット族は
伝える［松岡 2017: 325］。また「扎在羊角上的火把」という伝説は、夜間、
数千匹の山羊の角に松明を括り付けて山野に放ち、敵の襲来を装うという話
で、これも元来は孔明の蜀漢側の勝利であるが、蟹螺のアルスでは勝敗を事
実と逆転させている［李明 2008: 8］。これに対してタイ族やミャオ族、ワ族
の孔明伝説では民族の共住や交流、先進的な技術の導入などを語り、孔明を
英雄視しており、氏羌系伝説とは大きく異なる［傳 1995: 20–24］。

　以上によれば、アルス・チベット族の邛州南橋説と孔明伝説は、彼らが
「漢代以降、北の蜀から移住し南下した集団」で、孔明と実際に戦って追わ
れた記憶をもつ集団であることを示している。また、氏羌系の可能性もあ
る。ただしこれを「氏羌系」と総称することには、汎羌論が見直されている
現在、なお検討の余地がある。

　それでは、秦漢以前の彼らの祖先についてはどのように推測されるのか。
移住伝承によれば、古蜀人説と羌系説が考えられる。このうち後者は、蟹
螺の移住伝承の冒頭部分にある「西海」に基づくものである。蟹螺堡の楊Q
（60歳）[15] によれば、祖先は青海、西海にいたが、秦の穆公、献公以来の西進
によって始皇帝の時に番の頭人が数百万人を率いて南下し、一部は陝西、一
部は白馬チベット族（白狼羌）に定住し、大部分は塩源、西昌一帯に到着し
た。当時の川西壩子には白狼羌や耗牛羌とよばれた集団がおり、現在のム
ニャ、ドシュ、ナムイ、ナシはこの古羌人から分かれた、という。これは、
チャン族の移住ルートに酷似している。ただし、蟹螺以外ではほとんど語ら
れておらず、Jo に関する記述も少ない。氏羌系説とともに、検討を要する
課題である。

15　楊Qは兄とともに有名な素爾家系出身で宗教関係に詳しく、他地にもよばれて Guzazi などの
　祭祀活動を指導する。農業局職員として務め、石棉蔵学会副会長（2016年）。『爾蘇蔵族研究』
　［李・劉編 2007］には川西南チベット族を唐宋以前の「某羌」の末裔とする論が複数収録され
　ており、地方の知識人でもある楊Qの語りにはその影響も推測される。

4．Jo と Guzazi、古歌 Jolimamu

　では、Jo の力の源泉はどこにあるのか、最大の祭祀活動である Guzazi を例に考える。2016年の筆者の現地での聞き取り調査によれば、越西県保安郷の WZ は、Jo の由来と Guzazi について次のように語る。

　　頭人に率いられて安寧河、大渡河に移ることは「各路の神霊」を驚かせた。神霊は彼らが善良な集団なので成都平原を離れるのを望まず、毎日豪雨を降らせて移動を阻止した。そこで頭人は神霊に言った、「我々は約束を守ります。神々の御心を受けとめ、<u>ここで白石を拾ってあなたの化身とし、新しい土地では美しい山の尾根を探してこれを安置し、毎年祀ります</u>」と。雅安、涼山、甘孜、阿壩に移動したが、新たな地はすべてが山であったため、川西壩子にいた時のように全員が一か所に住むことはできなかった。そこで頭人は各集団に対して、それぞれが異なる移住地を探し、<u>新たな土地で白石を１つ拾って山上に祀れ</u>と命じた。この祭祀をアルス語では Guzazi、ムニャ語では Guqima という。Gu は神、山神である。８月６日から９月６日までの１か月のうち３日間選んで行う。これは川西壩子にいた時はなかった。

　この伝承では移動の理由は語られていないが、Jo は神を可視化したもので、その神性の根拠が明確に述べられている。人々は神との約束に従って新しい定住地で Jo を拾い、毎年、Jo を祀る Guzazi を行う。そして Guzazi を伝来の新年とし、この日に一つ歳をとる。蟹螺では、Guzazi に関する日時、場所、目的、祭祀法を次のように記す［李星星 2007: 155–166］。

　日時は、毎年農暦８月の３日間で、１日目は準備、２日目は Guzazi 当日、３日目は娯楽である。第１日目を４年ごとに９〜12日から順に選ぶ。場所は神山の大樹の根元に置かれた Jo の前で、黄 pao 家（唐・楊・姜も含まれる）と王 basa 家の Jo があり、先住の黄家の Jo が王家のよりやや高い所にある。目的は、山神、祖先、その年に亡くなった者を祀り、豊作を祈る。また死者の「開路」が３日前から行われ、Guzazi 当日には死者の骨灰が一族の Jo に祀られる。

　祭祀法は、前日に白雄鶏を殺し、シャバが家庭ごとに Jo を祀る、当日は

正午にシャバと男性が神山に上り、Jo の前で左から右に定住した順（黄・唐・朱・楊・湯・蘇）、排行の順に家庭ごとの供物の箕を並べる。シャバが線香を燃やして酒を供え、Jo にラードをぬってツァンパ粉を撒きながら古歌 Jolimamu を唱える。燃える木片を持つ者、ツァンパを持つ者、拾った清潔な石 2 個を打ちあわせる者が箕の周囲を逆時計回りで 3 回まわる。シャバが鈴を鳴らして Jolimamu を唱えるなか、各戸が順に木片を燃やし、シャバが彼らにツァンパを分ける。シャバが男性を率いて Jolimamu を歌いながら下山する。

　これによれば、Guzazi は、シャバと男性達が Jolimamu を唱えて神山の始母祖 Jo を祀る日である。前日には家庭ごとの Jo をシャバが白雄鶏によって祀り、当日は一族の Jo をシャバが Jolimamu を唱える中、男性達が木片を燃やして祀る。すなわち、その本来の意味は、孔明伝説とは関係なく、年の初めに一族の Jo を祀ることにある。李星星説では、 8 月の Guzazi が新年とされるのは早期の主食 xugu＝小米の収穫が 7 月末〜 8 月初旬であるため、収穫後の 8 月を新年としたのではないかとする［李星星 2007: 332–338］。

　では、神の化身といわれる Jo の力はどのように語られているのか。Guzazi でシャバが唱える古歌 Jolimamu によれば、Jo は石神、li は白、mamu は女人を意味する。古歌は 4 段からなり、第 1 段は「Jo …先有天、後有地、有了天地、有了山、有了水、有了草、有了樹、有了土、有了石、後来産生了我門人間、人間有了我門祖先」と漢訳される［李星星 2005: 162–164］。すなわち Jolimamu は、すべてを生み出す始祖の「石」である。石を女人とする表現は、まさに原初的な天地開闢であり、新たな定住地で拾う「石」が細長い形なのは男性のシンボル化ともいえ、生殖信仰の存在を示唆している。

　では、Jolimamu の万物の母としての意味は、実際の儀礼や祭祀活動ではどのように表現されているのか。Jo は、まず、生死の儀礼に不可欠である。蟹螺では、神山の大樹の下の Jo の前でその年に亡くなった老人の「開路安霊」が Guzazi の 3 日前から行われ、シャバ数人が 8 月12日から 3 日間連続して読経作法を行う。死者一人につき 3 個の石を拾ってきて墓の上や家内、神山の Jo の近くに置く。また子供が誕生した年に、農暦 2 月の 6 日（黄家）あるいは 8 日（王家）に山神の祭壇の Jo に、穢れのない白石（黄家は 1 個、王家は 1 あるいは 3 個）を河岸から拾ってくる。男性のみが参加し、白雄鶏

1羽、清潔な水1杯、白酒1瓶を準備し、祭壇のJoを水で清め、白石を祭壇に置き、鶏を殺して鶏の血をJoにたらし、羽毛を祭壇に撒き、肉はその場で焼いて食べる。祭壇の竹を新しいものに代える。このように生死に関わる儀礼のJoは、人の生命、霊魂を象徴するものとして表現されている。

東部方言区の蟹螺堡のJolimamuは、西部方言区廟頂では「石八覚」[16]とよばれて、結婚や葬儀でうたわれる。楊報告（1982年）によれば、古歌Jolimamuは、葬儀で「鍋庄舞」（囲炉裏を囲んで踊る舞）が行われる時や婚約時に次のようにうたわれる[17]。

> 我門的一切誰帯来的？是Jo帯来的。……石八覚安排、分開天地、有了人煙、有了人煙、夫妻、兄弟、弟妹有了、我門的福分、是石八覚恩賜的。石八覚、分開了天地、分了天地、有了両兄、妹、卜……是男、納……是女、男的一個修天、越修越高、女的一個造地、越造越寛、男女結合有了人煙。

以上のように、Guzaziや葬式、婚約の時の古歌はほぼ同じで、Joを万物創造の祖であるとする。Joがあらゆる禍福や祭祀活動に関わり、慣習を語るのは、この万物の始祖であることによるといえよう。また、住民がそれぞれの地域のJoを自己や一族という人間の祖先、あるいは山菩薩、山神と語るのは、JolimamuのJoがそれらすべてを含む存在であると伝えられていることにあると考えられ、このような「石」による天地開闢伝承はチャン族の白石信仰にはみられない点である。

5．Joの記憶の再生と宗教職能者

アルスの移住伝承は、移住先で清浄な石を拾い、それを神の化身Joとして祀って加護を祈るものである。本節では、この移住伝承が単なる語りではなく、近年においてもこれに従った儀式が宗教職能者によって主催され、集団の記憶が定型化された行為によっても伝えられていることを報告する。筆者は2016年夏に冕寧県県城（県政府所在地）を訪れ、同県和愛郷の廟頂堡

---

16 「石八覚」は「斯巴覚」とも書き、同音と考えられる。斯巴はボン教の第一段階の斯巴本のこと。
17 楊［2007 (1982): 213–214］参照。

と拉姑薩堡が近年までに全住民の集団移住によって解体され、多くが県城周辺の回坪郷に定住したこと、欧貢巴を中心に移住先周辺の小高い場所で Jo の儀式が再演される予定であることを知った。

廟頂堡と拉姑薩堡は、冕寧県和愛蔵族民族郷に属し[18]、ともに海抜3000m前後の山頂にあって交通の便が極めて悪く、交通手段は歩くか馬によるしかなかった。両村とも登録上の戸数は20〜30戸であったが、1990年代後半から出稼ぎが始まり、やがて出稼ぎの恒常化によって常住人口が激減し、2000年代初期には住民全体で行う山神祭もできなくなった。そこで拉姑薩堡では、村をあげての移住が検討され、複数の候補地に対して趙欧貢巴が夢占いを行い、県城近くの回坪郷に決まった。

移住にあたっては、まず、2003年に欧貢巴が回坪郷許家河村4組に移り、住民が続いた。さらに代々通婚を行って親戚姻戚関係にあった廟頂堡からも多数移ってきた。趙欧貢巴によれば、「私たち（アルス）は宗教職能者とともに新たな土地に定住します」という。ただし、新たな移住先は漢族の村であり、家屋も漢族の旧家屋を買い取ったため、家屋の入り口や屋根に石Joはなく、家内階上の経堂に置かれている。さらに、住民によれば、移住後、回坪郷周辺に新たな山神の「好地」を選び、2016年中に神を祀る儀式を行うが、そこは居住地より高く、頂上に大樹か大石がなくてはならない、という。

この移住後の儀式は、まさに移住伝承の Jo の由来と祭祀に関わるものといえる。廟頂堡のシャバである伍J（男性52歳）は、移住伝承について次のように語る。アルスは①岡底斯（gandisi）山を出てから、移住する時には必ず前の土地で白石1個と数戸の石（白石とは限らない）を拾って持っていく。②新たな土地についてからは一つの山を選び、前の土地の石を土の下に埋め、新たな土地で拾った白石をそこに供えて新たな山神とする。山神の所在地は必ず居住地より高い所で、大樹か大石がある場所である、と。これによれば、2016年の山神祭祀は、まさに、Jo と移住伝承の再演であり、今も宗教職能者を中心にそれが儀式として行われていることを示している。

18　和愛郷は四川省西南部の雅礱江沿岸の峡谷地帯に、6つの行政村が海抜1500m から3300ｍの山腹に点在する。漢族、チベット族、イ族の3民族の人口比（％）は61.2：21.0：17.8で、漢族は海抜2000m 以下の3村に、チベット族は海抜3000ｍを超える廟頂村に集住する。廟頂村は総戸数90戸、総人口493人で、洛比却覚や廟頂等の4組（堡）からなる（2000年）。

おわりに

　本稿では、アルス・チベット族の文化の多層性を明らかにするために、Jo
と移住伝承を事例として、以下の四つの視点から分析した。四つの視点と
は、一は、アルス・チベット族の三つの方言区に伝えられた移住伝承の構造
の異同、二は、Jo を祀る Guzazi や古歌 Jolimamu に示された Jo の神性の由
来と「力」、三は、現代における Jo の機能と記憶の伝承、四は、近年の移住
における移住伝承の再生である。

　第一に、アルス・チベット族の 3 つの方言区に伝えられた移住伝承によれ
ば、祖先の移住について 4 つの地域と時代が語られている。即ち漢代以前の
西海、蜀の邛州、漢代以降の雅安から西昌、唐代の吐蕃東進以降のチベット
から九龍、木里、冕寧である。また内容については邛州南橋説と孔明伝説、
西天起祖説があり、邛州南橋説と孔明説はアルス・チベット族全体にみられ
る基層的伝承で、漢代以降、北の蜀から南下し、孔明と実際に戦った記憶を
持つ集団の特色を示している。これに対して西天起祖説は西部地区のみにみ
られることから、唐代以降のチベット仏教受容が背景にあると考えられる。
彼らの移住伝承は、その空間的時間的多層性を示している。

　ただし、移住伝承の物質的核心である Jo の由来は、邛州南橋説らには語
られていない。そこで、その本来の意味を第二の Guzazi と古歌 Jolimamu の
分析から考察し、Jo が原初的な天地開闢で語られる万物創造の母として信
仰されていたものとした。第三の、現在の生活における Jo の機能では、Jo
が現在も家屋の入口や屋内、神山に置かれ、日常生活すべての禍福に対処す
るものとして、祭祀を含む様々な活動や病気治療で用いられていること、そ
こには土着のシャーマンであるシャバやチベット仏教を受容したシュアや欧
貢巴などの宗教職能者の存在が大きく関わっていることを明らかにした。ま
たこのような多方面にわたる Jo の機能は、管見の限りでは、チャン族の白
石には語られていないものであり、Jo に表象された石崇拝はチャン族のそ
れとは異なる系統ではないかと推測される。

　第四では、冕寧廟頂の事例をあげて、Jo の儀式の再演を記した。全村移
住を行った廟頂では「新たな土地で一つの山を選び、そこに Jo を置いて新
たな山神とする」という伝承の「神」との約束に従って、2016 年、欧貢巴

の主導のもとで移住地での儀式が予定されている。移住伝承に託された祖先の記憶は、土着の石信仰を吸収した「チベット仏教」のもとで、宗教職能者がもつ伝承する力と、Jo を崇拝する住民の意志によって現在も生き続けている。

　最後に、本稿では、Jo で表象されるアルス・チベット族の石崇拝がチャン族の白石崇拝とは異なる系統ではないかと推測した。今後の課題としたい。

参考文献

陳明芳・王志良・劉世旭［2007 (1983)］「冕寧県和愛公社廟頂地区蔵族社会歴史調査」『爾蘇蔵族研究』民族出版社、3–54頁.

傅光宇［1995］「諸葛亮南征伝説及其在緬甸的流播」『民族芸術研究』第 5 期、16–24頁.

何耀華［2008 (1982)］「冕寧県聯合公社蔵族社会歴史調査」李紹明・童恩正主編『雅礱江流域民族考察報告』民族出版社、15–74頁.

李福清・白嗣宏訳［1992］「漢族及西南少数民族伝説中的諸葛亮南征」『民族文学研究』1992–4–30、85–94頁.

李明［2008］「諸葛亮"七擒孟獲"伝説的文化内涵初探」『臨滄師範高等専科学校学報』Vol. 17 No. 1、7–28頁.

李紹明［2007］「蔵彝走廊研究的回顧与前瞻」『蔵彝走廊：文化多様性、族際互動与発展』上、民族出版社、3–21頁.

李紹明・劉俊波編［2007］『爾蘇蔵族研究』民族出版社.

李紹明・松岡正子主編［2010］『四川のチャン族──汶川大地震をのりこえて〔1950–2009〕』風響社.

李星星［2005］「論"蔵彝走廊"」『蔵彝走廊：歴史與文化』四川人民出版社、32–68頁.

李星星［2007］『蟹螺蔵族：民族学田野調査及研究』民族出版社.

李星星［2008］『李星星論蔵彝走廊』民族出版社.

松岡正子［2010］「羌族、川西南蔵族、嘉絨蔵族、普米族以及納西族的"祭山"」『蔵彝走廊：文化多様性、族際互動与発展』下、民族出版社、681–704頁.

松岡正子［2017］『青蔵高原東部のチャン族とチベット族 2008汶川地震後の再建と開発 論文編』あるむ.

銭安靖［2007a (1987)］『爾蘇蔵族研究』民族出版社、3–54頁.

銭安靖［2007b (1987)］「石棉県爾蘇蔵族伝統節日焼賻子」『爾蘇蔵族研究』民族出版社、563–568頁.

銭安靖［2007c (1987)］「川西南爾蘇蔵族宗教習俗調査」『爾蘇蔵族研究』民族出版社、613–635頁.

王志・王富云［2015］「焦慮：移民走向"積極"状態的推動力」『冕寧蔵学』創刊号、72–75頁.

王志・伍明才［2015］「里汝蔵族的宗教和儀式初探」『冕寧蔵学』創刊号、51–57頁.

伍精友［2015］「冕寧県境内和周辺地区部分神山」『冕寧蔵学』創刊号、70–71頁.

巫達［2007（2006)］「四川爾蘇人族群認同歴史因素」『爾蘇蔵族研究』民族出版社、422–436頁.

西南民族大学西南民族研究所編［2008 (1954)］「嘉絨蔵族調査材料」「草地蔵族調査材料」「羌族調査材料」『川西蔵族羌族社会調査』（民族改革与四川民族地区研究叢書）民族出版社.

楊光甸［2007 (1982)］「涼山州冕寧県瀘寧区蔵族調査筆記」『爾蘇蔵族研究』民族出版社、65–252頁.

袁曉文［2007］「多続蔵族：蔵彝走廊中的歴史記憶与族群認」『蔵彝走廊：文化多様性、族際互動与発展』上、民族出版社、249–270頁.

袁曉文［2015a］「作為蔵学的人類学研究：人類学（民族学）的蔵族及周辺民族研究述略」『冕寧蔵学』創刊号、26–39頁.

袁曉文［2015b］「四川安寧河河上遊多続蔵族族源研究」『冕寧蔵学』創刊号、44–50頁.

東亜同文書院生の思い出に記された厦門

——大正期以前の『大旅行誌』の記録を中心に——

塩山正純

The Images of Amoy (Xiamen): A Case Study of Tung Wen College
Students' Reports in *Da Luxing Zhi* in the Taisho Period and Before

Abstract: Tung Wen College was a Japanese school established in Shanghai in
modern era. The students were required to conduct field researches called "grand
tour" before graduating. The main destinations of researches included China and
its surrounding regions, and some of the routes passed through Amoy (Xiamen).
Amoy was the main destination of some routes; some routes headed to Fujian and
Taiwan via Amoy, while some set out through Amoy, Hong Kong all the way south
to China's southern regions, such as Guangdong and Yunnan, and Southeast Asia.
This article focuses on Tung Wen College students' travel reports about Amoy in
the Taisho period from *Da Luxing Zhi (Grand Tour Journal)*, and initially explores
young Japanese intellectuals' impressions and opinions on Xiamen, a major city in
the southern China at that time.

Keywords: Tung Wen College, Dongya Tongwen shuyuan, *Grand Tour Journal*, *Da
Luxing Zhi*, Xiamen, Amoy

1. 大調査旅行と厦門経過路線の概要

　東亜同文書院は貴族院議長近衛篤麿が会長をつとめる東亜同文会が1901
年に上海に設立した海外高等教育機関であるが、同書院では現代的教育にも
通ずる実践的カリキュラムを有していた。一つは実務的な中国語と英語の2
カ国語の習得、そしてもう一つが同書院での学びの集大成のフィールドワー
クとしての期間が数週間から数カ月にわたる大調査旅行である。同書院は1

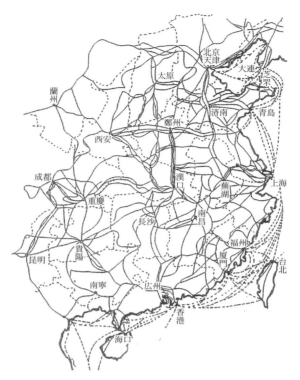

図1　第5期〜第25期のコース図（実線）［藤田2017: 15］

学年の学生数が概ね100名であり、1班が数名で約20の班が各々の路線で中国とその周縁各地を歩いた[1]。図1は藤田［2017］が第5期から第25期の路線が通過した足取りを示したものであるが、中国全土を網羅して走破している様子が一目瞭然である。この大調査旅行の研究成果は調査報告書としてまとめられたが、それとは別に書院生たちは行く先々での見聞や心情を旅の記録にまとめ、その記録は全33巻の『東亜同文書院大旅行誌』（以下『大旅行誌』）として刊行されている。表1に示すように大調査旅行の厦門を通過した71班のうち、厦門での滞在を記述したものは43班である。本稿では、主に大正期以前（1925年以前）の記録を資料として、近代の日本知識青年が

1　加納［2017: i–iii］のまえがき参照。

表1　厦門通過路線の分布

年	期	巻	年度路線数		厦門通過路線	割合（%）分母郭晶	厦門71路線番号※	
			藤田2000	郭晶			記述有り	記述無し
1901–1907	1–4	—	—	14	0	0	—	—
1907	5	1	13	17	1	6	1	—
1908	6	2	12	13	0	0	—	—
1909	7	3	14	16	2	13	2, 3	—
1910	8	4	11	12	0	0	—	—
1911	9	5	12	12	3	25	4, 5, 6	—
1912	10	6	10	11	2	18	7, 8	—
1913	11	7	8	10	0	0	—	—
1914	12	8	11	11	1	9	9	—
1915	13	9	11	11	0	0	—	—
1916	14	10	13	14	1	7	10	—
1917	15	11	14	15	1	7	11	—
1918	16	12	14	14	1	7	12	—
1919	17	—	14	0	0	0	—	—
1920	18	13	23	23	3	13	13, 14, 15	—
1921	19	14	20	22	2	9	16, 17	—
1922	20	15	21	23	5	22	20, 21, 22	18, 19
1923	21	16	17	17	3	18	23, 24, 25	—
1925	22	17	18	19	2	11	—	26, 27
1926	23	18	15	15	2	13	28	29
1927	24	19	15	17	4	24	30, 32	31, 33
1928	25	20	15	15	0	0	—	—
1929	26	21	19	20	2	10	34, 35	—
1930	27	22	17	20	5	25	36, 37, 38, 39	40
1931	28	23	19	21	7	33	42, 43, 46	41, 44, 45, 47
1932	29	24	25	28	0	0	—	—
1933	30	25	31	32	0	0	—	—
1934	31	26	26	26	1	4	48	—
1935	32	27	22	22	3	14	49, 51	50
1936	33	28	25	25	6	24	55, 57	52, 53, 54, 56
1937	34	29	29	29	2	7	—	58, 59,
1938	35	30	30	30	0	0	—	—
1939	36	31	21	21	1	5	60	—
1940	37	—	28	8	0	0	—	—
1941	38	32	31	32	11	34	62, 65	61, 63, 64, 66, 67, 68, 69, 70, 71
1942	39	32	38	0	0	0	—	—
1943	40	33		38	0	0	—	—
合計			662	673	71	11	43	28

※厦門を通過したコースを実施順にナンバリングしたもの。

大正期以前の開港都市・厦門をどのように観察していたのかを明らかにしようとするものである。紙幅の関係から、昭和期の記録については稿を改めて扱うこととする。

　また、路線数の集計が先行研究によって異なることについては、例えば5期生のある班では厦門滞在後にメンバーのある者は台湾の淡水に向かい、ある者は上海に戻り、ある者はさらに南下して香港に向かい、またある者は陸路福建内陸部に向かう[2]、というように路線の枝分かれや、合流があったりするためである。

2．厦門到着

1）訪問地としての厦門

　開港場としての厦門に関する記述は、日本国内の文献でもすでに明治初期には見られ[3]、1880年代になると増え始め、1890年代には官報をはじめとする媒体に「厦門」が頻繁に登場するようになる[4]。また、1896年3月29日に領事館が開設されているように[5]、この頃には日本にとっても重要な海外都市の一つになっており、第5期生は「南清第一の天然良港なり、日英米独皆領事を置く（中略）台湾其他諸外国との貿易基盤なり」と記している[6]。

　また『大旅行誌』では在留邦人数にまつわる記述も多く、大調査旅行で初めて厦門を経由した第5期生は「日本人の在留するもの千三百人内一千人は台湾籍民なり、籍民は厦門福州及汕頭に特殊のものにして中にも厦門を最とす」と記す[7]。そして、後述するように、見所や街並み、交通などの情報を含めた厦門の概要は、書院生自身が足で稼いだ情報や、過去の先輩の記述への上書きと同時に、例えば昭和期の38期生が正直に「『新厦門』に拠る」と記

2　大旅行誌［5：293（9期：1911）］参照。
3　満川成種［1873］『支那通商必携・初編』の「厦門ハ福建省泉州府厦門庁ニ属ス則泉州ノ海湾ニアル所ノ一島（中略）貿易盛シノ地ニシテ富豪ノ商人多シ」等の記述がある。
4　国立国会図書館デジタルコレクションの年代別出版情報による。
5　1896年4月1日付官報に「在清国厦門帝国領事館去月二十九日ヨリ開庁セリ」とある。
6　大旅行誌［1：104（5期：1907）］参照。
7　大旅行誌［1：104（5期：1907）］参照。その後も大旅行誌［19：502（24期：1927）］大旅行誌［32：245（38期：1941）］等、人口動態に関する記述は散見され、いずれも数値は同時期の公的機関によるものと大差は無い。

しているように[8]、リアルタイムに刊行されていた厦門の概説書や観光案内といった資料に頼った記述も散見されるのである。

2）厦門到着

海路、厦門に接近する様子は「点々美しき島々を縫ふて走る事約三時間にして遂に緑濃き島上遥かに洋館の白く相並べるを望む」といった文で描写される[9]。また、到着時の「江南の大野に育まれた者には、かうした南支の景色には特になつかしさを覚える」といった記録には[10]、華中の上海に学ぶ書院生が郷里の海の景色を懐かしむ心情が現れており、香港での海上風景を言い表した「故郷の長崎の港と似通ふ」と通じるところもある[11]。また、第20期生の「小さい船は（中略）厦門へペストの都厦門へと進んで行く」のように、すでに上陸前から「不潔」のイメージによって描写している場合もある[12]。

3．コロンスと厦門

1）コロンスの美と厦門の醜の対比

「厦門」はコロンスと厦門の二島の総称として謂われるが、書院生の調査として初めて訪問した第5期生はコロンスについてのみ「榕樹茂り風景よし」と評し[13]、厦門島については特には言及していない。翌年の第6期生もペスト流行のため実際には足を踏み入れなかったようで、「厦門の支那人市街は、不潔で有名な町と予て聞き及んで居る（中略）但入口の方を一寸窺いた丈でも如何にも穢ない事がわかる」というイメージと外見の描写に止まっている[14]。

そして、第9期生は「汚ない町と聞いて居たに巌石之山上に聳たち緑樹は滴らんとし白堊の壁はその間に隠見せられ絶勝と叫ばざるを得ないものがあ

8　38期生の厦門の概要についての説明は『新厦門』の記述に依拠するところが大きい。

9　大旅行誌［6：242（10期：1912）］参照。

10　大旅行誌［19：495（24期：1927）］参照。

11　大旅行誌［17：171（22期：1925）］参照。

12　大旅行誌［15：404（20期：1922）］参照。

13　大旅行誌［1：105（5期：1907）］参照。大旅行誌［5：293（9期：1911）］の「鼓浪嶼は之れ別天地」、大旅行誌［6：241（10期：1912）］の「鼓浪嶼の美しさ」も同様である。

14　大旅行誌［6：246（10期：1912）］参照。

る」と[15]、間接的に厦門島の不潔に言及し、この頃からコロンスの美と厦門島の不潔を対比して描写する傾向が常態化する。第10期生は「白堊の洋館欝蒼たる榕樹の間から隠見し、周囲には藍の如き水を湛へて居る有様は、見るからに気持がよい。右方の町は之に反し塵埃に垢れ」ていると書き[16]、第12期生はコロンスを「厦門の誇りは鼓浪嶼を以て第一とす」と持ち上げる一方で、「支那に於て最も豚小屋らしき市街は厦門ならずばあらず（中略）市街は道狭くして地面は嘗て日光に照らされし事無し。されば各種の細菌は此処に根城を構へて常に活動す」というように厦門島の極めて不衛生な様子を述べたてる[17]。

　大正期では、その後もコロンスと厦門島を美醜の対比で描く構図は続く。例えば第20期生は前者を「小香港といはれる風光明媚な島」、後者を「不潔で世界一と名のある厦門の島」と記し、また別の第20期生は前者を「鼓浪嶼は、外人の別墅地で、大家高楼参差し海天に掩映して浮城の観がある」、後者を「此処の支那街の不潔は其の標本として、名高いが、唯汚いといふ字などでは、到底形容が出来ない」と記した[18]。そして第21期生は前者を「市街の結構は詩に偲ぶ南欧の廃都を偲ばせる」、後者を「話に聞く「支那での最も穢い街」とは勿論左岸の支那人街を指す」と記し、また別の第21期生は前者を「厦門と云つても此の鼓浪嶼は汚いことに於て世界第一を云ふ有難い形容詞を冠せられてゐる支那街の厦門とは訳が違ふ」、後者を「厦門は噂の通り汚い、否世界一の形容詞に相応はしく不潔だ。ぐるぐる歩るいて成程珍妙な町だと感動した。汚い迷宮とでも云つた様な感じである」と記した[19]。

　そして、厦門島の不潔について記した極め付けは「豚」のキーワードで書き出す「厦門島は巨多の豚を収容する一大豚小屋である。道は狭く建物が乱雑に不規律に沢山建ち並んで居る。従つて地面は年中日光に照らされゝ事なく、各種黴菌の繁殖に持つて来いの処だ。全くこんな所では年中伝染病の策源地たるも亦無理からぬことである。兎に角不潔で市街の複雑な事は恐ら

15　大旅行誌［5：374（9期：1911）］参照。
16　大旅行誌［6：246（10期：1912）］参照。
17　大旅行誌［8：326（12期：1914）］参照。
18　大旅行誌［15：424（20期：1922）］及び大旅行誌［15：690–691（20期：1922）］参照。
19　大旅行誌［16：38（21期：1923）］及び大旅行誌［16：121–122（21期：1923）］参照。

く支那第一であらうと思う」という記述であろう[20]。

　こうして書院生の記述は、総じて「不潔で世界一の称ある厦門の対岸に此の様な美くしい楽園のあることは全く面白い「コントラスト」である」という見方のもと[21]、コロンスと厦門島の両者を美と醜或いは美と臭の対比的な構図で描写することが大正期全体にわたって続いたのである。そして、書院生曰く「道路狭隘、市街汚濁で鼻持ちならん」厦門島も[22]、外見的な観察による記述では「電灯に輝く厦門市街の美観は何とも譬ひ様がない」或いは「船上より望みし厦門の風光は実に明眉」なのであり、こうした事例は調査・考察の客観性ということを考える際に非常に示唆的である。

２）コロンスと厦門に対する描写の変化

　大正期以前のコロンスの描写は「美」がキーワードとして際立っていたことは上述の通りであるが、昭和期になると「美」と同時に、成功した海外華僑の安住の地としてのコロンスの顔を描写する記述が徐々に出て来るが、この点については稿を改めて紹介する。

　また、コロンスの美と厦門の醜の対比的な描写一辺倒の傾向は、第20期生になると変化が見られる。例えば、「厦門市街に於てのフアーストインプレッシ ョンは街路の狭隘にして路上の不潔な事である」と言いつつも、同時に「ペストの都厦門もやつぱり華僑の力で如斯盛大な都市として維持し発展させてゆくのだ」と、厦門の市区改良による不潔からの脱却に対する確信的な予想も表明されている[23]。

３）福建の中核都市・厦門に対する見方の変化

　第15期生は、「驕る平家は久しからず」の喩えで、嘗て泉州からその地位を奪ったものの、再びその地位を他所に奪われようとしている厦門の姿を描いている[24]。また、1938年５月の日本軍の厦門侵攻後、第二次世界大戦の終戦まで事実上日本による占領状態となるが、この1938年の侵攻を境に書院

20　大旅行誌［16: 517–518（21期：1923）］参照。
21　大旅行誌［16: 518（21期：1923）］参照。
22　大旅行誌［13: 450（18期：1920）］参照。
23　大旅行誌［15: 404（20期：1922）］参照。
24　大旅行誌［11: 194（15期：1917）］参照。

生の描写に現れた変化については、稿を改めて紹介する。

４．見どころと街並み、交通に関する記録

１）様々な見どころを訪問して

　大正期当時の旅行ガイドブックである鉄道院［1919］『朝鮮満州支那案内』でも、厦門は訪問地の一つとして紹介されており、その名所として日光巌、虎頭山、虎渓巌、白鹿洞、満石巌、南普陀、観日台、南太武塔が挙がっている[25]。『大旅行誌』でも「厦門には白鹿洞、南普陀、風動石等の名所あり」［大旅行誌 1：105（5期：1907）］のような記述もあり、名所旧跡にもそれなりの関心はあったようである。

⑴　日光巌

　日光巌は旅行ガイドブックとしての鉄道院［1919: 410］も、名所の筆頭として「岩上に登攀すれば厦門一帯の山影水色一眸の下に蒐まり、涛声打鼓の響の如し」と紹介するように、厦門随一の名所であるはずだが、大正期以前の『大旅行誌』には訪問の記録が見られない。昭和期になると、一転して「日光巌と云ふ山がありますが、こゝから見下すと、附近一帯一望の下に収められます、実に風光明媚の感がありました」［大旅行誌27: 253（32期：1935）］のように、日光巌に関する記述が増えるのが対照的で興味深い[26]。

⑵　学校など

　明治期では、第5期生が訪問した代表的な学校として「日本人経営の東亜書院、米人の同文書院、英人の英華書院等」を挙げている[27]。しかし東亜書院は、「維持困難ニシテ廃校ノ悲運ニ」遭い、第18期生は1910年に新たに設立された「旭瀛書院を参観に行つた」と記録している[28]。また、学校名への言及は無いものの「喜しい事には此地に我国人経営の小学校、二校ある事で、専ら支那人児童の教育に従事してゐる、両校合せて約千人に達する」と

25　鉄道院［1919: 410−411］参照。
26　この他にも大旅行誌［22: 270（27期：1930）］、大旅行誌［22: 291（27期：1930）］、大旅行誌［23: 68（28期：1931）］、大旅行誌［28: 419（33期：1936）］など多数の記録がある。
27　大旅行誌［1：105（5期：1907）］参照。
28　大旅行誌［13: 450（18期：1920）］参照。

いった教育事情に関する記述もあるが[29]、外務省通商局［1921］ほどの詳しさは無い。

⑶　金門島

　　金門島に関する唯一の記録は、第15期生の「金門といふも市街狭隘不潔悪臭人を圧して紛々鼻孔を掩ふに遑なし世界第一の悪臭市街と断言して憚らない」であるが[30]、前述のようにあれだけ「不潔」を強調する厦門滞在中の彼等にしてこの書きようであり、金門島の衛生状態とは、一体如何ほどのものだったのであろうか。

⑷　その他の見所

　　上述の三カ所以外でも、昭和期の『大旅行誌』には、共同墓地をキーワードとして厦門における埋葬文化の変化について記したり[31]、中山公園の獅子像を「支那の理想」の象徴として描いたり[32]、厦門大学設立のエピソードから地元出身華僑の郷土愛について述べたり[33]、飛行場に「飛行機を造り、飛ばす事が出来る様になつた」中国の発展を見たり[34]、厦門の見所を切り口に様々な見解が記述されている。しかし、これとは対照的に大正期以前の記述では、日本領事館や日系企業を除けば、白鹿洞まで歩いた記録なども見られるものの[35]、上述の三カ所以外の見所については概して積極的には触れられていない。また、厦門神社についても、1938年の日本軍侵攻後、1939年に当時の日本人居留民によって中山公園内に建立されたもので、当然、大正期以前に訪問の記録は見られない。

　２）街並と交通

　　交通に関しては、厦門島と鼓浪嶼の間の水道に港を持つ厦門の地理的特徴ゆえか、港に係る記録が昭和期の『大旅行誌』にはよく見られる[36]。しかし、大正期以前では、第21期生が居住地としてのコロンスと勤め先のある厦門

29　大旅行誌［15: 690（20期：1922）］参照。

30　大旅行誌［11: 189（15期：1917）］参照。

31　大旅行誌［23: 68（28期：1931）］参照。

32　大旅行誌［23: 70（28期：1931）］参照。

33　大旅行誌［31: 228（36期：1939）］参照。

34　大旅行誌［23: 70（28期：1931）］参照。

35　大旅行誌［11: 192（15期：1917）］参照。

36　大旅行誌［27: 252–253（32期：1935）］参照。

との間の移動手段について、「領事館を除いて銀行会社等は皆厦門側にある。だから鼓浪嶼に住宅を持つてゐる人達は毎日朝と晩にはほかの都会の人達が俥に乗るところを舢板に乗る」と記す例が一つあるのみである[37]。

5．宿泊と飲食

次に書院生たちが厦門滞在中の落ち着く先、つまり何処に泊まっていたのか、そして何を食べていたのかという生活の面に注目してみたい。

1）宿泊

上掲の鉄道院［1919］『朝鮮満州支那案内』では、日本旅館として厦門鎮邦街の柏原旅館のみを紹介しているが[38]、大正期以前の『大旅行誌』の記述には、柏館（或いは橿館）、柏原旅館、木元旅館の各館、そして旅館以外では「佐々といふ氷屋」が登場する[39]。柏館（或いは橿館）は柏原旅館と同一の可能性もあるが、何れにしても厦門では日本旅館に滞在していたことが分かる。同胞が経営する旅館で厚遇され[40]、香港滞在の際にもそうであったように[41]、「旅装解くや否や広き畳の上に何れも大の字となりぬ」や「奇麗なる日本間二階の一室に案内せらる。衆皆ア、と叫んで其の疲れし身をば広き清き畳上に横へし時の心持」等の記述に見られる通り[42]、厦門の滞在でも日本旅館で日本的なものを享受していたことが分かる。

37　大旅行誌［16: 122（21期：1923）］参照。
38　鉄道院［1919: 405］参照。同資料はこの他に欧風旅館として鼓浪嶼ホテル、支那飯店として三山館、鴻発桟、三星館、福星館を挙げている。また、日本侵攻後では、別所［1940: 47］が「旅館は日本側に柏原旅館、同別館、塩田旅館、大千旅館、新興ホテル、新南旅社、大新ホテル、水月旅社、東洋旅社等あり、柏原、塩田、大千各旅館には日本座敷もあり、和洋式とも完備してゐる」と記述し、『大旅行誌』でも大旅行誌［31: 231（36期：1939）］及び大旅行誌［32: 242（38期：1941）］に大千旅館に関する記述が現れる。
39　柏館（或いは橿館）は、柏原旅館は、木元旅館は、「佐々といふ氷屋」はによる。
40　「旅館橿館には破天荒の勉強を蒙り書生の身、特に其厚情を感ずること切に候」［大旅行誌 5：292（9期：1911）］参照。
41　塩山［2017a］及び塩山［2018］参照。
42　大旅行誌［5：335（9期：1911）］及び大旅行誌［6：241（10期：1912）］参照。

2）飲食・娯楽

一方で、厦門での飲食や娯楽については、わずかに「荔枝を味ふ、この快味は南国ならでは」［大旅行誌6：246（10期：1912）］の一例が見られるのみである。往往にして『大旅行誌』は飲食や娯楽に対する関心が薄く、記述も乏しいが、とりわけ厦門はその傾向が顕著であると言える[43]。

6．訪問と面会

大調査旅行では、調査地や経由地での滞在中に、とくに主要都市の場合、例えば第7期生が「柏館で会したのが森布教師と木下少佐とだ」と記したように[44]、現地の政府機関や学校、或いは書院の先輩などを訪問し、調査の足がかりとしたり、旅の便宜を提供されたり、食事を御馳走になったりしている。

1）領事館、そして東亜同文書院の同窓生・先輩諸氏

殆どの路線が、滞在地の日本領事館への訪問を記録しているが、厦門の場合も例外ではない。各地の領事館に同窓生が勤務している場合も少なくなく、厦門でも「鼓浪嶼なる帝国領事館に先輩糟谷、冨田二兄を訪ひ万事指導を忝ふ致候」や「調査九分の材料は御隣の領事館に仰ぎ、二先輩吾等のために極力便宜を与へらる」といった記録に見られるように[45]、調査に係る情報収集で領事館から提供された便宜も、同窓の先輩を通じたものが多かったのである。また、「丁度幸ひにも冨田書記生某他の船板にて上り来られ」というように厦門到着時[46]、「先輩の栗山氏を台湾銀行に訪ね」や「山下汽船の毘舎利氏を訪問して」というように領事館以外での情報収集[47]、「同窓の冨田粕谷両兄に連れられ鼓浪嶼の島廻りして」というように現地の案内[48]、そして「夜三井の後藤君（三井物産出張所の後藤不二：筆者注）を訪問す早速厦門

43　昭和期の大旅行誌［27: 254（32期：1935）］には一通りの記述がある。また、日本軍侵攻後の別所［1940: 47］には厦門花柳界の概要が記されている。

44　大旅行誌［3：314（7期：1909）］参照。

45　大旅行誌［5：292（9期：1911）］及び大旅行誌［5：293（9期：1911）］参照。この他にも領事館訪問に関するものは大旅行誌［5：374（9期：1911）］など複数の記録が見られる。

46　大旅行誌［5：335（9期：1911）］参照。

47　大旅行誌［15: 424（20期：1922）］及び大旅行誌［15: 424（20期：1922）］参照。

48　大旅行誌［5：335（9期：1911）］参照。

唯一の日本料理屋に連れ込まる」や「市川、後藤両先輩により歓迎会を開かる」のように食事の面でも少なからぬ世話になったことが記録からも垣間見える[49]。

2）学校関係

　厦門では、1921年当時、英国系では英華書院、米国系では同文書院など、外国人によって多数の学校が運営されており、日系では旭瀛書院と厦門尋常高等小学校の二校があった[50]。大正期以前の『大旅行誌』では、学校関係では旭瀛書院の名称のみが複数回登場し、書院生による訪問の記録もあるが、具体的な内容までは記されていない[51]。

3）その他の訪問先

　大正期に厦門で日本関係以外の個人や組織を個別に訪問した記録は乏しく、わずかに第15期生の「金門知事慇懃に吾等の一行を向へる氏は湖北省の人、六年前東京の早稲田大学を卒業したとのこと、日本語は非常に巧だ」という記録が見られるくらいである[52]。いっぽうで、「正午より水道を隔てゝ向ふの市街にある三井に調査す」や「三井洋行、台湾銀行を訪ねて調査をなし」のように[53]、日本語の通じる日本の会社で調査した記録が複数あるのは、書院生が上海で学習した官話とは随分異なることばが話されている福建方言区である故であろうか。書院生の調査と道具としてのことばの問題を考える上で興味深い事例である。

49　大旅行誌［11: 189（15期：1917）］及び大旅行誌［12: 285（16期：1918）］参照。

50　外務省通商局［1921: 48–50］参照。

51　大旅行誌［11: 192（15期：1917）］参照。昭和期の記録では中国人の学校を訪問した時の様子が詳細に「壁には支那特有の種々の統計表がべったり張りつめてあつた。各学年の時間割があつたので、鳥渡見ると日本語の時間が非常に多いのに驚ろいた。低学年でも一週十時間余ある」大旅行誌［32: 233（38期：1941）］と記されている。

52　大旅行誌［11: 189（15期：1917）］参照。

53　大旅行誌［13: 268（18期：1920）］及び大旅行誌［13: 450（18期：1920）］参照。

7．厦門に暮らす人々への視線

1）中国人への視線

　中国人について直接言及した記述が殆どなく、厦門島を描写する際に現れた「多分日清戦争からであらう、支那人の事を豚尾漢といふ、兎に角、支那人が豚と余り遠く距つてゐない習性を有してゐるのだらう。遺憾ながら是れを具体化したものが、此厦門の町夫れである」が数少ない例かも知れない[54]。

　厦門は大正期当時も移民の一大拠点としての性格を持つ都市であるが[55]、書院生は『大旅行誌』で中国人移民を、「国家の保護には絶対に縋り得ない（中略）痛々しい真剣味」によって[56]、「其故郷を出づるに当つては無一文の貧民も稼数年乃至十数年の後は皆相当の資産家として帰郷す」と記している[57]。また、「厦門の隆盛は（中略）かうした人々の不絶の努力や犠牲の結晶」とも評し、さらに同地の教育への貢献についても「中学校女学校を興し、厦門大学及集美学校も経営」する様子を記している[58]。

　「一千人の支那人が台湾籍に於て日章旗の下に安全に生活せる（中略）南支沿海の富豪中財産の安全を計らん為に吾れに帰化せる者多しと聞く」や「洌発なる支那人は二枚の名刺を持て一枚は支那人、一枚は外国籍何某と印して都合のよき時は支那人の名詞を用ひ、又貸金等の紛議が起り支那官憲の尋問に対しては籍民の名詞を出して領事裁判を得くるのである」といった記述は[59]、中国人の商売人としての知恵と逞しさについて記したものと言えるだろう。

　このほか、「窈窕たる美人の手擤に一驚を喫せざる日本人」という記述では、中国人の手鼻の習慣の普遍的なことに驚いている[60]。その驚きは「不潔」都市厦門のイメージとも結び付くためか、中国人の衛生観念について、「由

54　大旅行誌［11: 190–191（15期：1917）］参照。
55　［台湾銀行総務部調査課1914: 1］の「出稼民ノ出所ハ厦門汕頭及香港ノ三港ニシテ就中厦門及汕頭其ノ多キヲ占ム」参照。
56　大旅行誌［19: 501（24期：1927）］参照。
57　大旅行誌［1 : 104–105（5期：1907）］参照。
58　大旅行誌［19: 498（24期：1927）］参照。
59　大旅行誌［8 : 326（12期：1914）］及び大旅行誌［14: 534（19期：1921）］参照。
60　大旅行誌［8 : 325（12期：1914）］参照。

来支那人は衛生思想に乏し。不潔に処りて恬然として顧みざる者あり」のように、やや決めつけた感のある記述もみられる[61]。

2) 台湾人への視線

台湾人についても、第9期生の「彼等は日商何々号の招牌を掲げ商売盛也。彼等は元来当地方の人民なるも我領台当時台湾にあり日本国民としての登記をなし、以て外商の享有する条約上の特権に均霑せんとするものにして利益なる場合に日本国民の肩書を主張し不利益なる場合には成るべくチヤンコロを粧はんとす」という記述などは[62]、中途半端な状態におかれた国籍の問題を逆手にとって、日本人であることと中国人であることを自在に使い分けて商売に生きる逞しさを描いている。いっぽうで、第20期生の「厦門は台湾人の数五千を算し勿論内地官憲の圧迫によつて自由の天地に飛び出してくる」という記述などは厦門に数多くの台湾人が在住する事情について踏み込んでいる例である[63]。また1919年5月7日の福建省での排日運動についても、「台湾人が日貨排斥に対して対杭運動を起した」という複雑な情勢を記したものである[64]。

3) 日本（本邦・内地）人への視線

中国人、台湾人に関する記述が比較的多く見られるのとは対照的に、大正期以前の記録では、日本人については、時局が現地日本人社会の経済にもたらしている影響を「丁度排日の運動が盛んな為日本人の商店は殆んど商売が出来なくて困つている」と記すのみである[65]。対照的に昭和期になると、現地の日本人に関する記述も複数見られるようになる。

61　大旅行誌［8：325（12期：1914）］参照。
62　大旅行誌［5：293（9期：1911）］参照。また大旅行誌［15：690（20期：1922）］の「厦門の外人中最も多数を占むるは日本人で、又最も害を為すものも日本人であるさうだ。それは、台湾浪人が日本籍を得て、日本の勢力に倚伏して横行をするからである」という記述も表現は異なるが、同主旨の内容を述べていると言える。
63　大旅行誌［15：405（20期：1922）］参照。
64　大旅行誌［14：535（19期：1921）］参照。
65　大旅行誌［16：38（21期：1923）］参照。

4）その他外国人への視線

日本人についてと同じく、欧米系の外国人についても大正期の書院生は殆ど記していない。わずかに学校経営に関して「米人の同文書院、英人の英華書院等」を挙げるのみである[66]。欧米系の外国人についても昭和期になると記述も複数見られるようになる。

8．表現の継承

例えば荒武［2017］も指摘するように[67]、『大旅行誌』には過去の記述の踏襲、固定化された表現のパターンが、大正期の廈門訪問に限っても散見される。典型的な例を 3 つ挙げて見ると、まず中国に関する比喩では、第12期生が「聞く支那語は豚語也と。然り、而して余は更に一歩を進めて云はんとす。支那人は豚也支那市街は豚小屋也支那全土はこれ豚の牧場也」と記したものを、第21期生は「誰かゞ云ふた言葉に「支那語は豚語なり、支那人は豚なり、支那市街は豚小屋なり」と誠に至言である」とする[68]。また、景色に関しても、第20期生が「南支の絶景はコロンスに始まり香港に終ると誰かが言つた」、第21期生が「聞く『南支の絶景は鼓浪嶼に始り香港に終る』と」と記したものを、第24期生が「『南支の絶景はコロンスに始り香港に終る』といふ言葉があるのださうです」としており、下線部が酷似していることは一目瞭然である[69]。もう一つ景色に関するものでも、第18期生の「然に巨大にして奇形を為せる岩石。最も高き岩上によぢ登つて見ると廈門の市街は一大パノラマの如く展開して一眸の中にカメラに入れる事が出来る。東方は涯もなき渺茫たる南支那海である」を、翌年の第19期生が「巨大なる奇形の岩石、最も高き岩上によぢ登つて見ると廈門の市街は一大パノラマの如く展開して一眸の中にカメラに入れる事が出来る。東の方を望むれば涯もなき渺茫たる海である」とする例がある[70]。

66　大旅行誌［1：105（5期：1907）］参照。
67　荒武［2017：43–48］参照。
68　大旅行誌［8：325（12期：1914）］、大旅行誌［16：517（21期：1923）］参照。
69　大旅行誌［15：424（20期：1922）］、大旅行誌［16：518（21期：1923）］及び大旅行誌［19：496（24期：1927）］参照。
70　大旅行誌［13：450（18期：1920）］及び大旅行誌［14：532–533（19期：1921）］参照。

いずれにしてもこの特徴が示すのは、書院生の記した内容が、先輩の文章に酷似するケースがままあるという事実である。つまり、『大旅行誌』の記録が彼ら自身の厦門訪問時の厦門をリアルタイムに記録したものであるとは限らない可能性も否定できないということである。例えば荒武［2017: 46］が満洲を調査地とする『大旅行誌』の記述について「文章の構成と（中略）表現に類似性が見られる。故に同様の記述が複数現れたとしても、複数の観察者が同じ光景を見たのではないかもしれない。彼らは先行した書院生の旅行誌を見、さらにその上に自己の体験と見聞を追記している場合がある」と指摘するように、こうした記述を利用する際には、各々の記述を鵜呑みにせず、その鮮度をその都度吟味する態度が必要でもある。

9．ことばについての記述

中国のメインランドを調査対象とした路線の記録では、通常「官話」をはじめとして、ことばに関する記述が豊富に見られることは、塩山［2017b］でも指摘した通りであるが[71]、厦門に限ると、それほど多くの記述が見られる訳ではない。わずかに、英語の必要性を痛感した「話をしようと思へば一向不懂遂に云ひなれない英語迄も引張り出して税官吏にたづねた嗚呼文明には英語はやはり必要かなあ！」［大旅行誌 3：343（7 期：1909）］と、日本語が通じる快適さを述べた「当地日本語中々流通し実に愉快を感ぜしむ」［大旅行誌 5：293（9 期：1911）］の二つの記述が見られるのみである。

10．さいごに

厦門は香港と並んで、南方を目指した大調査旅行の路線の経由が多かった都市であるが、大正期以前の『大旅行誌』の記録を見る限り、滞在中の現地調査は現地日本人社会の助力に凭るところが多く、また名所も日光巌を除けば殆ど訪れている様子もない。また、先行調査の記録を継承するなど、『大

71　塩山［2017b: 245-264］参照。昭和期でも北京語、台湾語、英語、日本語をキーワードとする記述が計 4 例あるのみである（大旅行誌［22: 271（27 期：1930）、大旅行誌［27: 253（32 期：1935）］、大旅行誌［31: 228（36 期：1939）］、大旅行誌［32: 242（38 期：1941）］参照）。

旅行誌』の記述が一種のパターン化していたような事例が厦門に関する記述
でも散見される。こうした点も客観的記録の価値という点からは割り引いて
考えなければならないのかも知れない。しかし、同時にこうしたパターン化
したイメージも、当時の知識青年の固定化された中国像の一端を示している
重要な記録の一つであるとも考えられる。また、第15期生は白鹿洞の大巌
石から厦門島の街を遠見した際の記録で、「彼の豚小屋も仲々美しい町であ
る。世の中のことは凡そ這麼ものである。人が或者に対して外面観察をのみ
下してゐる間は、其者の総が美しく見江る」と言い[72]、さらに続けて、観察
が主観的に行われることも暗に戒めている。書院生が『大旅行誌』で厦門に
関して残した記録の中でも、特にコロンスと厦門島の美醜の対比、さらには
華僑を含む中国人、台湾人に関する様々な見解や描写の数々は、まさに近代
日本の知識青年が実際に厦門を訪れ、厦門を歩き、客観的に厦門を観察した
知見をもとに記したフィールドワークの貴重な記録とも言えるのである。

参考文献

荒武達朗［2017］「満洲地域史研究における『東亜同文書院大旅行誌』の史料的価値」加納
　　寛編『書院生、アジアを行く―東亜同文書院生が見た20世紀前半のアジア―』あるむ.
外務省通商局［1921］『福建省事情』外務省通商局.
加納寛［2017］『書院生、アジアを行く―東亜同文書院生が見た20世紀前半のアジア―』
　　あるむ.
塩山正純［2017a］「『大旅行誌』の思い出に記された香港―大正期の記述を中心に―」加納
　　寛編『書院生、アジアを行く―東亜同文書院生が見た20世紀前半のアジア―』あるむ.
塩山正純［2017b］「『大旅行誌』にみる書院生の「ことば」へのまなざし―大正期以前の
　　記述より―」松岡正子・黄英哲ほか編『歴史と記憶』（愛知大学国研叢書第4期第2
　　冊）あるむ.
塩山正純［2018］「『大旅行誌』の思い出に記された香港―昭和期の記述より―」愛知大学
　　国際コミュニケーション学会『文明21』40号.
台湾銀行総務部調査課［1914］『南洋ニ於ケル華僑―支那移住民―』台湾銀行.
鉄道院［1919］『朝鮮満州支那案内』鉄道院.
藤田佳久［2017］「東亜同文書院生の大調査旅行における辺境地域調査」加納寛編『書院
　　生、アジアを行く―東亜同文書院生が見た20世紀前半のアジア』あるむ.
別所孝二［1940］『新厦門』大阪毎日新聞社.
満川成種［1873］『支那通商必携・初編』酔軒書屋.

72　大旅行誌［11: 192（15期：1917）］参照。

"同步"观察与"共时"交响

——东亚同文书院时期大内隆雄对中国戏剧的译介活动考论

裴 亮

上海体験と「翻訳者」大内隆雄の誕生
——東亜同文書院時期における中国演劇の翻訳活動を中心に——

要旨：中国の新文学が始動する時期において、その誕生に日本ほど強い関心を示した国は、世界でも他に例を見ない。特に1949年以前は、日本における中国現代文学の翻訳と紹介は、きわめて連続的かつ同時的であった。先行研究は主に「日本での体験／日本的要素」という視点から出発し、日本の文化および近現代の文学思潮が、中国現代文学の発展に及ぼした影響について検討してきた。しかし、同時代の日本文人が、中国の新文学をいかに翻訳紹介し、受容したのかという問題については、翻訳・受容学の視点から行う研究、すなわち作品がいつ、誰によって、どのような経路で、どのような媒介によって日本に翻訳・紹介されたのかという専門的な考証と研究が、これまで不足してきた。

　本論文は日中文壇の「仲介者」の役割を果たした翻訳家大内隆雄に焦点を絞り、1925年から1930年まで彼が上海東亜同文書院に留学していた時期に行った中国の演劇作品の翻訳を整理する作業を通して、まずは大内隆雄が1920年代の日本文壇に中国の演劇を積極的に紹介し翻訳した背景と動機を解明したうえで、その劇作家および作品に対する翻訳の選択基準や、どの刊行物に発表するのかという選択の意図といった史実上の問題を明らかにしたい。また、これを一つのケーススタディとすることで、1920年代における中国と同時期の日本文壇とが、いかにして共振の「接点」を生み出したのか、そして中国の演劇が大内隆雄にどのように認識され、いかなる影響を与えたのかを究明することが、本論文のもう一つの目的である。

キーワード：大内隆雄、内山書店、文芸漫談会、創造社、演劇、翻訳

一、引言：作为"同时代"中国文学"同步"观察者的大内隆雄

在全世界范围内，没有哪个国家像日本一样从中国新文学诞生之初就对其表示出密切的关注。从最初日本新闻记者在『北京週報』（本文所引日文期刊与文章名均保持日文原貌并采用日式书名号以示区别—裘注）上对"文学革命"所做的实时新闻报道，到日本汉学家青木正儿、井上红梅、松枝茂夫等对现代作家、作品的同时代译介，再到1930年代中期以竹内好、武田泰淳为中心创办的"中国文学研究会"等学术团体所进行的专业解读和研究，1949年以前日本对中国现代文学的译介与接受过程显示出极强的连续性、动态性与同步性。

迄今为止，对20世纪中日文学的交流与传播，中日两国学者已进行了广泛而深入的研究。综览近年来的学术成果，日本学者较为注重留日作家资料考证式的实证性研究，而中国学者则注重把握中日现代文学比较研究的整体框架和发展脉络。中日学者的研究各有所长也互为补充，但也存在着一些问题和亟待研究的薄弱环节，主要集中表现在以下三个方面：第一、研究视角多注重"日本输入"而往往忽视"中国输出"。以往研究多将"日本"作为一种参照体系或研究方法，来考察日本近现代文学思潮以及作家作品对中国现当代文学的发生、发展所产生的影响。而对于日本如何译介和接受中国的现代文学这一问题，却缺乏整体性的考证和研究。第二、中日文学的相互译介研究较为薄弱。在此领域具有开创之功的是日本学者饭田吉郎在1991年编辑出版的『現代中国文学研究文献目録（1908-1945）』。该书搜集了248种日文期刊中所发表的关于中国现代文学作品的介绍、译文、评论多达1700多个条目。该书限于文献索引式的工具书体例，并未进入研究层面。第三、被研究的对象过于集中，大量其它作家作品的翻译被忽视或遮蔽。前人研究关注的焦点主要集中在周氏兄弟、郭沫若、郁达夫等文学大家与日本的关系，而散见于日本杂志上的诸如巴金、冰心、老舍、茅盾、朱自清、徐志摩等众多现代作家的日语翻译作品也缺乏系统性整理。此外，由于语言的隔阂与地域的限制，这些资料也很难进入中国学者的视野。

从以上梳理不难发现：一方面，较长一段时期内，中国学术界对文学翻译的认知大多停留在一个语言符号转换的技术性层面，并未对翻译文学自身的审美价值、及其作为异文化交流的中介价值给予足够的认识；另一方面，以往单

向度的视角往往缺乏将异文化语境作为考察问题和分析判断的整体视野，容易忽视了要将其放置于中日文化交流的互动语境与双向脉络中考察。因而，对于同时代的日本是如何译介和接受中国现代文学这一问题，缺乏从译介学的视角来考察其作品——何时？被谁？经由什么途径？借助何种媒介？——翻译到日本的专门性考证和研究。从目前国内外既有成果而言，对中国现代文学在日本的同步译介史的整体考察和宏观研究极为必要。

本文所重点关注的中国文学翻译家、评论家大内隆雄，从1920年代开始至1940年代活跃在上海和伪满文坛，曾将创造社作家群体以及伪满地区作家群体的同时代文学作品翻译成日语在『满蒙』、『新天地』、『书香』等日本杂志上进行介绍。大内隆雄，本名山口慎一，1907年出生于日本福冈。1921年时年14岁的他就随家人来到中国东北，随后就读于长春商业学校并开始学习汉语。1925年3月毕业后，他作为"南满洲铁道株式会社（满铁）"支助的公费派遣留学生入读上海东亚同文学院商务科。在上海求学期间，作为东亚同文书院文化考察教育环节之一，大内曾与森本辰治、日高清磨瑳、中崎一之组成"華南、滇越南沿线经济调查班"，于1928年5月至7月对汕头、厦门、香港、广东、云南、台湾进行了旅行调查。1929年3月毕业后，大内回到大连，进入"满铁"就职工作。[1] 大内隆雄从学生时代开始就对当时在中国展开的左翼运动持有浓厚的兴趣，并积极在当时的报刊杂志上发表时政报道与文艺评论。其中与政治经济有关的时论多以山口慎一的本名发表，而文艺时评、创作与对中国作家作品的翻译则多以大内隆雄的笔名发表。凭借出众的文笔，大内隆雄于1932年开始担任『满洲评论』文艺栏主编。然而好景不长，同年年末便因其左翼思想倾向被检举而遭"满铁"解雇。返回东京居住一年后，大内于1935年再次回到中国东北，并历任新京（今长春）日日新闻社社论部长、伪满洲映画协会娱民映画部科长、伪满洲国编译馆负责人等职。随后，他将自己关注的重心由时事政治转向了文学领域，再度开启文学评论与翻译活动，成为伪满文坛——特别是文学翻译活动的重要力量。据日本学者冈田英树统计，在日译"满洲国"作家的作品中（包括文学类及政治类）能辨明翻译者名字的有142篇，其中经由大内隆雄翻译的作品便已达到110篇。[2] 此外，他还撰写了「支那现代文学についての対话」（1928）、「支那文学の现在と将来」（1929）等评

1　冈田英树：『文学にみる「満洲国」の位相』，东京：研文出版社，2000年，第219页参照。
2　冈田英树：「『満洲国』における『文化交流』の実態」，『外国文学研究』1984年第7期。

论文章向日本介绍中国现代文学发展的最新状况。这一系列翻译和评介活动，不仅有助于同时代的中国现代文学在日本的介绍与传播，也能提供一种域外视角帮助我们重新发现原作所包涵的同时代的共性价值。

最早对大内隆雄的翻译活动进行专门论述的是日本"满洲国"文学研究专家冈田英树教授，他在专著『文学にみる「満洲国」の位相』（2000）中设立专章「中国文学の翻訳者大内隆雄」，勾勒了大内隆雄在"满洲"文坛上的文学活动轨迹，尤其是充分肯定了他"作为翻译家"的身份与功绩。但该章节从翻译内容出发的考证主要集中在"新京时期"的大内对以古丁、山丁、爵青等为代表的在满中国作家的译介。对其上海、大连时期的关注则较多集中在以『支那革命論集』为代表的政论翻译而较少涉猎文学译介活动。此后，随着冈田英树教授研究成果在中国的翻译出版，[3] 大内的研究价值亦受到中国学界的重视。随着伪满洲国文学研究的深入，中国学者亦推出了一系列从翻译视角出发的专门研究成果，代表性的有梅定娥的《大内隆雄的翻译》（2013）、祝然的《伪满洲国时期大内隆雄文学翻译活动研究》（2014）。这两篇文章都不约而同的将焦点集中于1935年之后大内重回"新京"之后对伪满文学的译介。前者通过对大内隆雄从事文学翻译的背景经历、翻译特色以及身份立场等方面进行深入剖析，作者认为"他是日本殖民统治政策的批评者，同时又是'民族协和'的支持者"。[4] 后者则通过分析大内隆雄在翻译过程中对作家作品的选择标准来进行系统梳理，认为"大内隆雄作为转向作家的特殊身份使得他的译作在数目众多的同时又带有复杂的政治性和社会性"。[5] 侯丽的博士论文《大内隆雄与伪满洲国文坛》（2016）是近年来中国关于大内隆雄最为系统的研究成果，其最大的着眼点是试图通过树立大内隆雄与伪满文坛、伪满文学的微妙关系来将冈田英树给大内所定位的"中国文学翻译家"身份标签进一步提炼聚焦，指出其作为"东北现代文学翻译家"的文学史意义。

日本学界在冈田英树教授之后对大内隆雄研究有进一步推进的则要属爱知大学东亚同文书院大学纪念中心的石田卓生研究员。他陆续发表了「外務省文書があきらかにする大内隆雄伝の一節」（2007）、《大内隆雄和东亚同文书院》（2017）等系列文章，结合外务省的第一手未公开的外交史料厘清了大内隆雄

3　冈田英树著、靳丛林译：《伪满洲国文学》，长春：吉林出版社，2001年。

4　梅定娥：《大内隆雄的翻译》，《外国文学评论》2013年第1期。

5　祝然：《伪满洲国时期大内隆雄文学翻译活动研究》，《东北亚外语研究》2014年第2期。

在东亚书院的求学经历与学习情况，并详细考证了他从事左翼活动而被捕的经历等重要史实问题。[6] 值得一提的是，这一系列研究在最新出版的专著『東亜同文書院の教育に関する多面的研究』(2019) 中以「『満洲国』の中国文学翻訳家大内隆雄と東亜同文書院」为题进行了专章总结，在前两篇文章的基础上又增加了「在学中の執筆活動」一节，主要针对在上海东亚同文书院期间所撰写的评论文章进行评述，实际上并未针对翻译活动展开具体细节的探讨。[7]

通过以上对先行研究的梳理可以发现，主要关注大内隆雄译介活动的研究成果多集中于他重返"新京"(1935年) 之后，尤其是1940年代对伪满文学的翻译。石田卓生认为大内在归国以前的活动主要可以分为"长春商业学校时代"、"上海东亚同文书院时代"，"大连满铁时代"以及"新京时代"。尤其是满铁退社是大内积极从事文学翻译的一个转折点："1933年満鉄を退社し、東京と奉天を経て1935年新京（現・長春）に移ると、新京日日新聞社や満州映画協会に勤務しながら中国語文学作品の翻訳、紹介に精力的に取り組んだ。"[8] 而关于退社后的1933至返回新京的1935年期间，冈田英树认为这段时期是其思想变化以及后期从事翻译活动的重要转机。石田也在冈田观点的基础上进一步明确指出其因左翼嫌疑而被检举告发的这一空白时期，正是大内"満鉄に勤務しつつ『満洲評論』で政治経済方面の執筆活動をした山口慎一から、「満洲国」文学を代表する文学者大内隆雄へという変化にとって大きな意味をもつ可能性があるのである。"[9] 而事实上1935年新京时代之前的翻译活动及其译作不仅仍有尚未被关注的缺漏，而且对于理解他后期的完全转向翻译活动的选择而言，存在进一步补充讨论的空间与必要。

基于以上思考，本文将聚焦于1925年至1930年间大内隆雄在上海东亚同文书院求学时期所从事的翻译活动。旨在通过对这位极具代表性的中日文坛"中介者"在上海时期对中国戏剧作品介绍与翻译情况的梳理，一方面试图厘清大内隆雄在此期间对戏剧产生兴趣并积极向日本文坛译介中国戏剧之背景与动机、翻译所据底本以及发表刊物的目的指向等译介史实问题，进而说明这一

6　参见石田卓生：「外務省文書があきらかにする大内隆雄伝の一節」，『中国研究月報』61(6)，2007年，第26–34页；《大内隆雄和东亚同文书院》，载《伪满洲国文学研究在日本》，北方文艺出版社，2017年。

7　石田卓生：『東亜同文書院の教育に関する多面的研究』，不二出版，2019年，第245–247页。

8　石田卓生：『東亜同文書院の教育に関する多面的研究』(前掲注7)，第220页。

9　石田卓生：『東亜同文書院の教育に関する多面的研究』(前掲注7)，第221页。

时期他的译介活动与他后期主要以翻译家作为他职业选择之间的关联性。另一方面，也希望通过揭示一段中国戏剧作品经由在上海留学的大内隆雄之翻译而被引入同时代日本的过程，来阐明1920～30年代中国文艺作品与同时期日本何以能够产生共震之"联结"的历史因缘。

二、内山书店的文化沙龙体验与对中国戏剧的"初窥门径"

大内隆雄的文学翻译活动虽以1935至1945年为高峰期，但却肇始于上海求学时期。在上海期间，大内经常光顾内山完造经营的书店。1920年代的内山书店作为当时上海最大的人文书店之一吸引了很多中外文化人士，而在沪的日本文人也多通过内山完造介绍与中国文化界展开交流。以书店这一公共空间为载体，逐渐诞生了被称为"文艺漫谈会"的文化沙龙。店中附设的茶座便是"文艺漫谈会"的专用场所，由中日两国的作家文人"轮流坐庄"、发表高论。此外，还会定期编印沙龙的机关杂志『萬華鏡』，成为中外文化交流的重要场域。事实上，在文艺漫谈会频繁开展活动之前，依托内山书店为纽带于1923年成立的"支那剧研究会"则被认为是文艺漫谈会的"前史"，[10] 该会成立后于1924年9月创办了会刊『支那劇研究』，发行人为内山完造。作为内山书店经营者与文化沙龙召集人的内山完造，曾言及支那剧研究会刊行的会刊『支那劇研究』与沙龙发行的『萬華鏡』都是文艺漫谈会的分身。[11] 如果将内山书店的文化沙龙活动视为一个具有延续性与多样性的整体，那么支那剧研究会及其后来的文艺漫谈会则可视为在不同发展阶段上的不同组织形式。支那剧研究会及其刊物所形成的"北京—上海—日本"交流网络，事实上为内山书店文艺沙龙的建设与后来『萬華鏡』的创刊发行奠定了基本的人际网络，也提供了可资借鉴的运作模式。

1923年，支那剧研究会作为上海日本人基督教青年会（YMCA）的下属组织而成立。唐越石在《脸谱展览会将开会》一文中记载了支那剧研究会成立的时间、发起人以及目的："民国十二年十二月，旅沪日人三木・松本・竹内・

10　小谷一郎著，王建华译：《20世纪20年代日中近代文学交流与上海内山书店——"支那剧研究会"及与田汉的关系为中心》，载上海鲁迅纪念馆编《内山完造纪念集》，上海：上海文化出版社，2009年，第108页。

11　内山完造：『花甲録』，东京：岩波书店，1960年，第130页。

塚本・向井・菅原（升屋治三郎的笔名菅原英的略称—裴注）等六君，以在中国研究政治之日人在在皆是而，研究艺术者则曾不一觐，于是有支那剧研究会之发起，至十三年一月二十一日始正式成立。"[12] 据学者李莉薇考证："研究会的成员，除了塚本、升屋、竹内等5名日本人外，还有画家唐越石（负责舞台布置）、孙师毅（新剧演出家）、陈趾青（电影监制）等8名中国人"，"研究会所涉及的范围刚开始时仅限于京剧、昆曲，后来渐渐扩大到新剧（话剧）、电影、舞蹈、美术等各个方面。"[13] 小谷一郎先生根据内山完造所写的《从古杂志中》（刊于《上海汗语》，华中铁道株式会社，1944年3月）一文中所收录的『支那劇研究』第1辑至第5辑的要目，大约推测该会集中活动的时间为1923年至1926年期间。而从该要目中可以发现，大内隆雄亦曾以山口慎一的笔名在1926年刊行的第五辑上发表了《无法忘记丁子明》与《中国新剧潮》两篇文章。[14]

　　大内隆雄1925年3月从长春商业学校毕业之后，迅速于4月30日以满铁公费派遣生的身份入读东亚同文书院商务科，成为该校第25期学生，至1929年月3日日为止在上海度过了为期四年的学生生活。[15] 而与大内共同参与过校内文艺部学生活动的第23期校友杉本胜比古曾详细回忆了当时大内以内山书店为中介与上海作家群体交流并对中国文学产生浓厚兴趣的经过。

　　その頃学内では年二回発行の雑誌『江南』を通じて時論や文芸作品を発表してきた〔中略〕また北四川路の内山書店に出向き、老上海の内山完造さんのご好意にあまえて、魯迅・田漢・郁達夫・郭沫若らとの談笑の輪に書院学生も加わるようになった。それに満鉄社歌の作詞者として知られている山口慎一（25〔期生〕）や山名正孝（26〔期生〕）らを中心としたグループが、中国ものの翻訳・自由詩・短編小説・時事評論な

12　唐越石：《脸谱展览会将开会》，《申报》1925年10月9日，第19版。

13　李莉薇：《1920年代上海的支那剧研究会与日本人的京剧研究》，《中国比较文学》2013年第4期。

14　第五辑（1926年）完整目录如下：辻听花《从北京舞台来》，都路多景湖《支那剧场与舞台》，松居松翁《帝国剧场》，胡儿《梨园相马经》，Ye Prien Tzeff《支那剧印象》，都路多景湖《梅兰芳的艺风》，谢六逸《有一封信》，马达岭《日本人眼里的支那剧》，山口慎一《无法忘记丁子明》，山口慎一《中国新剧潮》，都路多景湖《梨园结然草》，胡儿《卖马（戏剧）》，《脸谱》。引自小谷一郎《20世纪20年代日中近代文学交流与上海内山书店——以"支那剧研究会"及与田汉的关系为中心》（前揭注10），第105页。

15　石田卓生：『東亜同文書院の教育に関する多面的研究』（前揭注7），第238页。

ど、盛んに邦字紙へ投稿したのが中国の文化人の目にとまったのか、彼らの文化サークルからも時折お呼びがかかった。[16]

大内隆雄1926年在『支那劇研究』发表文章时尚为刚入学半年左右的一年级学生。彼时，以翻译和研究"支那演剧"为目的的"支那剧研究会"通过组织讲演会、茶话会、观聚会的形式开展活动。成立之初，就邀请欧阳予倩主持"京剧教室"，以《谈二黄戏》、《自我演戏以来》和王国维的《宋元戏曲史》等为教材介绍中国戏剧的发展情况。[17]支那剧研究会的核心成员塚本助太郎和升屋治三郎不仅最先提议发起成组织"文艺漫谈会"，而且其成员与众多中日文化名人也都积极参与其中。以文化沙龙性质开展活动的文艺漫谈会于1927年7月创办了同人杂志『萬華鏡』[18]。

虽然据内山完造回忆，文艺漫谈会始于1922年。但日本学者中泽弥在对发表于1928年10月『萬華鏡』第2卷第4号之"后记"进行考证后，基于文中"文艺漫谈会诞生三年以来"之提法，指出该会实为1925年秋之后才正式开展活动。[19]该杂志由当时位于上海北四川路魏盛里六九五号的内山书店发行，其创刊号的版权页面还刊载了"同人"名录：

〔同人〕一覧

岩本素人／石井淡水／高杉悌一郎／石井政吉／松崎千代子／山口慎一／上野文雄／秋元二郎／王独清／岡野六郎／田漢／大西秀治／松島よしひで／沙河田寛／小島定巳／寺田範造／エフ・ピサロ／白水真澄／安藤文生／桂日佐夫／中野茂生／若草伸太郎／長澤登之助／島津四十起／升屋治三郎／鄭伯奇／西山信夫／郁達夫／杉本勇／後藤和夫／山崎九郎／胡児[20]

16　大学史編纂委員会編『東亜同文書院大学史——創立八十周年記念誌』沪友会，1982年，第230页。本文转引自石田卓生：『東亜同文書院の教育に関する多面的研究』（前揭注7），第239页。

17　李莉薇：《1920年代上海的支那剧研究会与日本人的京剧研究》，《中国比较文学》2013年第4期。

18　该杂志一直以来都散逸不知所踪，直至2009年日本关西学院大学大桥毅彦教授偶然寻得创刊号与1930年第4号才首次了解到该杂志的初步情况。至2018年学者中泽弥于旧书市发现并购得了该刊的创刊号至第3卷第4号并整理了相关作品目录，才使得该刊物更多细节得以披露。

19　中泽弥：「内山完造と雑誌『萬華鏡』」，多摩大学研究紀要『経営情報研究』第22辑，2018年。

20　大橋毅彦：「上海・内山書店文芸文化ネットワークの形成と奥行——文芸漫談会機関誌『萬華鏡』を中心にして」，『日本文芸研究』第61巻1・2号合集，2009年9月。

从同人名单可知，当时参加这一活动的不仅有内山完造、塚本助太郎、升屋治三郎等支那剧研究会的成员，同时也有田汉、郑伯奇、郁达夫、王独清等活跃在上海的现代作家。时为同文书院学生的大内隆雄，不仅参与了支那剧研究会，同时也成为了"漫谈会"的主要成员，并经由内山书店而结识了当时活跃在上海的田汉、郁达夫、欧阳予倩、郑伯奇等创造社成员。在此，从中泽弥所列『萬華鏡』目录[21]中将该刊所载大内与同期中国现代作家的发表文章抽出转录如下：

創刊号1927年7月：山口慎一「中国文学界に希望すること」、
　　　　　　　　　王独清「上海の夏」、鄭伯奇「梅雨の思出」
第2号1927年9月：鄭伯奇「我等か歩み―山口氏の御希望に応う―」、
　　　　　　　　　山口慎一「満州風景―スケツチ的寓話―」
第3号1927年11月：王独清「Seine 河辺之冬夜」、
　　　　　　　　　鄭伯奇「革命及びその他」、
　　　　　　　　　山口慎一「狼は野に行くか―朝鮮の文学を読む―」
第2巻第1号1927年12月詩歌特輯号：山口慎一「ふりかへる」
第2巻第2号1928年4月：王独清「帰不得」
第2巻第3号1928年7月：山口慎一「淫売窟風景ほか一篇」
第2巻第4号1928年10月：山口慎一「魯迅氏の「阿Q正伝」に就いて」
第3巻第2号1929年4月：山口慎一「訣別」
第3巻第4号1929年10月：山口慎一「大連雑詠」

由此目录可见，大内隆雄可谓基本上全程参与了『萬華鏡』的创刊与同人活动。而发表于第3卷第2号的「訣別」也正是他从同文书院毕业之后将赴大连满铁任职之前书写自己离别心境的文章。而赴任之后，也依然撰写了「大連雑咏」寄给『萬華鏡』刊发。此外，文艺漫谈会的『萬華鏡』中也大量刊载了中国戏剧方面的文章，比如连载了升屋治三郎翻译的冯乃超喜剧「県長（三幕）」（第3卷第1号、第2号），翻译了欧阳予倩的戏剧理论文章「演劇改革の理論と実際（其の一）」（第3卷第4号）等。大内自身在题为『上海文壇交遊記』的文章中曾专设一节「田漢及び欧陽予倩」专门记录在文艺漫谈会上现场聆听

21　中泽弥：「上海・内山書店と文芸漫談会――附『萬華鏡』細目（創刊号～第3巻第4号）」，多摩大学研究紀要『経営情報研究』第21辑，2017年。

欧阳予倩以汉口的花鼓戏为列来谈民众剧的讲演。[22] 这也成为了他后来翻译欧阳予倩「漢口の花鼓戲」一文的重要契机。

三、与上海创造诸君的文人交游、戏剧译介与传播"场域"

针对1927年3月25日山口慎一发表在《上海每日新闻》上的公开状,郁达夫专门写了题为《公开状答日本山口君》谈及此事:

> 记得在3月25日的午后,一位朋友和我在街上匆匆遇见,说到今天的日本人发行的上海每日新闻上,有一篇送给我的公开状。
>
> 后来到一位朋友的家里,才看见了那一封信。是山口慎一君写给我的。我头脑健忘,对于曾经见过一两次的朋友,每想不起来。山口君,我确曾在内山书店会见过你。但是那时候相见匆匆,致我们不能深谈到中国的文艺界的趋势和现状。现在让我来借此杂志的余白,和你谈一谈。[23]

在文中,郁达夫就大内所关心的创造社的文学观念、中国无产阶级文学的发展等问题进行了回应。大内也曾在「上海文壇交遊記」的文章中提及他曾于香港购得郁达夫全集第四卷《奇零集》与小说集《迷羊》,并在集结了各篇既刊小文的《奇零集》中亲眼看到了郁达夫写给他的《公开状答日本山口君》。[24] 针对郁达夫的文章,1927年7月,大内将「中国文学界に希望すること」一文发表在『萬華鏡』第1号上。他指出对于现阶段的中国文学界而言,"到民间去"、"文艺批评的确立"、"新闻、杂志、剧场的获得"是他所寄予希望的三个发展方向。两个月之后,『萬華鏡』第2号上迅即刊发了郑伯奇用日语撰写的回应文章「我等が歩み―山口氏の御希望に応ふ」。大内隆雄随后以山口慎一之笔名再次撰写了「支那文学の現在と将来」发表在1927年9月的『満蒙』(第八年九月号)杂志上予以详细回应。文章最后一部分在大段引用郁达夫的观点之后评述道:

> 私は彼の言葉の当否を此処には言はない。しかし、彼の言葉も、現代

22　山口慎一:「上海文壇交遊記二」,『満蒙』(昭和3年12月号),1928年12月。

23　郁达夫:《公开状答日本山口君》,《洪水》1927年第3卷第30期。

24　山口慎一:「上海文壇交遊記」,『満蒙』(昭和3年11月号),1928年11月。

支那文学の本質の段階的規定のために、充分に役立ち得るだらう。そし
　　て又、支那文学が開拓すべき将来を推断する助けともなるだらう。(一
　　九二七、七、一四)

　此外，在「上海文壇交遊記」中，大内在记述了自己与田汉、郁达夫、郭沫若
的交往之外，还专设「若い創造社同人たち」一节记述了对郑伯奇、王独清、
张资平等创造社成员作品的印象与感受，并对创造社的文学业绩表示了肯定：
"若い彼等の努力を私達は尊敬したい。そして、彼等が産み育て行くものに
対しては、静かに、これを見守つてやりたい、すくなくとも私だけはそう思
ふのである。"[25]
　　受到"支那剧研究会"与"文艺漫谈会"的熏陶，同时也出于与创造社诸
君的交谊，学生时代的大内也积极地投身于中国戏曲以及创造社同人所著现代
戏剧的介绍与翻译中，主要文章篇目整理如下：

　　戏剧评论文章：
(1)　山口慎一「支那現代劇の概観（上）」,『支那』第18卷2号，东亚同文
　　　会调查编纂部，1927年；
(2)　山口慎一「支那現代劇の概観（下）」,『支那』第18卷3号，东亚同文
　　　会调查编纂部，1927年；
(3)　山口慎一「十八世紀の支那戲曲」,『新天地』第8年（昭和2年）2
　　　月号，新天地社，1927年；
(4)　山口慎一「民衆芸術としての灘簧」,『満蒙』第10年（昭和4年）5
　　　月号，中日文化协会编，1929年；
(5)　山口慎一「支那劇の女役について」,『満蒙』第10年（昭和4年）11
　　　月号，中日文化协会编，1929年；
(6)　山口慎一「支那劇の女役について」,『満蒙』第10年（昭和4年）12
　　　月号，中日文化协会编，1929年；
　　　剧作、剧评翻译：
(1)　郑伯奇作、大内隆雄译「抗争（一幕劇）」,『満蒙』第9年（昭和3年）
　　　5月号，中日文化协会编，1928年；

25　山口慎一：「上海文壇交遊記」,『満蒙』（昭和3年11月号），1928年11月。

(2) 王独清作、大内隆雄译「国慶日の前日 1（一幕戯曲）」,『日支』第 2 卷 2 号，日支问题研究会编，1929 年；

(3) 王独清作、大内隆雄译「国慶日の前日 2（一幕戯曲）」,『日支』第 2 卷 4 号，日支问题研究会编，1929 年；

(4) 欧阳予倩作、大内隆雄译「勇ましき主婦（一幕劇）」,『満蒙』第 10 年（昭和 4 年）6 月号，中日文化协会编，1929 年；

(5) 欧阳予倩作、大内隆雄译「漢口の花鼓戯」,『満蒙』第 10 年（昭和 4 年）7 月号，中日文化协会编，1929 年；

(6) 王独清作、大内隆雄译「楊貴妃の死」,『満蒙』第 10 年（昭和 4 年）7 月号，中日文化协会编，1929 年；

(7) 王独清作、大内隆雄译「楊貴妃の死」,『満蒙』第 10 年（昭和 4 年）8 月号，中日文化协会编，1929 年；

(8) 欧阳予倩作、大内隆雄译「支那音楽と日本音楽との関係」,『満蒙』第 10 年（昭和 4 年）8 月号，中日文化协会编，1929 年；

(9) 丁西林作、大内隆雄译「酒後（戯曲）」,『日支』第 2 卷 9 号，日支问题研究会编，1929 年；

(10) 田汉作、大内隆雄译「名優の死（二幕悲劇）」,『満蒙』第 10 年（昭和 4 年）10 月号，中日文化协会编，1929 年；

(11) 田汉作、大内隆雄译「名優の死（二幕悲劇）」,『満蒙』第 10 年（昭和 4 年）11 月号，中日文化协会编，1929 年；

(12) 田汉作、大内隆雄译「名優の死（中幕補）」,『満蒙』10 年（昭和 4 年）12 月号，中日文化协会编，1929 年

从以上篇目的整理可以看出，大内隆雄在剧评与译作两种形式之间进行了有意识地区分。在翻译他人剧作时全部使用了笔名，而在发表主观评论时则使用了山口慎一的本名。在评论对象上多侧重地方（民间）戏曲，而在剧作翻译上则基本围绕在上海有过实际交往的田汉、王独清、郑伯奇、欧阳予倩的戏剧作品展开。

其中，「十八世紀の支那戯曲」是一篇学术性非常强的关于十八世纪中国古典戏剧的文学史专论。文章介绍了孔尚任、洪升、舒位、杨潮观、万树、蒋士铨等他认为具有代表性的剧作家及其作品，并总结认为从康熙后期至嘉庆前

期是近代中国戏剧发展的全盛时代，而清代的戏曲本身亦是集合了汉赋、六朝骈文、唐宋古文、唐诗宋词、元曲杂居以及明代传奇等多种文学样式与经典元素于一身的集大成者，充分体现了康乾盛世时期的个性特征与时代精神。而分上、下两篇的篇幅发表的「支那现代剧の概观」虽然是在参考向培良《中国戏剧概评》基础上完成，但仍能显示出他对当时现代戏剧发展的整体把握。尤其是对创造诸君所做的"郭沫若は教訓を代表する。郁達夫は感傷を代表する。田漢はその中間に位する"评价，不仅显示出他对创造社成员戏剧作品本身有相当程度的关注与阅读，同时也显示出他敏锐的判断力与艺术感悟力。在剧作的译介方面，可以看出他的翻译都主要集中在创造社成员群体之内。这种关注，事实上从译介开始之前就早已有之并且贯穿整个上海求学时期的。比如，在「支那の新文学街逍遥」一文中大内言及自己追看《南国》月刊的经历："田漢の「南国」もいよいよ立派な月刊となつて、その第一号はこの五月に出た。彼の戯曲「名優之死」や「黄花崗」が載せられてある。いづれ日本に紹介される折もあるであらう。"[26] 由此可见，从大内读到第一期《南国》月刊上田汉的戏剧作品开始，他就计划要将其翻译成日语介绍到日本。而他在译完第二幕后的"译者附记"中记载道："私は此の脚本の田漢自身に作る演出を見た事がある。芸術大学で演つた魚龍会の試演であつた。悪い旦那には田漢の友人唐槐秋が扮して、へんに大きな声をはりあげてゐた、その姿が忘れられない。"[27] 可见，最终使他决定翻译《名优之死》这部剧作的重要因素，可能就直接来自于他难以忘怀的现场观剧体验。

　　大内为其翻译的戏剧作品所选择的发表"阵地"以『满蒙』杂志为主。这无疑与他作为满铁的公费派遣生的身份密切相关。日俄战争后，日本获得了南满洲铁路的所有权。以之为基础，1906年11月日本在"满洲殖民地"地区成立了最大的公司"南满洲铁道株式会社"（下文简称"满铁"）来经营铁路运输业。而以"满铁"的设立为契机，大量日本人移民至满洲。与此同时，在"满洲开发"政策的引导下，在满日本人开始从事杂志、报纸等出版行业，进而开启了文化开发事业。1920年9月由"满蒙文化协会"（1920年创立，1926年更名为"日中文化协会"，1932年又改回满蒙文化协会）主办的日语杂志『满蒙之文化』于大连创刊，后于1923年4月（33号）改称『满蒙』。该杂志的编辑

26　山口慎一：「支那の新文学街逍遥」，『满蒙』1929年第6月号。
27　田汉作、大内隆雄译「名優の死（二幕悲劇）」，『满蒙』1929年第11月号。

大半多为满铁的职员，作者也大多与满铁有关联。[28] 创刊号上所载岩永裕吉的「満蒙文化協会に望む」一文最能说明该刊物在文化建设上的意图与认知。

　　凡そ先進国民が後進の国に赴いて或る仕事をする時にも其の他の在来
　　国民の手では到底建設し得ざりし或る新しき文明が生れなければならな
　　い筈である、単に物質的に其の地方が開けたと云ふ丈けでは、甲の国民
　　より乙の国民が裕福である事を示すのみで、必ずしも其れが他より先覚
　　せる文明人であるとは云へないのである、〔中略〕日本が満洲なり蒙古
　　なりで優越なる地位を占めた為めに単に在留民が幸福を得たのみではな
　　く、支那人にはとても建設し得ざりし文明が此の地に起つたと云ふので
　　なければ吾々は大きな顔をして満洲に居る訳には行かないのである、即
　　ち日本に満洲の優越権を与へたが為めに世界の文化がこれだけ進むだと
　　云ふ確証を人類一般に与へてこそ始めて我々は優越地位をエンタイトル
　　されるのである。換言すれば人類文明への配当が必要なのである。[29]

事实上，『満蒙』在1920年代创刊初期，就比较注重译介中国的民谣、地方戏曲等民间文学作品，将其视为可以为在满日人以及日本民众提供了解中国民情、中国国民性的重要手段之一而组织了多次专题性的介绍与讨论。例如，刊载了大内「上海文壇交遊記」一文的1928年11月号，同期还组织刊发了「昆曲と韓世昌の演戲（批評）」的评论专辑，共计刊发了十篇评论与一组韩世昌素描图，并且该期杂志的封面也选用了韩世昌的昆曲扮相图（参见图1）。此外，刊载了大内「支那劇の女役について」一文的1929年11月号，同期也组编了「支那名女優劇の印象」的评论专辑，共计刊发了六篇评论与一组舞台装扮素描描图（参见下图2）。这些代表性的专辑都从侧面反映出该杂志的办刊主张，相比于军事上的统治占领，而更加注重以作为软

图 1

28　松重充浩：「大連日本人社会における中国認識：総合雑誌『満蒙』を事例として」，田中仁編
　　『21世紀の東アジアと歴史問題——思索と対話のための政治史論』，法律文化社，2017年，第
　　108、110頁。
29　岩永裕吉：「満蒙文化協会に望む」，『満蒙』第1巻1号，1920年9月。

图 2

实力的"文化"、"文明"之建设为基础来展开在"满洲"地区新的国际秩序的建构。

四、上海求学时代的"读书体验"与译作底本考察

在上海东亚同文书院求学时期，大内隆雄在业余生活方面除了参加学校组织的华南、滇越南沿线调查旅行、作为校友會干事组织校内的学生活动以外，[30] 他还非常热衷于搜集和阅读当时出版的各种中国现代文学出版物。即便在当时学校所在地距离虹口市中心约需一个多小时车程而且实行全面寄宿制（晚11点门禁）的情况下，[31] 光顾上海各大书店搜罗最新的文学类书籍、报刊是最令大内隆雄愉悦的活动之一。他曾在「上海の書店」一文中细数了上海主要的书

30　石田卓生：『東亜同文書院の教育に関する多面的研究』（前揭注7），第238页。
31　大学史编纂委员会编『東亜同文書院大学史——創立八十周年記念誌』沪友会，1982年，第553页。本文转引自石田卓生：『東亜同文書院の教育に関する多面的研究』（前揭注7），第253页注(53)。

店街所在的位置，以及各条街区所有书店的特点、经营门类、读者口碑，宛如在纸上铺陈开了一幅文字版的上海书市地图。按图索骥，将他在此文中提及的街区与书店情况可以总结如下表1[32]：

表1

所在街区	书店名称	经营特色
四馬路—福州路を東へ行くと、河南路との角に	中華書局	やり方がすべて旧い、此処でやる宋版の活字は典雅なものである。
	商務印書館	大きい。十種ほどの雑誌を出しているし、各般に渉る書籍を出版している。昔は日本の資本と技師とが這入つていたが、今は純然たる支那のものとなつている。此処で出す古いものの翻刻には良いものがある。外国の書籍も輸入していて、廉いといふ評判である。
	民智書局	此処で出版された書籍は支那の新文化にかなり貢献したものであつた。
	掃葉山房	日本人の経営に係ると聞いている。良い古典物を出す。
福州路	光華書局	一時は急進的な文芸物などを出版した事がある。創造社の「洪水」などもたしか此の書店から出されていた。
	現代書局	「現代評論」を出している。
	北新書局	「北新」を出している。
	集成書局、泰東図書局、大東書局、世界書局、有正書局、卿雲図書公司、文明書局其他数軒があつて、書店街を形成している。	
三馬路	開明書店其他がある。	
五馬路	亜東図書局と美的書店とがある。	
北四川路	洋書専門店の商務印書館の分局、良友図書公司、創造社書店（但し封鎖された）、復旦書店などがある。	
南京路	外国の本屋 Kelly & walsh, Chinese American などがある。東洋関係の書籍多い。	
（文末の特別説明）日本の本屋では内山書店が有名で、此処では年に十幾万円の売上を示し、しかもその半数は支那側に売れるといふから素晴らしい。		

除此以外，在前文所提及的「上海文壇交遊記」与「支那の新文学街逍遥」二文中均有他第一时间购读《南国》《创造》《北新》等文艺期刊的记录。

---

32 表格根据山口慎一：「上海の書店」（『書香』1929年7月号）所写内容原文整理。

大内还积极将自己的阅读体验与感想以专栏的形式在《书香》杂志上以「支那新文学書解題」为总题进行系列连载。涉猎书目整理如下表 2：

表 2

连载系列	连载时间	介绍书籍篇目
支那新文学书解题	（一）《书香》(5) 1929 年 8 月	郭沫若著《橄榄》(1926)、张资平著《不平衡的偶立》(1925)、郁达夫著《达夫全集第一卷寒灰集》(1927)、熊佛西著《青春底悲哀》(1924)
	（二）《书香》(6) 1929 年 9 月	田汉著《咖啡店之一夜》(1924)、丁西林著《一只马蜂》(1925)、郁达夫著《达夫全集第四卷鸡零狗碎》(1927)、《剧本汇刊》(1925)、蒋光慈著《鸭绿江上》(1927)
	（三）《书香》(7) 1929 年 10 月	杨邨人著《战线上》(1928)、郭沫若著《水平线下》(1928)、张资平著《雪的除夕》(1925)、郭沫若著《落叶》(1926)、《革命新文化》(1928)
	（四）《书香》(8) 1929 年 11 月	鲁迅著《中国小说史略》(1925)、田汉、宗白华、郭沫若著《三叶集》(1920)、陶晶孙著《音乐会小曲》(1927)、钱杏邨著《义塚》(1928)
	（五）《书香》(9) 1929 年 12 月	郁达夫著《迷羊》(1927)、郭沫若著《塔》(1926)、黎锦明著《烈火》(1926)、孙俍工著《生命底伤痕》(1927) 主要文艺杂志：《小说月报》、《新月》、《北新》、《南国》、《大众文艺》、《现代戏剧》、《创造月刊》、《太阳》

从以上篇目可知，在这个以"新文学"为对象的书籍介绍栏目中，大内所推崇的依然主要是创造系作家的作品，其中郭沫若的作品更是多达五部，紧随其后的是郁达夫（3 部）与张资平、田汉（各 2 部）。在体裁方面，比较注重介绍小说与戏剧。而在这个以"解题"为旨归的系列中，大内除了详细地罗列书籍的版本情况、收录篇目等基本信息以外，更重要的是针对该作品做出他自身独特的阅读感受与评价。例如其中对田汉《咖啡店之一夜》的介绍不仅做出了相应评价，还解释了他自己与作者、与该作品之间的渊源关系：

何れもロマンチジズムの香ひの高い作品であつて、初期の支那戯曲界に断然光つてゐる。「午飯之前」は田漢自身に依る日本語訳が嘗つて雑誌『改造』の「現代支那号」に載せられた。某氏の訳が先年『満蒙』にも出た。「獲虎之夜」は数年前、上海にゐて学生外国語劇に原文に上演した時、私も馬の脚をつとめたので思ひ出が深い。その時は学校で演つ

てそれから日本人倶楽部で公演したのだつたが、田漢も来くれたし、欧
陽予情、それに滞滬中の谷崎潤一郎なども見に来てくれた。機会を得た
ら私の訳稿があるので発表したいと思つてゐる。[33]

大内隆雄不仅对当时田汉作品的日语翻译情况了如指掌，而且也积极寻求机会
来向日本推介田汉的剧作，甚至实质性地参与到田汉作品的排演活动中。足见
在上海求学时期的他在内山书店文化沙龙的启蒙下，在与创造社青年作家交谊
的感召下，对当时在上海蓬勃展开的现代戏剧演剧活动产生了浓厚的兴趣。

大内隆雄最初选择翻译的剧作是郑伯奇于 1927 年 8 月创作完成的一幕剧
《抗争》，该作品初刊于《创造月刊》1927 年第 1 卷第 8 期（见下图 3）。关于
该剧作，他曾在「上海文壇交遊記」中言及："鄭伯奇——さきに戲曲「抗争」
の紹介が本誌本年五月号に在るので御承知であらうが——彼はその後も、小
説に劇作に努力している。最近作は『創造月刊』第二卷第一期所載の「帝国
の栄光」である。"[34] 从大内译本发表的时间节点 1928 年 5 月以及他定期购读
《创造月刊》的记录来看，[35] 此篇应该为他直接以《创造月刊》上的初刊本为底
本译出（见下图 4）。从以上关联性出发，「楊貴妃の死」则应译自王独清发表
于 1926 年《创造月刊》第 1 卷第 4 期的《杨贵妃之死》。

以上两篇是译者自己没有明确标明底本但可以根据译者相关记述进行推测
的情况。而在「勇ましき主婦（一幕劇）」一篇结尾的译者附记中，大内则明
确标注"底本劇本彙刊第一集（上海戲劇協社）1925 年上海商务印书馆出版。"
关于《剧本彙刊》，大内曾在「支那新文学書解題二」中做过详细介绍。该剧
集收录了欧阳予倩的独幕剧《泼妇》、王仲贤的独幕剧《好儿子》以及洪深的
翻案四幕剧作《少奶奶的扇子》。尤其提及"「泼妇」は「勇ましき主婦」の题
下に『満蒙』の本年 6 月号に"刊载。[36] 关于另一篇王独清的剧作「国慶日の
前日（一幕戲曲）」，大内也在译者附加中明确提及此篇译自《创造月刊》1928
年第 2 卷第 4 期卷首的《国庆前一日》。田汉的名作「名優の死」大内总计分

33　山口慎一：「支那新文学書解題二」，『書香』1929 年 9 月号。

34　山口慎一：「上海文壇交遊記」，『満蒙』（昭和 3 年 11 月号），1928 年 11 月。

35　山口慎一：「支那の新文学街逍遥」（『満蒙』1929 年第 6 月号）中亦有购读《创造月刊》的记录。
　　此外，他所译王独清诗歌《Terreur blanche（白き恐怖）》（《新天地》1928 年 9 月号）亦是依据
　　《创造月刊》（第 1 卷第 12 期，1928 年 7 月）译出。

36　山口慎一：「支那新文学書解題二」，『書香』1929 年 9 月号。

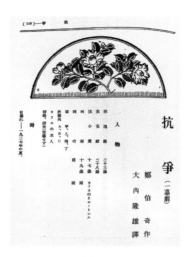

图3　　　　　　　　　　　　　图4

三次译出，翻译经过相对较为复杂。最初，田汉在1929年《南国月刊》第1期上发表了《名优之死：两幕悲剧》。根据大内译者附记的说明，该剧本面世后立刻在艺术大学进行了试演。大内以及田汉本人都去现场观看。或许是根据现场的舞台表演情况，随后，田汉在同年第2期的《南国月刊》上又追加补发了《名优之死：中幕补（续）》，才最终使这个剧作完整。大内在"中幕补"部分的译者附记中针对此情况的来龙去脉进行了详细的说明：

> 訳者附記。本稿は田漢が「南国」の第二号に中幕補として発表したものである。すなはちこれは第二幕として前発表の分の中間に来るものである。魚龍会に於ける上演の際はまだ加へられてなかつた。劇全体に効果を興へてここに「名優之死」が完璧したものになると考へられる。

由此附记也可断定大内非常关注田汉的文艺动向，对其作品发表状况亦是了如指掌。很显然，这篇名作的翻译的底本亦即《南国月刊》上分两次发表的初刊本。

最后一篇译文的作者是大内所关注的译介对象中唯一一位非创造社成员——丁西林。他被称为中国现代文学史上的"独幕剧圣手"。大内在「支那新文学書解題二」中对丁西林的名作剧集《一只马蜂》给予了高度评价并将其比作日

本的岸田国士：

> 丁西林は北京大学系統の戲曲作家で、新しいスタイルの、気のきいた
> 作品をつくる。日本で言つたら、岸田国士といふ所であらう。この作集
> には表題の『一隻馬蜂』それに『親愛的丈夫』『酒後』の三つの一幕物
> が収められている。『酒後』は同題の凌叔華女史の小説を戲曲化したも
> のである。凌女史のその小説は前掲『改造』に訳載された。

从大内隆雄对《酒后》这部剧作的来历如此了然于心的情况来看，这部译作的
底本应根据的是1925年版《一只马蜂》剧作集，而在翻译过程中很有可能也
一并参考了剧作所本小说凌叔华《酒后》。

五、结语：作为理解同时代中国之路径的文学"译介"

大内隆雄在上海东亚同文书院留学时所写的「支那文学の現在と将来」一
文开头就直截了当的提出了两个掷地有声的问题：

> 支那文学の現在と将来——そういふ事を考へて見る。
> 現在、支那には如何なる文学が行はれてゐるか？
> 将来、それは如何なる方向に進むものであらうか？
> 古い過去の支那文学ひろく人々に知られてゐる。或る人々は深い興味
> を以て之等の古い作品に親しんでゐる。それ等の幾つかは既に古く日本
> に伝へられ、我が国の文化に密接な交渉をも持つて来た。
> だが、支那今日の文学はどうであるか。
> 或る人々は、かの文学革命の次第を伝へた。そして、それから数年は
> 経つてゐる。——当然に今日の支那には、今日の文学が存すべきであ
> り、支那文学の将来も今日のそれを究めて後、之を推し得べきものであ
> る。[37]

这一连串的问题既是自问，亦是抛给以郁达夫、郑伯奇为代表的中国新文学作
家。这里面首先包含了大内当身处同时代中国与新文学相遇之时，他对这种

37　山口慎一：「支那文学の現在と将来」，『満蒙』（昭和2年9月号），1927年9月。

新文学的关心与好奇：从何处诞生而来？又要发展到何处去？内在于其中的其实是中国"新"的文学是如何发生？文学革命与五四新文学运动之后中国文学往何处去？等一系列的重大问题。而之所以身为日本人的大内隆雄会关注彼时尚未完展成熟的"新文学"，主要在于他面对中国文学文化依然采取了从古代日本继承而来的师法中国的思维惯性，试图找寻作为同时代自我镜像的他者中国，有何可以继续供日本文学、文化学习与借鉴。

那么，随之而来要面临的问题就是这一学习路径"为何是文艺"、而且尤其"为何是新文艺呢"？大内在稍后发表的「支那の社会的新文藝を見る」中也开门见山地表达观点，自我作答：

> 或る一つの国の或る一定の時代に於ける文芸を、その社会的諸条件と照応せしめて観察しようとする見方は、未だ新しい試みであるが故に完成されたものでないのであるが、何となく我等青年に、ともすれば古き文学とその見方とにあきたらなさを感じ来つてゐる我等に、それは光りを約束するやうな、有望な方法の様に考へられないだらうか。
>
> 当来の文芸の一つの特徴は、文芸が社会と密接に交渉する至つたことである。それは、近代人が、不可避的に、社会の渦巻の中に突入して行かねばならなかつた事実に由来する。ここに、社会的文芸の誕生は、まことに必然の、当然の現象であり、而してそれは支那に在つても例外をなす筈はない。[38]

从这段完整的引述中，我们可以窥见大内最核心的文艺批评观念。他认为从社会性的角度来对某个国家或某一时代的文艺进行比对观察的观念，虽然尚属尝试还未完全成熟，但对于认识新的时代、社会而言或是行之有效的方法。这种判断源于他认为当代文艺最大的特征之一，就在于它已经和社会的发展密不可分。由于生活于现代社会中的人不可避免地要被卷入社会发展的浪潮之中，所以社会性的文艺必然诞生。而从这个角度出发，文艺／文学也是社会性的投射与载体。其作品是否能带给同时代的日本以思考或启示，也就成为了他选择译介对象的重要指标。例如，大内在「国慶日の前日」的"译者序言"中写道：

> 詩人は、国を挙げての喜びのなかに、眼を白い現実に向けるのである。

38　山口慎一：「支那の社会的新文藝を見る」、『新天地』1927年新年号。

われわれも、われわれの Fete Nationale と称さるものを持つた。人々
は歌ひ舞ひ踊つた。歌ひ舞ひ踊らせられた。

「国慶日の前日」それは、此の現代の詩人に依る短い戯曲であるが、
われわれに深く考へさせる主題を示してゐる。ひとり中国の民衆にとつ
てのみの問題としてでなしに。[39]

正是这样的视角与认知，指导着大内隆雄对中国正在发展中的新文艺积极
地展开同步的阅读、观察与译介。而无论是从大内积极开展的译介活动本身，
还是前文所引他试图想通过文学译介来了解同时代中国的理念与诉求，我们都
能从中深刻体认到文学翻译这一通过语言文字的转换把原作引入到一个全新文
化圈的行为本身，不仅仅只是单个文学作品在另一种文化语境中的跨语际再
现，也是一种语言文字所承载的思想文化、思维方式的越境，更是作为文化中
介者的译者在观察外部世界与审视内部语境之后所做出的一种同步体验、交互
理解的动态传播。这无疑是我们理解大内隆雄以译介中国文学为志业之选择的
重要基点，也是我们今天来清理和研究这段翻译往事的价值和意义所在。

附记：本文系笔者主持2014年度国家社科基金青年项目"中国现代文学在日本的同步译介
史研究（1919～1949）"（项目号14CZW060）的阶段性成果。

39　王独清作、大内隆雄译「国慶日の前日（一幕戯曲）」，『日支』第 2 巻 2 号，日支问题研究会编，
　　1929年。

III

LT貿易の起源

『LT・MT貿易関係資料』出版記念講演

LT 貿易の起源

——1950年代の日中民間貿易協定再考——

井上正也

The Origin of the LT Trade:
Reconsidering the Sino-Japanese Private Trade Agreements in the 1950s

Abstract: This study reconsiders private trade between Japan and China in the 1950s, using newly declassified "the LT/MT Trade Materials" owned by the Aichi University Institute of International Affairs. The LT trade, which began in 1962, supported the Sino-Japanese private relations until the Normalization of Sino-Japanese relations in 1972. Previous studies have emphasized discontinuity between the Sino-Japanese Private Trade regime in the 1950s and the LT trade regime in the 1960s. However, by analyzing the institutional aspects of the Sino-Japanese private trade, this study reveals that the framework of the LT trade system was already been established at the stage of the Fourth Sino-Japanese Private Trade Agreement in 1958. For example, the shift from the individual barter system to the comprehensive barter system has been discussed by the Japan-China Export-Import Association in the middle of the 1950s. As for the LT trade liaison office in Beijing, which was established in 1965, the Japanese and Chinese governments had already agreed on an arrangement concerning a private representative office in 1958. Except for the deferred payment system, elements such as "Long, large, and barter" which constitute the LT trade regime had already emerged by 1958. The LT trade was established by a "civilian" that replaced the government, based on the framework of private trade agreements formed in the 1950s.

Keywords: The LT trade, the Sino-Japanese Private Trade Agreement, the Japan-China Export-Import Association

序　論

　1962年11月に高碕達之助と廖承志との間で覚書が交わされ開始したLT
貿易（MT貿易）は、友好貿易と共に日中貿易の中心的役割を担った。そ
の業務は貿易調整にとどまらず、1964年からは北京に連絡事務所を設置し、
在留邦人の安否確認、出入国等の事務手続き、新聞記者による取材活動の便
宜などの事実上の領事機能も担った。LT貿易は「民間」という建前をとり
ながらも、1972年に日中国交正常化が成立するまで、両国の「国交なき外
交」を担ったのである。

　LT貿易の契機になったのは、財界人の岡崎嘉平太が池田勇人首相に提出
した「岡崎構想」であった。

(1)　友好商社とは異なるメーカーやメーカー団体などを直接参加させた
　　グループを形成する。

(2)　このグループを主体として、複数年の延べ払いを含むバーター取極
　　を中国側と結ぶ。

(3)　日中間の合意を文書化し、日中双方に契約の立会保証人を立て、日
　　本側保証人を松村謙三とする。

　この「岡崎構想」を基に松村謙三や高碕達之助らが、池田政権の諒解の下
で中国側と交渉に入り、LT貿易の成立に向かう政治過程は先行研究で明ら
かにされている[1]。しかし、LT貿易の中核をなす「長期、大規模、バーター、
延べ払い」といった特徴は全て岡崎の発案であったわけではない。立会保証
人を立てるという象徴的な部分を別にすれば、LT貿易の構成要素の多くは、
1950年代の日中民間貿易の議論にその原型を見出せるのである。従来の研
究では1958年の長崎国旗事件による日中断絶を画期として、50年代と60年

1　添谷芳秀『日本外交と中国』（慶應義塾大学出版会、1995年）149–186頁。井上正也『日中
　　交正常化の政治史』（名古屋大学出版会、2010年）4章。

代の民間貿易をそれぞれ別個のものとして論じがちである[2]。そのため50年代に四次にわたって締結された日中民間貿易協定とLT貿易との連続性についても十分に考慮されているとは言い難い。

　本稿では、先行研究で用いられてこなかった愛知大学国際問題研究所所蔵「LT・MT貿易関係資料」[3]や日中経済貿易センター（旧・日本国際貿易促進協会関西本部）所蔵の史料を駆使し、LT貿易の起源ともいえる1950年代の日中民間貿易を再考したい。

1．日中民間貿易の開始

　1930年代後半、中国大陸や満洲地域との貿易は日本の輸出総量の約3分の1を占めていた。そのため戦後も日中貿易の復活を求める声は根強く、1952年4月のサンフランシスコ講和条約の発効直後から貿易再開を求める動きが活発となった。同年5月には日中貿易促進会議が設立され、さらに6月、モスクワ国際経済会議に参加した三名の代議士が帰途北京を訪れて、日中民間貿易協定（第一次協定）を締結した。

　しかし、日中貿易の最大の障壁となったのは米国の対中禁輸体制であった。朝鮮戦争で米中対立が決定的になった後、米国は日本にも香港経由の間接貿易を除いた全面対中禁輸を命じた。こうした状況は講和条約発効後も大きく変わらなかった。当時、西側諸国の対共産圏貿易はココム（COCOM）によって統制されていたが、米国は極東版ココムともいえる中国委員会（チンコム：CINCOM）を設置した。さらに日本政府に対して、ココム統制品目以外にも戦略的に重要な品目の禁輸に同意するよう「秘密協定」の締結を

2　1950年代の日中民間貿易を概観した研究として以下を参照、林連徳『当代中日貿易関係史』（中国対外経済貿易出版社、1990年）。一次史料を用いた近年の研究としては以下を参照、陳肇斌『戦後日本の中国政策』（東京大学出版会、2000年）、波多野勝・清水麗『友好の架け橋を夢見て』（学陽書房、2004年）、王偉彬『中国と日本の外交政策』（ミネルヴァ書房、2004年）、李豊「1950年代の日中貿易と日中関係」（神戸大学博士学位論文甲第6148号、2014年）。

3　「LT・MT貿易関係資料」から重要史料を精選したものとして以下を参照、嶋倉民生・井上正也編『愛知大学国際問題研究所所蔵 LT・MT貿易関係資料』全8巻（ゆまに書房、2018年）。

迫り、厳格な対中禁輸の継続を強いたのである[4]。

　日中民間貿易をめぐる状況が大きく変化するのは1954年秋以降である。同年10月、中ソ両国が、日本との関係「正常化」への希望を表明した対日共同宣言を発表した。さらに同じ10月、残留日本人の帰国問題を協議すべく李徳全が中国政府の閣僚級高官として初めて訪日した。この背景には前年のスターリン（Joseph Stalin）死去に始まる朝鮮休戦、インドシナ休戦の成立といったアジアの緊張緩和があった。中国は増大した軍事支出を抑制し国内経済を再建させるために朝鮮戦争以来の武装闘争路線からの転換を図ったのである。中国側の対日政策の基底にあったのは、民間交流を通じて日本国内の親中勢力を拡大し、日本政府の対米政策の変更を迫る「以民促官」と呼ばれる方針であった。そのため、1954年12月の鳩山一郎政権の発足前後から、中国は日本の国会議員、文化、学術、労働団体などの各界人士を積極的に招聘すると同時に、各種民間協定の締結を進める「積み上げ」方式によって日中関係を進展させようとしたのである[5]。

　日本側でも対中貿易への期待は高まりを見せた。1954年9月には日本国際貿易促進協会（以下、国貿促）が設立された。初代会長には大阪商船社長を務めた村田省蔵が就任し、常務委員には、高碕達之助（前電源開発総裁・東洋製罐社長）、岡崎嘉平太（池貝鉄工社長）、といった後にLT貿易を担う財界人も加わった。国貿促が既存の日中貿易団体と異なったのは、革新系のみならず保守系の財界人や政治家も参画していたこと、さらに中小貿易業者のみならず財界有力者を広く包摂していたことが挙げられる[6]。

　村田は1955年1月に訪中して新たな日中貿易協定の締結交渉を日本で行いたいと申し入れた。これを受けて1955年3月、中国政府は通商使節団を訪日させることを決定する。日本貿易会、国貿促、日中貿易促進会といった貿易関連団体は、使節団の受入体制整備と新たな貿易協定締結を準備するために日中貿易協商委員会を設置することを決定したのである[7]。

4　石井修「対中禁輸と日本の経済的自立」『国際政治』85号（1987年）115–121頁、加藤洋子『アメリカの世界戦略とココム』（有信堂、1992年）6章、高瀬弘文「日本のココム加入と対中貿易」『一橋論叢』127巻1号（2002年）57–58頁。
5　井上前掲書96–97頁。
6　波多野・清水前掲書52頁、井上前掲書98–99頁。
7　『讀賣新聞』1955年3月3日。

2．第三次日中民間貿易交渉

　日中民間貿易協定は、1952年6月には高良とみら視察団によって第一次協定が結ばれ、1953年10月には池田正之輔を団長とする視察団によって第二次協定が締結されていた。第一次、第二次協定では輸出入総額は3千万ポンドとされ、双方の貿易は物々交換（バーター）を基礎として行い、価格計算にだけ英ポンドを用いる方式であった。しかし、これらの協定は国会議員が視察目的で訪中した際に中国側から提案されたものであり、日本側は十分な事前準備を欠いたまま協定を結ばざるを得なかった。そのため、民間貿易協定には様々な問題が残されていた。

　第一の問題は貿易方式であった。中国側が求めた個別バーター方式は日中貿易拡大のボトルネックとなった。なぜなら、個別バーターでは、各商社が商品を輸出（輸入）しようとする場合に、同時に一定期間内に見返り商品を輸入（輸出）せねばならない義務を負うからである。日中貿易に参加していた商社の多くは、輸出または輸入専門、あるいは特定商品の輸出入のみを専門とする中小商社が多く、見返り商品の組み合わせに苦慮していたのである[8]。

　第二に紛争発生時の仲裁方式である。契約履行をめぐって紛糾が生じた際、協定では双方が仲裁委員会を設置して仲裁を行うとされていた。しかし、この仲裁は中国領域内で行うとされており、日本側にとって不利な内容であった。

　第三に貿易品目の種別の問題である。中国側は輸出入品目を甲・乙・丙の三種類に分類し、同類物資を交換するバーター方式を求めた。しかし、甲類に分類される鋼材類は、共産圏への戦略物資輸出を禁止する規制のために日本から輸出できない状態であった。そのため、日本側も甲類に分類された中国産の鉄鉱石、石炭、大豆などを輸入できなかった。

　これらの事情から日中貿易の輸出入額は低迷した上に、日中間で貿易不均衡が発生していたのである[9]。

8　「日中貿易関係資料　一、第4次日中貿易協定の経緯」1968年2月、36頁。前掲「愛知大学国際問題研究所所蔵 LT・MT貿易関係資料」5巻。

9　谷敷寛『日中貿易案内』（日本経済新聞社、1964年）12–22頁。

　前述したように、1955年3月29日、雷任民を団長とする中国通商使節団が来日すると、第三次協定の締結に向けた第一回日中貿易協商委員会が開始された。日本側の代表団は国貿促と日中貿易促進議員連盟（以下、日中議連）の代表によって構成された。ところが、当初短期間で妥結に至ると思われた協定交渉は難航した。最大の対立は、「政経分離」を志向する日本側と、政治問題と貿易問題を連関させようとする中国側とのスタンスの相違であった。

　日本側が求めたのはバーター取引のボトルネックとなっていた貿易品目の分類枠の撤廃であった。日本側代表団の一員である宇田耕一は「国際条約によって輸出することができないような制限を受けておる物資は、分類表から除きたい。そういうことによって政治問題と経済問題を分離して解決をして行く、として貿易をうまくとり運ぶようにしたい」と述べた。しかし、中国側はこうした考え方を「消極的」と批判し、現在の商品分類の比率に従って貿易を続けることが、双方が「特に努力してこの問題を解決する上にも非常にいい」として分類枠の撤廃を認めなかった[10]。対中貿易統制の枠内で貿易量を拡大させようとする日本側の思惑とは対照的に、中国側はアメリカの禁輸体制の打破という政治課題を目標にしていたのである。

　また交渉で大きな論点となったのは通商代表部の設置問題であった。北京と東京に常設の通商代表部を設置することについては、第二次協定締結の際の付属覚書で「双方は互いに貿易代表機関を置くことに同意する」とされていた。しかし、この時点では貿易代表機関が政府機関なのか民間によるものかは具体的に詰められていなかった。そのため、第三次協定交渉では貿易代表機関の性質が議論の俎上にのぼった。

　日本側代表団は、日中接近に対する米国の警戒心が強いことから、公式の通商代表部を設置することは難しいと考えていた。そのため、第二次協定交渉からこの問題に関わっていた池田正之輔は、中国側に「国際貿易促進協会の代表を日本側から派遣する」という民間代表の派遣を提案した。池田は政府機関の交換は「現在においては難しい」と述べ、民間代表を中国側が認めてくれれば、「こちらから派遣するものを、より強力なものにし、権限の強大なものにしそれに対して権限を与え、効果をおさめるように努力したい」

10　日中貿易協定協商委員会「第一分科会（総合小委員会）速記録（一）」1955年4月4日、日中経済貿易センター、大阪。

と主張した。池田はまず民間代表部を設置して、将来的に公的機関へと発展させていくことを示唆したのである[11]。

　これに対して、中国側は民間通商代表部の権限が不明確であるとして、(1) 代表の住宅、人身は不可侵であること、(2) 生命、財産の安全を保証すること、(3) 仕事上の便宜と自由を保証すること、(4) 暗号、通信の使用を保証すること、の諸点を日本政府が認めるよう要求した[12]。中国側は民間通商代表部に対して事実上の外交特権を付与することを求めたのである。結局、第三次協定交渉では代表部問題は、政府か民間かを明記せずに「互いに常駐の通商代表部をおくこと」とし「双方の通商代表部および部員は外交官待遇としての権利があたえられること」という文言を盛り込むこと（第10条）で合意が図られた。

　そのほか、第三次協定では、日本銀行と中国人民銀行との間での支払協定の締結（第5条）、双方の見本市の開催（第9条）、政府間協定を締結させるよう努力する（第11条）といった内容も規定され、これまでの民間協定と比較して大きな進歩が見られた。中国側が政府の関与を要求し、日本側が難色を示したことから交渉は一時停滞したが、最終的に鳩山首相が「支持と協力をあたえる」旨を示した書簡を貿易協定に付属し、民間貿易に対する政府関与の姿勢を明確にすることで中国側の合意を得た。これによって5月4日、第三次協定は調印されたのである。

3．日中輸出入組合の成立

　第三次協定の締結と相前後して、日中両国の民間交流は、急速に広がりはじめた。1955年5月、中国科学院長の郭沫若の招聘で日本学術会議中国視察団が訪中し、同年12月には郭沫若の訪日が実現した。この交流を契機に、各種学術団体による相互訪問が相次いだ。また電気通信や農業分野の技術交流も活発に行われた。一方、民間貿易協定に盛り込まれた商品見本市も実現

11　日中貿易協定協商委員会「第一分科会（総合小委員会）速記録（一）」1955年4月13日、日中経済貿易センター。

12　日中貿易協定協商委員会「第一分科会第六回（総合小委員会）議事録」1955年4月17日、日中経済貿易センター。

した。1955年10月に東京で開かれた中国商品展覧会は67万人が訪れ、同年12月の大阪開催では123万人が訪れる盛況ぶりであった[13]。

　日中民間貿易が活況を呈するなかで、「政経分離」の立場をとっていた日本政府もこれに対応するため動き始めていた。通産省は民間諸団体が進めていた日中貿易の窓口一本化を図るために、日中貿易を対象とした輸出入組合を設立しようとしていた。

　輸出入組合設立に向けた動きは第三次協定交渉前から検討されていた。1955年2月に平井富三郎通産事務次官は、日本商工会議所に対して、来るべき中国通商使節団との交渉に際して、輸出入取引法が改正されて輸出入組合が正式に発足するまでの暫定措置として、日本貿易会と国貿促による「中立的な貿易組織」を設立することを求めた。しかし、同案は国貿促の支持を得られなかった。村田会長は「中共と交渉するためにはある種の統一された貿易組織が望ましい」としながらも、通産省が提案する組織設立には賛成できないと主張した[14]。国貿促では、日中貿易促進会を率いる鈴木一雄のような日中友好運動と貿易を一体と捉えるメンバーの影響力も強かった。そのため、彼らは日本貿易会の主導で国貿促の「中立化」を図ろうとする動きに強く抵抗していたのである。

　それでも、1955年9月に輸出入取引法が改正されると、通産省は同法に基づく日中輸出入組合の設立に動き始めた。10月20日、通産省の根回しで設立打ち合わせ会が開催された。創立事務所が銀座の日本貿易会内に置かれたことが示すように、同組織は日本貿易会を中心に、国貿促から村田会長、山本熊一事務局長、日中貿易促進会から鈴木一雄が加わった。同組合の設立をめぐっては日中貿易の関連業界内でも様々な議論があったが、紆余曲折を経て12月15日に正式に発足した。初代理事長には、村田と東京高商の同期であり、前日本貿易会会長であった南郷三郎が就任し、副理事長には似田博、川瀬一貫、そして常務理事には鈴木一雄も名を連ねた[15]。

13　日本中国友好協会（正統）中央本部編『日中友好運動史』（青年出版社、1975年）75–78頁、88–89頁。

14　Memorandum of Conversation between Seitaro OKAMATSU and Frank Waring, undated, RG59, 493.94, box 2058, National Archives II, MA, USA.

15　日中輸出入組合『日中輸出入組合の設立から解散までの13年』（日中輸出入組合、1968年）4–6頁。

先行研究では、日中輸出入組合の設立は、通産省の企図した「窓口一本化」に寄与せず、むしろ「窓口が増えて混乱を増幅するものだった」[16]と消極的な評価である。確かに通産省は当初、日中輸出入組合を来るべき第四次協定交渉の日本側代表にしようと考えていた。そのため、国貿促は「協定交渉から手を引くことは中共政府との国際信義にもとるとして強い反対」を示した。発足当初から日中輸出入組合は国貿促との主導権争いに巻き込まれたのである[17]。

　とはいえ、同組織の発足によって、具体的な貿易計画（トレードプラン）の策定が可能になった点は軽視すべきではなかろう。それまでの日中貿易は各業界による無秩序な取引が横行しており、結果的に契約と実績に大きな乖離が出ていた。日中輸出入組合はこうした状況を整理すべく輸出入調整委員会を設けて、主要物資の調整準備と輸出入計画の立案作成を行った。具体的には組合が通産省通商局や商社の意見を集約してトレードプランを策定し、これに国貿促がメーカー及びメーカー団体の要望を反映させる形で作業が進められた[18]。

　さらに日中輸出入組合は、トレードプランの策定と並行して、貿易拡大に向けた方式の変更も提案している。(1) 個別バーターを廃止して総合バーター制度を採用する。(2) 乙丙類の分類を廃止して乙類に一本化する。(3) 総合バーター方式を採る部分については、双方が輸出入遂行の保証を行う。(4) 支払方式を英ポンド片道決済に改め、決済条件に関して政府は外国為替銀行に対して責任を負う。(5) 輸出入の均衡を図るため「特別の機関」を設ける[19]。

　しかしながら、厳格な対中禁輸措置が続くなかで、支払方式や取引方式に対する日本政府の具体的な裏付けが存在しない段階では、いきおい、こうした検討作業も机上の空論にならざるを得なかった。

16　波多野・清水前掲書105頁。

17　『讀賣新聞』1956年1月18日。

18　日中輸出入組合前掲書6頁、前掲「日中貿易関係資料　一、第4次日中貿易協定の経緯」2-3頁。

19　日中輸出入組合「議連、貿促、組合三者協議会に於て提案」（波多野勝、飯森明子、清水麗編集・解説『日中友好議員連盟関係資料　上村幸生文書——資料編Ⅰ』現代史料出版、2006年）581頁。

4．通商代表部設置をめぐる攻防

　第三次協定には通商代表部の設置や支払協定の締結といった政府の関与を必要とする「努力目標」が掲げられていた。第三次協定成立後、国貿促と日中議連は第三次協定の実施協議会を設立し、ココム制限解除（帆足計）、支払協定（加納久朗）、通商代表部設置（池田正之輔）、見本市開催（村田省蔵）の四委員会（それぞれカッコ内は小委員長）を設置した。しかし、日本政府の姿勢は固く、結果的に見本市の開催を除いてほとんど前進は見られないままであった[20]。

　1956年5月3日の第三次協定の期限満了が近づくなか、同年4月に国貿促、日中議連、日中輸出入組合による連絡協議会が設置された[21]。第三次協定の延長か新協定の締結かの議論を行うためである。その結果、4月24日、日本側が支払協定並びに通商代表部設置について「問題解決への前進を図るため努力する」ことを示し、中国側に第三次協定を更に1年延長することを求めた。これに対して、5月18日、中国側は「1ヶ年以内」の延長を受け入れると返信した。そして、同時に適当な時期に代表団を派遣して、通商代表部と支払協定の締結などの諸問題に関する意見交換を行うことを求めてきたのである[22]。

　第三次協定の延長を実現した国貿促や日中議連にとって早急に取り組まねばならない問題は、延長期間中に通商代表部の設置や支払協定といった「努力目標」をいかに実現するかであった。こうしたなか、政府側にも動きが見られた。5月22日、閣議で石橋湛山通産大臣が通商代表部の相互設置に言及し、「通商代表部としての外交特権は認められないとしても、一般旅行者と異なった待遇を与えることが貿易促進のために必要である」と述べたのである。中国側の求める外交特権の付与からは依然として隔たりがあったとはいえ、政府が公式に民間代表部の相互設置を認めた意義は大きかった[23]。問

20　前掲「日中貿易関係資料　一、第4次日中貿易協定の経緯」18–19頁。
21　『日中貿易議連週報』1956年4月10日号、波多野勝編『日中貿易促進議員連盟関係資料集』第2巻（龍渓書舎、1999年）。
22　「第三次日中貿易協定延長提案に関する往復書簡」日中国交回復促進議員連盟編『日中関係資料集（1945〜1971年）』（日中国交回復促進議員連盟、1971年）190–191頁。
23　前掲『日中貿易議連週報』1956年5月29日号。

題はこの日本政府の姿勢と外交官特権の付与を求める中国側の要求の差をどこまで埋められるかであった。

　ところが、その後、活動は一時停滞を余儀なくされる。7月8日に参議院選挙を控えていたこともあるが、最大の要因は国貿促と日中議連の主導権争いが激化したためである。第二次訪中実業団の派遣をめぐって、国貿促が独断で派遣折衝を進めたことから、日中議連の不満が高まり、議連から国貿促の協会人事機構の改革を求める事態にまで紛糾したのである[24]。

　こうした状況が打開されるのは9月5日に国貿促、日中議連、日中輸出入組合による三団体協議会が設置されてからである。10月6日から北京で開催される日本商品展覧会（見本市）に村田省蔵会長が展覧会総裁として出席予定であり、これに合わせて協力体制を構築する必要に迫られたためであった。三団体協議会の下に二つの小委員会が設けられ、通商代表部や支払協定などの問題を池田正之輔率いる第一委員会が担当し、トレードプランの策定を南郷三郎率いる第二委員会が担当する体制が構築された。これ以後、貿易交渉をめぐる各団体の意向は、原則的にこの三団体協議会に委ねられる形となった[25]。

　9月25日、村田が中国に向けて出発した。北京での日本商品展覧会は来場者数が123万人に及び[26]、開幕初日には異例ともいえる毛沢東国家主席が会場視察に訪れた。毛沢東は村田と歓談して、鳩山首相と天皇によろしく伝えてもらいたいと述べ、さらに日ソ国交回復交渉に赴いていた鳩山が、モスクワからの帰途に北京に立ち寄ることを望むと伝えたのである[27]。

　さらに10月2日、村田に続いて池田正之輔を代表とする日中議連代表団も北京に向けて出発した。出発前に池田は、中国側が本交渉に臨んでくるかもしれないことを理由に、交渉権限の白紙委任を三団体協議会に求めた。しかし、池田の独走を不安に思った協議会は、(1)正式交渉に入る際は必ず三団体に連絡して交渉団を編成して訪中させ、北京にいる池田と村田に合流させる。(2)交渉の細目は第四次協定交渉ではなく、第三次協定の改訂または

24　同上、1956年6月5日、12日、26日号。
25　同上、1956年9月11日、前掲「日中貿易関係資料　一、第4次日中貿易協定の経緯」6頁。
26　日本中国友好協会（正統）中央本部編前掲書88-89頁。
27　『朝日新聞』1956年10月7日。

実施細目に関する協議にしたほうがよいという2条件を示した。池田もこれを了承した[28]。

　北京での交渉において、日本側は貿易額の増大、甲・乙・丙の分類修正、直接決済の確立などを求めた。しかし、これに対して、中国側は通商代表部設置と政府間協定に向けた日本側の努力が欠けていると不満をあらわにした。それでも、中国側はさらなる譲歩を日本側に示している。10月16日に北京で調印された「日中貿易の一層の促進に関する共同コミュニケ」において、中国側は第三次協定を更に1957年5月4日まで延長することを認め、この延長期間中に「常設の民間通商代表部の相互設置を実現するよう努力する」とした。日本側の事情を勘案した中国側は、ついに「民間」の通商代表部を諒承したのである。また決済問題についても直接決済を可能とするように両国為替銀行間で協議する機会が持たれることになった[29]。

　1956年9月から1957年4月まで三団体協議会は5回の小委員会、9回の合同総会を開き、その度に関係官庁の出席を得て協議を行い、政府見解とのすり合わせを行った[30]。しかし、通商代表部問題で最後まで解決できなかったのは、入国中国人に対する指紋押捺問題であった。中国側は、前述した共同コミュニケ発表に際して、民間代表部であっても日本側の要求する入国者の指紋押捺は受け入れられないという姿勢をとっていた。しかし、日中議連の懸命な働きかけにも関わらず、法務省は現行法下では特別な取り扱いは不可能とする立場を崩さなかった。そのため、約束の民間通商代表部設置はついに実現せず、5月4日から日中民間貿易も無協定状態に入ったのである。

5．第四次日中民間協定交渉

　この間、鳩山政権は日ソ国交回復を花道に引退を表明し、熾烈な自民党総裁選の結果、1956年12月23日に石橋湛山政権が成立した。石橋は通産大臣時代から日中民間貿易の推進に積極的であった。また協定交渉に参加してきた宇田耕一が、経済企画庁長官兼科学技術庁長官として入閣したことも日中

28　前掲『日中貿易議連週報』1956年10月2日。
29　同上、1956年10月23日。
30　前掲「日中貿易関係資料　一、第4次日中貿易協定の経緯」5-6頁。

民間貿易の後押しになることが期待された。石橋政権発足直後の閣議で固められた中国政策の基本方針には、日中貿易の積極的拡大が謳われ、ココムの制限緩和、中国貿易関係団体の窓口一本化、「近い将来」の民間通商代表部の交換などが盛り込まれた[31]。

　しかし、石橋首相はまもなく病気のために退陣を余儀なくされる。一般的に1957年2月の岸信介政権の誕生は日中関係の転機のように捉えられがちであるが、二つの政権に大きな断絶があったようには思われない。米国の対中姿勢が強硬であるなかで、石橋といえども日中関係の前進には慎重にならざるを得なかったし、一方で岸もまた経済外交を推進する立場から、石橋政権の「政経分離」を踏襲しつつ日中貿易を拡大する考えであったためである[32]。

　この頃、米国の対中禁輸体制にも揺らぎが見え始めていた。4月24日、米国から対中禁輸の緩和が発表され、この中には甲類に指定されながらも輸出できなかった鋼板、鋼管、亜鉛鉄板などの各種鋼材が含まれていた[33]。さらに5月27日には英国がチンコム離脱を表明した[34]。欧州諸国による対中貿易拡大が予測されるなかで、関西財界を中心に政府に禁輸緩和を求める声が強まっていた[35]。日本国内でも神武景気が終焉し、なべ底不況に突入するなかで、岸政権が対中貿易を求める経済界の声を無視することは難しくなりつつあった。かくして、訪米から帰国した岸は、7月16日、対中国禁輸をソ連東欧圏と同水準にまで緩和することを閣議決定したのである[36]。

　一方、三団体による次期協定準備作業は、3月に村田省蔵の病死によって大黒柱を失いながらも着々と進められていた。こうしたなか、8月13日に中国側から「池田氏が三団体代表をもって構成された使節団と共に来られるならば歓迎する」という連絡が入り、協定準備も最終段階に入った[37]。

　この第四次協定に際して、日本側はいかなる交渉方針を立てていたのか。

31　石田博英『石橋政権・七十一日』（行政問題研究所、1985年）158–159頁。
32　岸信介『岸信介回顧録』（廣済堂出版、1983年）368頁、陳前掲書180–181頁。
33　『讀賣新聞』1957年4月24日。
34　加藤前掲書188–189頁。
35　「関西経済訪中親善使節団と中国国際貿易促進委員会との共同声明」1957年3月21日、日中国交回復促進議員連盟編前掲書195–196頁、川勝傳『友好一路』（毎日新聞社、1985年）59–62頁。
36　『朝日新聞』1957年7月16日。
37　前掲「日中貿易関係資料　一、第4次日中貿易協定の経緯」7頁。

結論からいえば、政府の具体的な支援が得られないなかで、貿易拡大に向けた措置は第三次協定からほとんど進歩が見られない状況であった。

第一にトレードプランについては、当初各メーカーやメーカー団体の意向を調整した結果、輸出期待額が1億ポンドを超えた。しかし、輸出量は輸入によって制約される上に、政府保証や長期安定契約のための支払協定締結の見通しが立っていなかった。そのため、実際の輸出可能なラインに近づけることが望ましいという観点から、最終的には過去の民間協定で示されてきた3千万ポンドから3千5百万ポンド程度が妥当とされた。

第二に商品分類については、対中禁輸緩和によって、同種物資交換原則の存在意義は失われたとして、改めて商品別分類の廃止を提案することになった。そして、中国側が変更に応じない場合は、取引円滑化を目的として従来の甲・乙・丙の三種類から二種類の構成に変更を求めることになった。

第三に貿易方式についても、日中輸出入組合は総合バーター方式の導入による貿易の総合調整を強く主張していた。だが、貿易均衡を図るためには最終的には強制力を持った政府の関与が不可欠である。政府の行政委任すら持たない日中輸出入組合が、各メーカーに規制を遵守させることは困難であった。そのため、日本側の現状において輸出入調整を総合的に行うことは困難であるとして、当面個別バーターで対応し、中国側の出方を見た上で検討することとされたのである[38]。

しかし、全体的に進捗に乏しいなかでも、日本側が中国との交渉を楽観的に見ていたのは、共同コミュニケで示された民間代表部の設置に見通しが立っていたためである。通商代表部問題は、これまで交渉を担当してきた池田正之輔に引き続き一任された。池田を中心とする日中議連の党内工作も功奏して、8月18日、川島正次郎自民党幹事長が「純粋に貿易に限定される」なら認めたいと発言した[39]。岸政権は貿易協定交渉団の出発に際して、対米関係を配慮し、「政経分離」の範囲内で貿易事務所問題を対処しようとした。藤山愛一郎外相から池田に提示された「常設民間貿易事務所」案には、(1)双方の事務所の名称は、それぞれ「中国進出口公司東京事務所」「日中輸出入組合北京事務所」とする、(2)駐在員は補助員を含めて5名、(3)外交官及

38　同上、8–14、60–61頁。
39　『朝日新聞』1957年8月30日。

び領事館の特権を付与しない、(4) 駐在員と家族の指紋押捺は免除、(5) 国旗及国章は掲揚しない、といった点が原則として盛り込まれたのである[40]。

　これによって政府の関与を認めない「民間」という制約付きながらも、日中輸出入組合の職員が北京に駐在員として赴任する可能性が初めて開かれた。日本側は中国側が、外交特権を持つ通商代表部から民間通商代表部へと譲歩した前例を踏まえて、第四次協定でもその線で調印可能であると楽観していたのである。

　ところが、中国側はそれまでの柔軟な対日姿勢を変化させつつあった。6月の岸首相による台湾訪問に反発した中国側は、いわゆる「岸批判」キャンペーンを開始した[41]。先行研究が示すように、中国側の「岸批判」は、中国国内の急進化の影響を受けたものであったが、同時に革新陣営を中心とする日本国内の親中勢力への動員を意図した戦略的なものであった。中国の対日政策の変化によって、日中関係における民間貿易の位置づけもまた大きく変わりつつあったのである[42]。

　池田を団長とする第四次交渉団は9月15日に出発し、21日から北京で協定交渉が開始された。中国側の政策変化もあって訪中団への接遇はこれまでになく冷たいものであったという[43]。24日に開始された交渉は、(イ)通商代表部、(ロ)支払問題、(ハ)商品分類問題の三小委員会に分かれて開始された。

　最も難航したのは、通商代表部をめぐる政治的待遇であった。代表部人員は日本側が5名を想定していたところ、中国側は30名以上の代表部員の派遣を要求した。日本側は、見本市、技術交流、工業所有権といった貿易に関する個別交渉の準備をしていたが、中国側は、代表団問題の解決を優先するとして一切応じなかった。中国側は第三次協定の日本政府による「指示と協力」が具体的成果につながらなかった点を問題として、「協定実行に関する何らかの保証」を日本政府に求めることを要求したのである[44]。

40　「常設民間貿易事務所について」1957年9月12日、外務省記録「本邦対中共貿易関係 第4次日中貿易協定」（E'–0212）、外務省外交史料館、東京。

41　『朝日新聞』1957年7月26日。

42　杉浦康之「中国の『日本中立化』政策と対日情勢認識——岸信介内閣の成立から「岸批判」展開まで」『法学政治学論究』70号（2006年）116–117頁。

43　池田正之輔『謎の国・中共大陸の実態』（時事通信社、1969年）341–345頁。

44　アジア局第二課「第四次日中貿易交渉に関する経緯の件」1957年10月22日、前掲「本邦対中共貿易関係 第4次日中貿易協定」。

　日中双方の意見対立もさることながら、超党派で構成された訪中団内部の対立も深刻になっていた。外務省アジア局第二課の文書は「自民党内部の意見対立、自民党と社会党との見解の相違」があり、「池田氏は本件解決を雷任民との団長間話合いにより政治的に妥結」することを目指したが、中共側に拒絶され、第四次協定は「締結不可能の状況」になったと伝えている。社会党の政策変化や、池田団長の求心力欠如もあって、訪中団は交渉力を失いつつあった[45]。

　結局、日本での臨時国会開会の時期が迫っていたことから、訪中団は交渉中断を余儀なくされる。中国側は支払と商品分類については譲歩を示したが、通商代表部の相互設置に加えて、相手国代表部に対する安全保障の付与と業務上の便宜供与についての政府の同意を最後まで要求した。そのため、池田らは中国政府の草案受諾を拒否して「休会」という形で帰国したのである[46]。

6. 日中鉄鋼協定と第四次協定の成立

　日中貿易交渉の中断後、日中貿易関係団体を中心に交渉再開を求める声は強まりつつあった。無協定状態の長期化によって日中貿易が停滞するなかで、フランス、西独、オランダといった西欧諸国による対中国輸出が拡大しつつあった。

　神武景気後の不況のなかで産業界も対中貿易に目を向け始めていた。とりわけ注目されたのは鉄鋼業界の動きである。八幡製鉄常務の稲山嘉寛は、以前から鈴木一雄を通じて周恩来から訪中を働きかけられていた。当初訪中に積極的ではなかった稲山であったが、国内不況の中で、鉄鋼輸出の伸長のために訪中を決意する。米国大使館を訪れて事前了解を取り付けた稲山は、八幡、富士、日本鋼管といった有力企業役員からなる訪中団を組織し、1958年2月12日、高碕達之助の紹介状を持参して中国へ出発した[47]。そして、同月26日、日本鉄鋼代表団と中国鉱産公司および中国五金進口公司との間で、

45　同上。
46　池田前掲書348–353頁、陳前掲書246–247頁。
47　稲山嘉寛『私の鉄鋼昭和史』(東洋経済新報社、1986年) 100–105頁、陳前掲書256–257頁。

5 カ年の長期バーター協定（長期求償貿易協定書）を締結したのである[48]。

日中鉄鋼協定は、1958年から1962年の 5 カ年間で両国の総輸出額は各々 1 億英ポンドとし、中国側による開灤炭や海南島の鉄鉱石などの鉱産物の輸出と見返りに、日本側が鋼板などの鋼材を輸出する内容であった。取引額は初年度1000万ポンドから始まり、その後徐々に増加し、最終年度には2700万ポンド、中国側から石炭210万トン、鉄鉱石230万トンが日本に輸出される大規模な内容であった[49]。この協定の内容は画期的であった。いわゆる甲類商品の中でも特に産業の基幹をなす鉄鋼原料が初めて日中貿易に組み込まれたこと、さらにこれまで塩、肥料などの契約が 1 年間であったことに比べて、初めて 5 年間という長期契約となり、中国の第 2 次 5 カ年計画と連動した貿易が可能になった点が挙げられる[50]。

日中鉄鋼協定の成立は日中貿易拡大の呼び水となり、第四次協定交渉再開への追い風となった。まず停滞していた代表部問題は、1957年12月に訪日した廖承志が池田と面談して、通商代表部の人数を「実際上は少数の人数を派遣」することが書面で約束された[51]。懸案の代表部人員の解決を受け、池田は政府との再調整を開始し、第四次協定に付属する「覚書案」を作成した。同「覚書案」は (1) 代表部員の安全確保、(2) 出入国・通関の便宜確保、(3) 暗号電報使用、(4) 国旗掲揚権、(5) 指紋免除、からなるものであった。「覚書案」の内容は、先の交渉で中国側との同意が成立していた点をまとめたものであった[52]。

しかし、政府側の反発は根強かった。 2 月13日、「覚書案」を提示された法務、大蔵、外務三省の事務当局は、同案に「裁判権免除規定」が含まれており、事実上の外交特権になると反発した。また国旗掲揚権も、「公的性格をもつものと解される」と懸念を示した[53]。 2 月20日に池田は自民党外交

---

48 『朝日新聞』1958年 2 月26日（夕刊）。

49 日本貿易振興会「1958年日中鉄鋼長期協定会談記録」104–109頁、「日中 LT・MT貿易関係資料」（整理番号233）愛知大学国際問題研究所、名古屋。

50 『朝日新聞』1958年 2 月27日。

51 「池田（正之輔）、勝間田及び廖承志三者会談の申合わせ（ホテルテートにおいて）」1957年12月26日、前掲「本邦対中共貿易関係 第 4 次日中貿易協定」。

52 「覚書（案）」［日付不明］、前掲「本邦対中共貿易関係 第 4 次日中貿易協定」。

53 「日中貿易協定（案）についての事務当局の見解」1958年 2 月14日、前掲「本邦対中共貿易関係 第 4 次日中貿易協定」。

調査会で覚書案を説明したが、ここでも反対論が強く合意が得られなかった[54]。結局、三木武夫政調会長が芦田均外交調査会長と会談して意見をとりまとめ[55]、代表部員の待遇と国旗掲揚権をめぐって、協定が中国承認の色彩を帯びないようにする「四原則」が提示された。池田は同原則に沿って中国側と交渉することを合意して漸く北京に出発したのである[56]。

訪中団は 2 月28日より北京で交渉を再開した。日本側は「四原則」に沿って国旗掲揚権を、「国旗を揚げることができる」とする字句修正を提案した。これに対して中国側は「覚書の本質を変えるものである」と修正を拒絶したため交渉は再び難航した。結局、 3 月 5 日に池田は中国側要求を受け入れることを決断する。代表団は、協定本文、覚書に加えて、さらに通商代表部の人員規模や、国旗掲揚権が国家承認と無関係であることを確認した「打合要旨」を付属文書とする条件で[57]、国旗掲揚権を含めて協定、覚書を受諾することを合意し、 3 月 5 日に第四次協定を調印したのである[58]。

第四次協定は第10条において、民間通商代表部について初めて詳細な規定が盛り込まれた。とりわけ、準外交官待遇ともいえる代表部員の安全保障の確保や暗号使用が認められた点はよく知られている。しかし、同時に重要であるのは、第四次協定に、従来から問題が指摘されていた商品検査における日中対等の立場が確保（第 7 条）され、仲裁規定についても第三次協定に続いて平等の立場（第 8 条）が明記された点である。さらに日中鉄鋼協定を念頭に「重要物資について保障つきの長期的供給関係をとり結ぶことに同意」する（第 9 条）ことも取り決められた。第四次協定は初めて長期的な日中貿易体制を整えた点で画期的であり、1950年代の日中民間貿易の到達点であった[59]。

---

54 芦田均（進藤榮一、下河辺元春編纂）『芦田均日記』7 巻（岩波書店、1986年）1958年 2 月20日の條。
55 『讀賣新聞』1958年 2 月22日。
56 『讀賣新聞』1958年 2 月22日（夕刊）、1958年 2 月23日。
57 「附属文書第二号・第四次日中貿易協定および覚書に関する打合せ要旨」日中国交回復促進議員連盟編前掲書207-208頁。
58 「第四次日中民間貿易協定交渉再開日誌（新聞報道による）」1958年 3 月 6 日、前掲「本邦対中共貿易関係 第 4 次日中貿易協定」。
59 経済局東西通商課「第一次〜第四次日中民間貿易協定内容比較一覧表」1959年 2 月、外務省記録「本邦対中共貿易関係 民間貿易協定関係」（E'-0212）、外務省外交史料館。

しかしながら、周知のようにこの第四次協定は実施されないまま終わった。先行研究が示すように、第四次協定に対する日本政府の態度が固まらないうちに、台湾の国民党政権が国旗掲揚問題で強く反発し日華紛争が勃発したためである[60]。日華紛争での岸政権の対応を不満とした中国側は対日姿勢をさらに硬化させた[61]。そして、1958年5月の長崎国旗事件の勃発によって日中民間関係は全面的に断絶するのである。

　結　論

　日中断絶から約4年半後に成立したLT貿易協定は、第四次協定と比較して以下の点で異なっている。第一にそれまでの日中民間協定は単年度更新であったのに比べて、LT貿易協定は1963年から67年までを第1次5ヵ年とする長期間協定となった。第二に単年度での個別バーターではなく、5年間を通じて輸出入の均衡を図る総合バーター方式が初めて採用された。これによって、日本側から鋼材、化学肥料、農薬、プラントを輸出し、中国側より石炭、鉄鉱石、大豆などを輸入する「長期総合バーター貿易」が初めて実現したのである。

　さらに1964年4月にはLT貿易協定を基礎に、日中双方が連絡事務所の相互設置について合意した。そして、同年9月に廖事務所東京連絡事務所、翌年1月には高碕事務所北京連絡事務所がそれぞれ設置される。ここに50年代以来の宿願であった北京の駐在員事務所設置もついに実現を見たのである。

　本稿で論じたように、1960年代に実現したこれらの制度は、1950年代の民間協定に起源を持っていた。個別バーターから総合バーターへの移行は第三次協定の頃から日中輸出入組合を中心に盛んに議論がなされており、5カ年の長期協定も日中鉄鋼協定という前例が存在した。そして、北京駐在員事

60　日華紛争については以下を参照、関係者へのインタビューを駆使した初期の研究として草野厚「第4次日中貿易協定と日華紛争」『国際政治』66号（1980年）、英米の外交文書を中心に叙述した陳前掲書269-308頁、日本の外交文書を基に分析した木村隆和「岸内閣の『中国敵視政策』の実像」『日本歴史』764号（2010年）、長谷川貴志「第四次日中民間貿易協定締結問題と日本外務省」『駒沢史学』83号（2014年）。

61　この時期の中国政府の対日情勢分析と政策については以下を参照、杉浦康之「中国の『日本中立化』政策と対日情勢認識——第四次日中民間貿易協定交渉過程と長崎国旗事件を中心に」『アジア研究』54巻4号（2008年）75-77頁。

務所についても、その業務内容については、第四次協定における民間代表部に関する取り決めを踏襲する形が採られた。1961年の輸銀法改正で初めて可能になった延べ払い制度を除けば、「長期、大規模、バーター」からなるLT 貿易の主要な構成要素は、1958年の時点で既に出そろっていたのである。

　一方、1950年代の民間貿易協定交渉で最後まで合意できなかったのは、民間協定に対する日本政府の実質的な関与であった。民間交流の拡大を日中国交正常化につなげようとする中国側に対して、日本政府はアメリカの反発を恐れて最後まで「政経分離」の建前を崩さなかった。1960年以降、通産省では「政経分離」の前提の下で、半官半民の日中輸出入組合を再編して、再び日中民間貿易の調整に当たらせようとした。LT 貿易の発案者である岡崎嘉平太も当初は新たな日中民間貿易が軌道に乗った後は、日中輸出入組合に業務を引き継ぐことを想定していた[62]。しかし、日中輸出入組合の再編構想は日中双方で支持する声は少なく、最終的に実現したのは「政府の保証」に代わって、松村謙三や高碕達之助ら有力者が「契約の保証人」となる枠組であった。中国側は池田政権の暗黙の支持を得ていた松村や高碕がLT 貿易の契約を保証することで、民間貿易協定に基づく貿易再開を認めたのである。LT 貿易は1950年代に形成された民間協定の枠組を土台に、政府に代わる「民間人」が協定を担保することによって成立したのである。

62　井上前掲書248頁。

IV

資 料 編

「令和」の国際問題

　第10代所長であった私は、86歳となり、歴代所長経験の生存者中の最長老となったようである。そして「令和」元年を迎えた。

　中国生まれで、中国関連の仕事をすることが長かった私は、結局、生涯、中国観察を続けている。

　改元で賑やかだった日本に対し、元号の本家本元の中国は、辛亥革命以来、百年余、元号と関係なく、西暦のみで、日本は元号保持の希有の国である。

　北京で机を並べ、共に働いた中国人の友人は、中国最高の大学卒業生であったが、「簡体文字」教育の下で一貫して、読み書きしてきていたので、日本人である私の方が、難しい漢字を、はるかに多く識っていることに、吾ながら驚いた経験がある。

　人民中国が成立した70年前、中国人の大半が文盲に近かった。それで簡体文字教育を、徹底させたのであろう。

　「令和」を迎えた今、過去30年間で、簡体文字下の中国のGDPは30倍となり、日本の2.5倍となった。軍事費は日本の4倍となった。そして中国は、「一帯一路」と称して、世界に展開している。

　私が愛知大学教授に就任した80年代、社会主義派と資本主義派の対立は深刻で、教授会ですら決裂して、流会することがあった。今、また、米中の対立が目立つが、親米と親中で世論が分裂していくようにも思えない。

　世界に珍しい元号歴と漢字の持つ奥深い蘊蓄を守る「令和」の日本で、「愛知大学国際問題研究所」の担う使命は、どのようなものだろうと思う昨今である。

国研所長10年の思い出

第12代所長　三好正弘

　国研所長に選出されたのは1997年4月のことで、2007年3月まで10年間その地位にあったので、若干思い出になる経験がある。

　まず、それまでのかなり多くの所員及び所長の志向が共産主義研究に重点を置くことにあったかと見られたところ、その種の蔵書は貧弱で、例えばオランダで刊行されていた東・中欧諸国の共産党体制に関する英文の研究叢書は入っておらず、また蔵書を利用した所員の共産主義研究論文が国研『紀要』に掲載されたのを私は見たことがなかった。これでは対外的に自慢のできる共産主義研究所とはいえないし、「国際問題」研究所である以上、研究活動範囲を広げることが必要であると考えて、少々方向転換を試みることにした。

　こうして1998年に国研設立50周年と世界人権宣言の同じ50周年を記念して「アジアの人権思想」というシンポジウム、2002年に大がかりな2日間の国際シンポジウム「21世紀における両岸（＝中台）関係と日本」を開催し（2004年に『中台関係の現実と展望：国際シンポジウム　21世紀における両岸関係と日本』として刊行）、2006年に論文集『21世紀の東アジアにおける国際関係』を刊行した。また、随時開催の公開講演会に知人の元大蔵省財務官、元外務省事務次官・駐米大使、元駐ジャマイカ大使などを招いたりもした。

　面白い経験だったのは、2006年に自衛隊愛知地方連絡部募集課長の一等陸佐の講演会で、これの開催予定を知った学内の何人かの教員が開催を妨害しようとした。連名の文書による反対声明に加えて、一教員が国研運営委員会の了解なしに、広報課長の新聞社等への広報依頼を一方的に止めたのである。民主的手続きを侵害するこの暴挙は許し難く、私は強い言葉でそれを非難するメールを送った。彼らは、違憲の存在とする自衛隊の隊員を学内に入れてはならぬとしたが、私の、自衛隊は違憲でなく隊員のリクルート活動の否認は反って法の下の平等に反するとの反論で、不思議なことに問題は収束してしまった。

最後に、国研を紹介する英文の冊子を同僚の英国人教員の助けを借りて作成したのも、記憶に残る作業だった。

国際問題研究所との関わりを振りかえって

第14代所長　川井伸一

　国際問題研究所は愛知大学創立2年後に設立された最初の研究所として長い歴史をもち、東亜同文書院との歴史的関連から特に中国や東アジア関連の書籍を数多く所蔵していること等から本学のシンボル的な研究所であった。初代から第4代までの歴代所長はいずれも学長が兼任していたことも本学における研究所の重要な位置を物語っている。その研究所が設立70周年を迎えたことは非常に喜ばしいことであり、多少とも研究所に関わってきた者として感慨深いものがある。

　私と研究所との関わりは1992年に遡る。その年に私は本学に奉職したばかりであったが、研究所所員となり、機関誌『国研紀要』の日中復交20周年記念特集号に拙論が掲載されたのである。以来、専門の関係から研究所の所蔵史資料を閲覧する機会は数多くあり、『国研紀要』に拙論が掲載されることも何度かあった。特に研究所との関係が深まったのは、1990年代半ば頃に研究所の運営委員に選ばれてからであり、野崎幸雄所長そして三好正弘所長のもとで一時の中断はあるものの10年近くにわたり運営委員を務めることになった。私は購入図書の選書、紀要の刊行などを担当した。特に印象深いのは国研叢書の刊行を担当したことであった。国研叢書は本格的な学術書シリーズで毎年刊行することになっており、所員の研究成果を発信するとともに研究所をアピールする格好な媒体でもあった。私も国研叢書第三期の一冊として自著を刊行できたことに感謝している。その後、大学の研究出版体制の見直しで国研叢書の刊行は取りやめになったが、2016年に復活されることになったのはなにによりである。

　2007年12月から2009年3月までは所長を務めた。在任中の2008年11月に研究所設立60周年記念のシンポジウム「アジア国家における統合と分断──60年の軌跡と展望」を企画、開催した。これは中国と台湾、南北朝鮮、アラブ世界の国家と民族の諸関係について戦後60年間の軌跡と課題を再検討するものであり、有意義なシンポであった。所長在任中は、蔵書スペース拡張、研究活動の活性化、研究領域の拡大などの諸課題に取り組んだが、必ずしも十分な成果を挙げることができなったと反省している。所長を退任してからすでに10年余りたつが、研究所が次の10年に向けてさらに発展することを心より願っている。

所長時代の思い出

第15代・第17代所長　馬場　毅

　私が所長を務めたのは2009年度、2011年度から2013年度までであった。その間、2012年3月に三好校舎から名古屋校舎に移転した。専任職員として藤原彰二さん、加藤智子さん、契約職員として飯田直美さん、田中知里さんに御世話になった。

　以下特に思い出に残ることを記したい。第1は、移転に関連することである。名古屋校舎に移転すると専用書庫がなくなり、図書を名古屋図書館と外部書庫に置くほかなく、その分別をしなければならなくなった。ところが図書を何冊所蔵しているか明確な数がわからず、最初は、3万冊と聞いていたのだが、その後、3階の部屋や教室棟西倉庫にも別置していることがわかり、総計5万冊になってしまった。結局、思案の上、名古屋図書館には2000年以後受け入れたものを置き、その他は外部書庫に置くことにした。

　第2に、図書受け入れや資料に関することでは、愛知県図書館が国連寄託図書館を辞退したことを受けて、2012年7月に県図書館から国連図書を受け入れた。また嶋倉民生元所長が寄付された LT・MT 貿易関係の資料が手

つかずになっていたのを、当時香川大学に奉職されていた井上正也先生が頻繁に来訪され、それを整理して目録を作成していただき、大変有り難かった。この資料についてはテレビ瀬戸内も取材にきて、2013年12月にBSジャパンでも放映された。その他、研究体制・政策検討プロジェクトの答申に基づき、質の確保と若手研究者の実績作りの場の提供という観点から、2012年の140号から『紀要』に査読制を導入した。

　第3にシンポジウムや講演会に関連して、二つあげたい。一つは、当時運営委員であった黄英哲先生の提案を受け、2012年6月に行った台湾の東呉大学との共催による「民主と両岸関係についての東アジアの観点」の国際シンポジウムであり、当日は学外からも多くの研究者が参加し盛況であった。最近は台湾の大学との共催の国際シンポジウムも頻繁に行われているが、当時は珍しく、それの先駆けとなったのではないかと思う。二つ目は東海日中関係学会と共催で2013年11月に行った丹羽宇一郎前中国大使による講演「日中関係の真実と日本経済の行方」である。当時、尖閣諸島中国漁船衝突事件があり、日本国内の嫌中論が高まり、一部に当時の丹羽大使の言動への反感もあり、講演会でも不測の事態が生じることが懸念された。そこで中村署にも警備をお願いし、緊張しながら当日を迎えた。講演には佐藤元彦学長を始め大学執行部、また中国の名古屋総領事も参加され、合計400名の聴衆が集まり、席は全部埋まり熱気にあふれ、講演会は無事に行われたのも忘れられない思い出である。

　最後に、2018年に70周年を迎えた国際問題研究所が今後ますます発展されることを祈念して擱筆したい。

愛知大学国際問題研究所 沿革

年	事　項
1946年 11月15日	旧大学令（勅令）により愛知大学を創立（旧制大学）。 もと東亜同文書院大学等のスタッフを中心にして、愛知県豊橋市に開学。
1948年 6月24日	愛知大学国際問題研究所を設立。 所長は愛知大学学長が兼任。初代委員長として小岩井淨教授が就任。
1949年	学制改革により新制大学設置（新制大学としての愛知大学の始まり）。 研究機関誌『国際政経事情』の創刊号を刊行。
1950年	名古屋分校開設。
1951年	名古屋分校等を基礎として、名古屋キャンパス開校。 『国研所報』創刊号の刊行。
1954年	『中華人民共和国の国家体制と基本動向―共同綱領の研究』国際問題研究所編、小岩井淨訳（勁草書房）の刊行。
1957年	『中華人民共和国憲法』（憲法正文シリーズ (4)、小岩井淨訳、有斐閣）の刊行。
1958年	研究機関誌の名称を『国際政経事情』から『国際問題研究所紀要』に変更。
1988年	新名古屋キャンパス開校に伴い、国際問題研究所を同キャンパスに移転（愛知県三好町）。
1989年	国研叢書刊行開始。
1990年	特別事業として『中国政経用語辞典』（大修館書店）を出版。
1998年	国際問題研究所設立50周年記念事業。 ・シンポジウム「世界人権宣言50周年シンポジウム：アジアにおける人権思想」（1998.11.6）開催。
2008年	国際問題研究所設立60周年記念事業。 ・シンポジウム「アジア国家の分断と統合60年の軌跡と展望」（2008.11.22）開催。
2012年	名古屋キャンパス全面移転に伴い、国際問題研究所も移転（名古屋市中村区）。
2018年	国際問題研究所設立70周年記念事業。 ・国際シンポジウム「グローバルな視野とローカルの思考―個性とのバランスを考える」（2018.7.14）開催。 ・『LT・MT貿易関係資料』嶋倉民生・井上正也編（ゆまに書房、2018.12）出版。

愛知大学国際問題研究所 歴代所長

代※	氏 名
初 代（1948.7—1950.5）	林　毅陸　（学長）
第 2 代（1950.6—1955.10）	本間喜一　　（学長）
第 3 代（1955.11—1958.3）	小岩井 淨（学長）
第 4 代（1959.4—1962.10）	本間喜一　　（学長）
第 5 代（1963.11—1967.5）	野間　清
第 6 代（1967.6—1975.2）	副島種典
第 7 代（1975.3—1983.3）	鈴木正四
第 8 代（1983.4—1987.3）	浅井　敦
第 9 代（1987.4—1989.3）	柳澤英二郎
第10代（1989.4—1993.3）	嶋倉民生
第11代（1993.4—1997.3）	野崎幸雄
第12代（1997.4—2007.3）	三好正弘
第13代（2007.4—2007.11）	佐藤元彦
第14代（2007.12—2009.3）	川井伸一
第15代（2009.4—2010.3）	馬場　毅
第16代（2010.4—2011.3）	鈴木規夫
第17代（2011.4—2014.3）	馬場　毅
第18代（2014.4—2019.3）	黄　英哲
第19代（2019.4—）	佐藤元彦

※代は任期ごとに加算するのが通例であるが、
　本研究所では再選の場合には加算していない。

シンポジウム・講演会開催案内

国際シンポジウム

民主と両岸関係についての東アジアの観点

6月16日(土) 受付開始10:00 開演10:30

開会挨拶 10:30～11:00
[司会] 馬場 毅(愛知大学国際問題研究所所長)
佐藤 元彦(愛知大学学長)　林 錦川(東呉大学副学長)

基調講演 11:00～11:50
[司会] 馬場 毅(愛知大学国際問題研究所所長)
趙 永茂(台湾大学政治学系教授兼社会科学院院長)
東アジア民主社会の再構築の方向
―「政商代議」体制から「社会代議」の結合へ

セクション1 13:00～14:30
東アジア民主化の経験の比較
[司会] 加納 寛(愛知大学国際コミュニケーション学部教授)
　　　 林 錦川(東呉大学副学長)
◆河辺 一郎(愛知大学現代中国学部教授)
　台湾民主化の対外的波紋―国連、アフリカ、日本
　[コメンテーター] 呉 志中(東呉大学政治学系副教授兼台湾フランス学会理事長)
◆黃 秀端(東呉大学政治学系教授兼主任)
　民主化と台湾国会政治
　[コメンテーター] 三好 章(愛知大学現代中国研究科長)
◆楊 鈞池(高雄大学政治法律学系教授兼主任)
　東アジア民主化の衝撃
　―「ワシントンコンセンサス」と「北京コンセンサス」の動揺
　[コメンテーター] 前田 直樹(広島大学大学院社会科学研究科助教)

―――― Coffee break 14:30～14:50 ――――

セクション2 14:50～16:50
東アジア地域の安全と地政学政治
[司会] 三好 章(愛知大学現代中国研究科長)
　　　 趙 永茂(台湾大学政治学系教授兼社会科学院院長)
◆趙 建民(政治大学国家発展研究所教授)
　両岸関係の変遷と東アジア地域の安全
　[コメンテーター] 松田 康博(東京大学大学院情報学環教授)
◆呉 志中(東呉大学政治学系副教授兼台湾フランス学会理事長)
　地政学理論から見る中国、日本、台湾の三角関係
　[コメンテーター] 浅野 豊美(中京大学国際教養学部教授)
◆加々美 光行(愛知大学現代中国学部教授)
　オバマの「戦略東移」と東アジア国際政治
　[コメンテーター] 楊 鈞池(高雄大学政治法律学系教授兼主任)
◆松本 はる香(アジア経済研究所副主任研究員)
　海峡両岸関係の進展と平和協定
　[コメンテーター] 謝 政諭(東呉大学政治学系教授)

6月17日(日) 受付開始9:30 開演10:00

セクション3 10:00～11:30
現代東アジア文化とアイデンティティー
[司会] 李 春利(愛知大学経済学部教授)
　　　 頼 錦雀(東呉大学日本語文学系教授兼外語学院院長)
◆加治 宏基(愛知大学現代中国学部非常勤講師)
　中国の世界遺産政策にみる政治的境界と文化的実体
　[コメンテーター] 干 亜(順天堂大学特任助教)
◆呉 介民(中央研究院社会学研究所副研究員)
　「九二年コンセンサス」―両岸政治修辞学の選挙への影響
　[コメンテーター] 小笠原 欣幸(東京外国語大学准教授)
◆張 家銘(東呉大学社会学系教授兼主任)
　社会資本と文化資本
　―中国における台湾、日本、韓国企業の駐在員
　[コメンテーター] 川井 伸一(愛知大学学長)

セクション4 12:30～13:30
東日本大震災におけるメディアの役割
―台湾と日本の事例
[司会] 朱 広興(東呉大学日本語文学系教授)
　　　 王 堯(蘇州大学文学院教授)
◆蔡 政諭(東呉大学政治学系助理教授)
　蔡 韻竹(東呉大学政治学系助理教授)
　日本の3・11東日本大地震での台湾メディアの役割と
　災害への関心
　[コメンテーター] 菊池 一隆(愛知学院大学文学部教授)
◆楊 靖(名古屋大学大学院国際言語文化研究科助教)
　3・11以降の日本メディアにおける
　「国際社会と震災支援」報道の分析
　―日中・日台・中台の相互関係という視点から
　[コメンテーター] 菊池 一隆(愛知学院大学文学部教授)

総合討論 13:30～14:50
[司会] 馬場 毅(愛知大学国際問題研究所所長)
　　　 黄 英哲(愛知大学現代中国学部教授)
[討論者] 趙建民・呉介民・王堯・松田康博・小笠原欣幸

閉会挨拶 14:50～15:00
馬場 毅　　謝 政諭

2012年6月16日(土)・17日(日)
愛知大学車道校舎コンベンションホール
地下鉄桜通線車道駅下車すぐ
使用言語=**日本語・中国語**(通訳あり)　　聴講無料 要申込み

● お問い合わせ　愛知大学国際問題研究所(担当:加藤、田中)
〒453-8777 名古屋市中村区平池町4-60-6　TEL: 052-564-6121　FAX: 052-564-6221
E-mail: kokken@ml.aichi-u.ac.jp　URL: http://www.aichi-u.ac.jp

共催:愛知大学国際問題研究所／台湾・東呉大学人文社会学院政治学系　　後援:中日新聞社／愛知大学同窓会／台湾民主基金会

2012年6月16日田・17日日
国際シンポジウム「民主と両岸関係についての東アジアの観点」開催案内

295

2014年6月21日㊏

公開講演会「中華民国史研究—現在と過去との対話」開催案内

2014年 12 月 13 日 ⊞

公開講演会「日中関係の現状と将来」開催案内

2015年4月11日土・12日日

国際シンポジウム「「戦後」の意味—アジアにおける1945年とその後」開催案内

2016年度 中国現代文学研究者懇話会
作家閻連科氏を迎えて

《セッション1》 司会：岩佐昌暲 [九州大学名誉教授]

挨拶：北岡正子 [関西大学名誉教授] ············· 14:00-14:05

濱田麻矢 [神戸大学] ············· 海外研修報告「妻を殴る男」 ············· 14:05-14:45

質疑応答 ············· 14:45-15:00

(講演) ············· 15:00-15:40

王堯 [蘇州大学] ············· 「閻連科是誰？」（閻連科とは誰か？）

《セッション2》 司会：谷川毅 [名古屋経済大学]

(講演) ············· 15:50-16:30

閻連科 [作家、中国人民大学] ············· 「卑微而不安的写作」（卑しさと不安の創作）

ディスカッション 閻連科×谷川毅 ············· 16:30-16:50

質疑応答 ············· 16:50-17:30

進行：安部悟／黄英哲 [愛知大学] 通訳：小笠原淳 [熊本学園大学] ／ 魏晨 [名古屋大学大学院文学研究科博士後期課程]

閻連科（えん れんか）作家、中国人民大学教授
1958年河南省洛陽市生まれ。河南大学在学時代から小説の発表を開始し、1998年魯迅文学賞を
はじめ、数々の文学賞を受賞。"荒誕現実主義大師"と評され、超現実主義的の作風で中国社会、人々
を描く。数々の発禁処分を受けながらも執筆を続け、2014年にはアジアで二人目となるフランツ・
カフカ賞を受賞。中国の作家として、莫言に続くノーベル文学賞候補と目されている。
（主な邦訳作品）
『人民に奉仕する』谷川毅訳、文芸春秋、2006年
『丁庄の夢─中国エイズ村奇談』谷川毅訳、河出書房新社、2007年
『愉楽』谷川毅訳、河出書房新社、2014年（2015年Twitter文学賞受賞）
『父を想う─ある中国作家の自省と回想』飯塚容訳、河出書房新社、2016年
【2016年9月15日駒沢大学にて、伊藤徳也撮影】

王堯（おう ぎょう）蘇州大学文学院教授、同学術委員会主任
1960年江蘇省東台市生まれ。文革文学をはじめとする中国現代
文学を研究。評論家・作家としても活動。中国国家教育部"長江
学者奨励計画"特聘教授、江蘇省作家協会副主席をつとめる。主な
著書に「莫言王堯対話録」「"文革"対"五四"及"現代文芸"」の叙述
与闡釈」「作為問題的八十年代」など。邦訳論文に「中国当代文学
史の"過渡的状態"」。

2016年11月5日土 14:00～17:30 (13:30開場)
愛知大学車道キャンパス 本館10階 K1001教室
(JR「名古屋」駅より地下鉄桜通線にて「車道」駅下車①出口より徒歩2分、「名古屋」駅より10分)

《参加費無料・要申込》 ●定員150名 ●使用言語：日本語・中国語（日本語通訳有）

お申し込み 愛知大学国際問題研究所 http://www.aichi-u.ac.jp/aiia/entry.html
●お名前・ご所属ほか必要事項を明記してお申し込み下さい（10月23日〆切）

お問合わせ 黄 英哲（愛知大学）E-mail: yingche@vega.aichi-u.ac.jp 協力：あるむ

2016年11月5日土

2016年度中国現代文学研究者懇話会「作家閻連科氏を迎えて」開催案内

2017年7月1日㊏　国際シンポジウム「In the Name of the Father
—映画・ドキュメンタリーで読む台湾民主化の歩み」開催案内

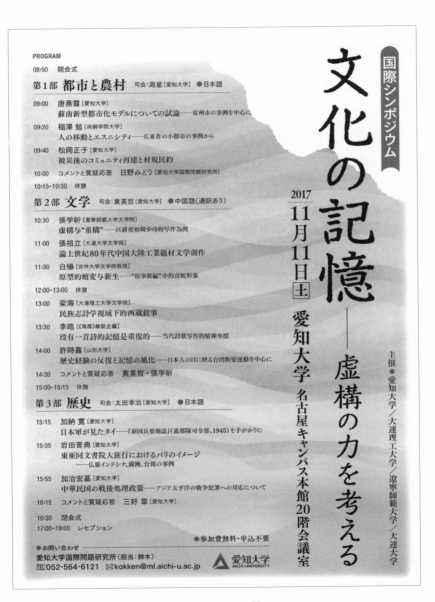

PROGRAM

08:50　開会式

第1部　都市と農村　　司会：周星［愛知大学］　●日本語

09:00　唐燕霞［愛知大学］
　　　　蘇南新型都市化モデルについての試論——常州市の事例を中心に

09:20　稲澤勉［尚絅学院大学］
　　　　人の移動とエスニシティ——広東省の小都市の事例から

09:40　松岡正子［愛知大学］
　　　　被災後のコミュニティ再建と村規民約

10:00　コメントと質疑応答　日野みどり［愛知大学国際問題研究所］

10:15-10:30　休憩

第2部　文学　　司会：黄英哲［愛知大学］　●中国語（通訳あり）

10:30　張学昕［遼寧師範大学文学院］
　　　　虚構与"重構"——以蘇童和韓少功的写作為例

11:00　張祖立［大連大学文学院］
　　　　論上世紀80年代中国大陸工業題材文学創作

11:30　白楊［吉林大学文学院教授］
　　　　原型的嬗変与新生——"故事新編"中的青蛇形象

12:00-13:00　休憩

13:00　梁海［大連理工大学文学院］
　　　　民族志詩学視域下的西藏叙事

13:30　李皓［《海燕》雑誌主編］
　　　　没有一首詩的記憶是重復的——当代詩歌写作的精神坐標

14:00　許時嘉［山形大学］
　　　　歴史経験の反復と記憶の風化——日本人の目に映る台湾断髪運動を中心に

14:30　コメントと質疑応答　黄英哲・張学昕

15:00-15:15　休憩

第3部　歴史　　司会：太田幸治［愛知大学］　●日本語

15:15　加納寛［愛知大学］
　　　　日本軍が見たタイ——「泰国兵要地誌」（義部隊司令部、1945）を手がかりに

15:35　岩田晋典［愛知大学］
　　　　東亜同文書院大旅行におけるパリのイメージ
　　　　——仏領インドシナ、満洲、台湾の事例

15:55　加治宏基［愛知大学］
　　　　中華民国の戦後処理政策——アジア太平洋の戦争犯罪への対応について

16:15　コメントと質疑応答　三好章［愛知大学］

16:30　閉会式
17:00-19:00　レセプション

●参加費無料・申込不要

●お問い合わせ
愛知大学国際問題研究所（担当：鈴木）
☎052-564-6121　✉kokken@ml.aichi-u.ac.jp　愛知大学 AICHI UNIVERSITY

国際シンポジウム

文化の記憶
——虚構の力を考える

2017
11月11日［土］

愛知大学　名古屋キャンパス本館20階会議室

主催●愛知大学／大連理工大学／遼寧師範大学／大連大学

2017年11月11日［土］
国際シンポジウム「文化の記憶—虚構の力を考える」開催案内

愛知大学国際問題研究所創立70周年記念 国際シンポジウム

グローバルな視野と
― 個性とのバランスを考える ―
ローカルの思考

P R O G R A M

〈開会〉………… 9:45

総合司会：松岡正子［愛知大学現代中国学部］

挨拶：川井伸一［愛知大学学長］

来賓祝辞：鄭毓瑜［台湾大学講座教授・行政院科技部人文及社会科学研究発展司司長］

歴代所長紹介（代表挨拶）：嶋倉民生［愛知大学名誉教授］

基調講演 10:00-11:45 〈休憩 11:45-13:00〉

華夷之變 ── 中国研究的新視界（華夷之変 ── 中国研究の新しいビジョン）

Sinophone/Xenophone: On the Changing Horizons of Chinese Studies

David Der-wei Wang（王徳威）［ハーバード大学東アジア言語文明学科・比較文学科 Edward C. Henderson 講座教授］

〈関連討論〉梅家玲［台湾大学］ 林晨［南開大学］

第1部◎歴史・文化 13:00-14:20 〈休憩 14:20-14:30〉

司会：馬場 毅［愛知大学名誉教授］

「土の近代」と「水の近代」── 中国近代化の歩みから考える

石井 剛［東京大学大学院総合文化研究科］

グローバル化の時代における翻訳不可能なものたち

橋本 悟［メリーランド大学東アジア言語文化学科・本研究所客員研究員］

〈コメンテーター〉松浦恆雄［大阪市立大学大学院文学研究科］ 裴亮［武漢大学］

第2部◎民族・経済 14:30-15:45 〈休憩 15:45-16:00〉

司会：太田幸治［愛知大学経営学部］

「民族文化」のジレンマ ── 現代中国におけるグローバル化と生活実践

河合洋尚［国立民族学博物館グローバル現象研究部・本研究所客員研究員］

グローバル化するマーケティング ── 伝統文化との衝突と融和

土屋仁志［愛知大学経営学部］

〈コメンテーター〉佐藤元彦［愛知大学経済学部］

総合討論 ………… 16:00-17:30

司会：加納 寛［愛知大学国際コミュニケーション学部］

石井 剛 橋本 悟 河合洋尚 土屋仁志 松浦恆雄 佐藤元彦 裴亮

〈閉会〉……… 17:30 挨拶：黄英哲［愛知大学国際問題研究所所長］

《参加無料・申込不要》

2018年7月14日㊏ 9:45～17:30（9:30開場）
愛知大学名古屋キャンパス 講義棟3階L305教室
（名古屋市中村区平池町4丁目60-6 名古屋駅より徒歩約10分／あおなみ線ささしまライブ駅下車）

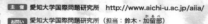

主催 愛知大学国際問題研究所 http://www.aichi-u.ac.jp/aiia/

お問い合わせ 愛知大学国際問題研究所（担当：鈴木・加留部）
Tel: 052-564-6121 e-mail: kokken@ml.aichi-u.ac.jp

2018年7月14日㊏ 愛知大学国際問題研究所設立70周年記念国際シンポジウム
「グローバルな視野とローカルの思考─個性とのバランスを考える」開催案内

国交未確立の時期に、経済面のみならず政治交渉のチャンネルとしても
日中国交正常化の原動力となった、LT・MT貿易の全貌を示す。

『LT・MT貿易関係資料』
出版記念会

特別講演「戦後日中関係研究の可能性」
講師：井上正也（成蹊大学法学部教授）

【プログラム】
開　　会 …………… 10:30（受付開始 10:10）	
学長あいさつ：川井伸一［愛知大学学長］	
来賓ご紹介：安田佳三氏［元日中経済協会理事長］	
十川美香氏［日中経済協会理事］	
嶋倉民生氏［愛知大学名誉教授］	
講　　演：井上正也［成蹊大学法学部教授］ …………… 11:30	
閉会あいさつ：黄 英哲［愛知大学国際問題研究所所長］ …………… 12:30	

愛知大学国際問題研究所所蔵
『LT・MT貿易関係資料』全8巻

第1巻　調印書・取り決め事項／会談議事録
第2巻　交渉資料1
第3巻　交渉資料2
第4巻　交渉資料3
第5巻　記者交換・貿易連絡員・トラブル関係資料
第6巻　日中総合貿易協議会／政治会談資料
第7巻　補助事業実績報告書
第8巻　日中貿易関係資料／解題

嶋倉民生・井上正也［編］　ゆまに書房
A5判上製カバー装　2018年12月全巻同時刊行予定

LT貿易とは、1962年11月9日に高碕達之助と廖承志の署名により成立した民間貿易である。LTの名称は廖・高碕の頭文字に基く。LT貿易の期間は5年と定められ、終了後の1968年からは、メモランダムから一字を取ったMT貿易と名称を変え、日中交正常化後の1973年まで継続された。LT・MT貿易は経済面に止まらず、国交未確立の状態において政治交渉のチャンネルとしても機能し、国交正常化への道筋を開いたことから、現在、その歴史的意義は高く評価されている。本資料集は、日中経済協会から寄贈を受けた愛知大学国際問題研究所が所蔵する「LT・MT貿易関係資料集」より、歴史的に重要な文書を精選のうえ、編集したものである。

井上正也◎Masaya Inoue
成蹊大学法学部教授。愛知大学国際問題研究所客員研究員。専門は日本政治外交史。1979年大阪生まれ。2009年神戸大学大学院法学研究科博士課程修了。博士（政治学）。同研究科専任講師、香川大学法学部准教授、成蹊大学法学部准教授を経て、2017年より成蹊大学法学部教授。主な著書に『日中国交正常化の政治史』（名古屋大学出版会、2010年）、『大平正芳秘書官日記』（共著、東京堂出版、2018年）がある。

2018年12月20日㊍ 10:30-12:30
愛知大学名古屋キャンパス 本館20階会議室
（名古屋市中村区平池町4丁目60-6 名古屋駅より徒歩約10分／あおなみ線ささしまライブ駅下車）

愛知大学　　主催 愛知大学国際問題研究所　　共催 愛知大学現代中国学会／愛知大学国際コミュニケーション学会
AICHI UNIVERSITY　　お問い合わせ 愛知大学国際問題研究所（担当：鈴木）Tel: 052-564-6121　E-mail: kokken@ml.aichi-u.ac.jp

2018年12月20日㊍

『LT・MT 貿易関係資料』出版記念会開催案内

中国の代表的作家・閻連科さん来日

現代中国の代表的な小説家で、ノーベル文学賞候補に名が挙がる閻連科さん（58）が今月、初めて中部地方を訪れた。発表した作品が中国政府から繰り返し発禁処分を受け、反体制的な作風でも知られる作家だ。5日に名古屋市東区の愛知大で講演し、集まったファンに実像を披露した。

（岡村淳司）

検閲慣れは洞察力失う

邦訳された閻連科さんの作品

タイトル	発表	邦訳出版	内容など
年月日	1997年	2016年	日照りの村に取り残された老人と犬が、1本のトウモロコシの苗を守る中編。魯迅文学賞受賞
愉楽	2003年	2014年	レーニンの遺体を購入し村おこしを図る障害者集落を描いた長編。ガルシア・マルケスの「百年の孤独」の中国版とも称される。反国家的と批判を浴びる
人民に奉仕する	2005年	2006年	軍幹部の若妻と下級兵による禁断の性愛を描いた。毛沢東や軍をおとしめる表現があるとして発禁処分
丁庄の夢ー中国エイズ村奇談	2006年	2007年	売血で村の住民がエイズに感染した農村を題材にした。当局の圧力で一時販売中止に
父を想うーある中国作家の自省と回想	2009年	2016年	家族や古里への深い思いをつづった随筆。「最も論争の多い作家の最も論争の少ない作品」と評される

閻さんは河南省の農村に生まれた。貧しい暮らしから抜け出そうと、二十歳で人民解放軍に入隊。文芸部門に配属され、作家として頭角を現した。二〇〇三年に発表した長編「愉楽」は、世界的に高く評価される。

今回の講演は、中国現代文学研究者懇話会の一環として企画。中国人民大で教授や学生ら百六十人が聴講した。閻さんは故郷の村民を怒らせたりしながら古里の研究活動を続けながらも、書かせる。

閻さんは続くアジアで二人目のフランツ・カフカ賞の二人目の受賞の挨拶で得なくなる心情を説明。中国の作家は当局の意向を受けしまうと憂慮も漏らした。また、「異小だからこそ作家は創作しようとする」

け入れ、無意識に自己規制しがちだと指摘し「作家が検閲に慣れると、人間や時代に対する洞察力が失われてしまう」と語った。

この日は、閻さんの良さを理解者である蘇州大の王尭教授や、作品の邦訳を手掛けた名古屋経済大の谷川毅教授も登場。反体制の側面がクローズアップされがちだが、家族や故郷への思いやりに満ちた温和な作家であることを強調した。

とも主張。「自分は決して勇気がある人間ではない」と告白しつつ、「作品の方向性を変えられないようにしたい」。また、「暗闇のホタルのように、少しの光を放つことができれば」と思いを語った。

講演で創作への思いを語る閻連科さん＝名古屋市東区の愛知大で

「発展の裏にいびつな現実」

閻連科さんは講演後、本紙のインタビューに応じた。主なやりとりは以下の通り。

―初めてこの地方を訪れた感想は。

「昨日夫（岐阜県）に行ってきて、非常に美しいおとぎ話のような、こんな場所で死ねたらいいな、という印象を持ってきた。友達に写真を送り、中国の詩人の陶淵明を思い出しました。友人との生活に淵源を見いだしました。こんな所で生活したいですが、私の一生においては難しいでしょう」

―今日の講演で、中国の体制の対立はさほどないような気付きました。一番大きな衝突の原因は、中国の現実が非常にいびつなので、非常に勢いよく発展していること。それを自分がしっかりと捉え切れないところもあると思います」

―困難にめげず作品を発表する意欲の源は。

「自分が病床に伏したとき、書くべき事は全て書いた、と言いたい。心残りをなくすことが非常に重要だと考えています。中国が経済発展し、現実や農村から詩情がだんだん失われていると感じる。作品には時はを残すように心掛けているのです」

―毎年ノーベル賞候補に挙げられる感想は。

「そのような事には、多くの人は、村上春樹も、僕も、今後自分がいいか良い作品を書くかということしか考えていません。賞について特に思うことはありません」

―中国人の「優質」（良質）を継承するか中国人の「優質」（良質）に思わないでください。中国人がたくさん来て物を買うという行為の裏に、和平の兆しが漏れるかもしれない。

両国の関係はすごく良くなることはないと思いますが、皆がはやし立てるように悪くなるとも思わない。怖い局面が訪れるとも思いますが、私は経済や文化の交流が政治の分裂を補うケースや、あるいはそれを是正する力を持っていると信じています。日本人はどう感じていると感じています。

―日本の読者にメッセージを。

「日本の読者が私の作品に大衆注目してくれていることを、まず感謝したいです。私は中国と日本の文学で、ひとつのアジアの文学をつくり上げられたらと思っています。日本のアジアの文学の力で和平を上げられたらという文学の力で和平を引き寄せたいと感じています。」

台湾の現在を考える

愛知大で日台国際シンポ

　日本と台湾の文化交流をめざす国際シンポジウムが1日、愛知大学名古屋キャンパスで開かれた。愛知大の国際問題研究所と現代中国学会が、台湾文化部と共催した。戒厳令解除から30年。台湾の現在を考える研究者らの発表や意見交換に、市民ら150人が耳を傾けた。

　タイトルは「父の名のもとに　映画・ドキュメンタリーで読む台湾民主化の歩み」。1987年の戒厳令解除まで約40年にわたって台湾を強権的に牽引した「父」（蔣政権）に抵抗し、「子供たち」（民衆）が進めた民主化運動を、映画を通して見つめてみようという趣旨だ。

　題材にした映画は、政治犯救援に尽力した医師夫婦の生涯を描いた「牽阮的手（チェン・ゴアン・チェ）ハンド・イン・ハンド」と、思想弾圧がいかに台湾の人々をばらばらにしたかを描いた「超級大国民」。いずれも戒厳令下では語ることができなかったものを存分に表現した話題作。どの講演も、運動がたどりついた現在の台湾人の生活と心の中に、抑圧的な政治がもたらした後遺症を読み取る刺激的な内容だった。

　愛知大学国際問題研究所と台湾文化部は、間口の広いテーマで様々な交流の場を設けてきた。2015年と翌年には、名古屋の書店などで聴講無料の台湾文化連続講座を開き、朱天心さんや蘇偉貞さんら台湾の著名作家が講師を務めた。今回も、行政院主任委員（大臣）と台北芸術大学長を歴任した邱坤良さん、「フェイクタイワン」が邦訳された張小虹・台湾大学教授らが来演した。

　一連の集いを企画してきた国際問題研究所長の黄英哲教授（台湾近現代史）は「台湾の歴史と現在の姿を少しでも多くの日本人に知ってもらいたい。重心の低い文化交流はそこから始まると思う」と話している。

（佐藤雄二）

2017年7月5日㊌　『朝日新聞』

後　記

　2018年に愛知大学国際問題研究所は設立70周年を迎え、２つの記念事業に取り組みました。一つは、70周年記念国際シンポジウム「グローバルな視野とローカルの思考—個性とのバランスを考える」の開催、もう一つは、『LT・MT貿易関係資料』（全8巻）の影印出版です。

　本論集は70周年記念国際シンポジウムにおける基調講演とパネルディスカッション、および『LT・MT貿易関係資料』出版記念会での講演をベースとしたものです。いずれも、川井伸一現学長をはじめとする大学執行部や、当時研究所の運営委員であった方々のご支持とご尽力の賜物であります。

　国際問題研究所は、愛知大学の歴史とほぼ重なっています。国際問題研究所がこれまで愛知大学の研究機関の一つとして役割を果たしてこられたのは、これまでの歴代所長の営々たる努力があればこそです。また、今回、設立70周年記念として記念論集を刊行することができたのは、国際シンポジウムや出版記念講演にご臨席くださった先生方、さらに玉稿をくださった先生方のお蔭です。

　私は1997年に愛知大学に赴任し、2014年4月から5年間、国際問題研究所の所長を務めました。任期の最終年度、70周年という節目の年に、所長として記念行事を執り行うことができましたことは、私にとって大変な栄誉でした。外国人留学生であった私を教員として受け入れ、さらに歴史ある研究所の所長に推挽くださった愛知大学および国際問題研究所の懐の大きさに深く感謝しています。

　末尾ながら、実務面で私を支えてくださった国際問題研究所事務方の鈴木真弓氏、加藤智子氏をはじめとするスタッフ、研究支援課長太田あおい氏にもお礼を申し上げたく思います。本当に人に恵まれた幸せな所長人生でした。皆さん、ありがとうございました。

　　2020年2月25日

黄　英哲

執筆者紹介

王　徳威 (David Der-wei Wang)
1954年台湾台北市生まれ。アメリカ・ウィスコンシン大学（マジソン）比較文学博士。ハーバード大学東アジア言語文明学科・比較文学科 Edward C. Henderson 講座教授。専門領域：21世紀華語語系文学、中国近現代文学、比較文学など。主要論著：『抑圧されたモダニティ─清末小説新論』（神谷まり子・上原かおり訳、東方書店、2016年）、『歴史與怪獸─歴史、暴力、叙事』（台北：麦田出版、2011年）、『史詩時代的抒情声音』（台北：麦田出版、2017年）、英文著書多数

梅家玲 (Mei Chia-ling)
1959年台湾台北市生まれ。台湾大学中国文学研究所博士。台湾大学中国文学系特聘教授兼学系主任、文学院台湾研究センター主任。専門領域：中国近現代文学、台湾文学、漢魏六朝文学。主要論著：『従少年中国到少年台湾─二十世紀中文小説的青春想像與国族論述』（台北：麦田出版、2012年）、『性別、還是家国？─五〇與八、九〇年代台湾小説論』（台北：麦田出版、2004年）、『世説新語的語言與叙事』（台北：里仁書局、2004年）、『漢魏六朝文学新論─擬代與贈答篇』（北京：北京大学、2004年）

石井　剛 (Ishii Tsuyoshi)
1968年生まれ。東京大学大学院総合文化研究科教授。東京大学大学院人文社会系研究科博士課程修了。博士（文学）。専門領域：中国哲学。主要論著：『ことばを紡ぐための哲学─東大駒場・現代思想講義』（共編著、白水社、2019年）、『斉物的哲学─章太炎与中国現代思想的東亜経験』（華東師範大学出版社、2016年）、『戴震と中国近代哲学─漢学から哲学へ』（知泉書館、2014年）

橋本　悟 (Hashimoto Satoru)
1980年東京都生まれ。ジョンズ・ホプキンス大学准教授。ハーヴァード大学博士課程修了。博士（東アジア言語・文明）。専門領域：東アジア（中・日・韓）文学・比較文学・美学・思想。主要論著：「漢字で書き、用いている『文学』」（山下範久編『教養としての世界史の学び方』東洋新報社、2019年）、「近代性と『情』の政治学─李光洙『無情』における弔喪の時間性」（『東洋文化研究所紀要』第170冊、2016年）、「世界文学と東アジア─夏目漱石・魯迅・李光洙と『新たな根源』」（『文学』17巻5号、2016年）

林　晨 (Lin Chen)
1977年上海生まれ。中国南開大学文学院中国語言文学系副教授。南開大学文学院博士。専門領域：中国清末及び現代文学、中国現代思想文化史。主要論著：『文学行旅与晩清"庚子之乱"書写』（黒龍江人民出版社、2010年）、「転型時代的範文─李存葆〈高山下的花環〉新論」（『文芸争鳴』2015年第8期）、「晩清"文""史"参照下重解〈檀香刑〉」（『文芸争鳴』2016年第10期）、『人大複印資料 中国現当代文学研究』2017年第3期、全文複写転載）

佐藤元彦 (Sato Motohiko)
1958年青森県生まれ。愛知大学国際問題研究所所長、愛知大学経済学部教授。広島大学大学院博士課程単位取得退学。専門領域：国際開発論。主要論著：『脱貧困のための国際開発論』（築地書館、2002年）、『貧困緩和・解消の国際政治経済学』（編著、築地書館、2005年）、『人間の安全保障』（共著、ミネルヴァ書房、2009年）

太田幸治 (Ota Koji)
1974年静岡県生まれ。愛知大学経営学部教授。明治学院大学大学院経済学研究科経営学専攻博士後期課程単位取得満期退学。専門領域：流通論、マーケティング（とりわけ製品戦略論）。主要論著：「コンセプト策定に関する一考察」（『愛知経営論集』第172号、愛知大学経営学会、2015年）、「サービス・コンセプトとサービスの構成要素の関連性についての一考察」（『経営総合科学』第101号、愛知大学経営総合科学研究所、2014年）、『サービスの新規顧客獲得研究に向けて─サービス概念およびサービスの広告方法の研究のレビュー』（愛知大学経営総合科学研究所叢書39、2012年）

土屋仁志 (Tsuchiya Hitoshi)
大阪府生まれ。愛知大学経営学部准教授。関西大学大学院商学研究科後期課程終了。博士（商学）。専門領域：国際流通論。主要論著：「大手小売業の新展開」（『グローバルマーケティングの新展開』大石芳裕・山口夕妃子編著、白桃書房、2013年）、「近代日本鉄道企業的多元化経営与都市商圏的形成」（『国際城市規劃』中華人民共和国住房和城郷建設部、2014年）、「台湾の流通と日系百貨店」（『日系小売企業のアジア展開』柳純・鳥羽達郎編著、中央経済社、2017年）

河合洋尚 (Kawai Hironao)
1977年神奈川県生まれ。国立民族学博物館グローバル現象研究部・総合研究大学院大学文化科学研究科准教授。東京都立大学社会科学研究科博士課程修了。博士（社会人類学）。専門領域：社会人類学、漢族研究。主要論著：『景観人類学の課題—中国広州における都市環境の表象と再生』（風響社、2013年）、『客家—歴史・文化・イメージ』（共著、現代書館、2019年）、『〈客家空間〉の生産—梅県における「原郷」創出の民族誌』（風響社、2020年）

加納 寛 (Kano Hiroshi)
1970年愛知県生まれ。愛知大学国際コミュニケーション学部教授。名古屋大学大学院文学研究科博士後期課程修了。博士（歴史学）。専門領域：東南アジア史。主要論著：「書院生、東南アジアを行く!! —東亜同文書院生の見た在留日本人」（『書院生、アジアを行く—東亜同文書院生が見た20世紀前半のアジア』加納寛編、あるむ、2017年）、「タイ近代服飾史にみるジェンダー」（『歴史のなかの異性装』服部早苗・新實五穂編、勉誠出版、2017年）、「日本の宣伝活動への対応にみるタイ政府の自主・従属・抵抗」（『対日協力政権とその周辺—自主・協力・抵抗』愛知大学国際問題研究所編、2017年）

松岡正子 (Matsuoka Masako)
1953年長崎県生まれ。愛知大学現代中国学部教授。早稲田大学大学院博士後期課程単位取得退学。博士（文学）。専門領域：中国文化人類学。主要論著：『中国青藏高原東部の少数民族 チャン族と四川チベット族』（ゆまに書房、2000年）、『四川のチャン族—汶川大地震をのりこえて〔1950–2009〕』（共著、風響社、2010年）、『青藏高原東部のチャン族とチベット族—2008汶川地震後の再建と開発』論文篇・写真篇（あるむ、2017年）

塩山正純 (Shioyama Masazumi)
1972年和歌山県生まれ。愛知大学国際コミュニケーション学部教授。関西大学大学院文学研究科博士後期課程修了。博士（文学）。専門領域：中国語学。主要論著：『初期中国語訳聖書の系譜に関する研究』（白帝社、2013年）、「『大旅行誌』の思い出に記された香港—大正期の記述を中心に」（『書院生、アジアを行く—東亜同文書院生が見た20世紀前半のアジア』加納寛編、あるむ、2017年）、「『大旅行誌』にみる書院生の「ことば」へのまなざし—大正期以前の記述より」（『歴史と記憶—文学と記録の起点を考える』松岡正子・黄英哲他編、あるむ、2017年）

裴 亮 (Pei Liang)
1982年湖北省宜昌生まれ。武漢大学文学院副教授。九州大学大学院比較社会文化学府博士後期課程修了。博士（比較社会文化）。専門領域：中国現代文学、日中比較文学、日本中国学。主要論著：『中国"嶺南"現代文学の新地平—文学研究会広州分会及び留学生草野心平を中心に』（花書院、2014年）、「文学団体の創出と嶺南現代文学の成立—文学研究会広州分会の位相」（『日本中国学会報』第64集、2012年）、「詩人草野心平の誕生と中国—文学研究会広州分会との関わりをめぐって」（『野草』第90号、2012年）

井上正也 (Inoue Masaya)
1979年大阪府生まれ。成蹊大学法学部教授。神戸大学大学院法学研究科博士後期課程修了。博士（政治学）。専門領域：日本政治外交史。主要論著：『日中国交正常化の政治史』（名古屋大学出版会、2010年、サントリー学芸賞・吉田茂賞受賞）、『戦後日本のアジア外交』（宮城大蔵編、ミネルヴァ書房、2015年、国際開発研究大来賞受賞）、『愛知大学国際問題研究所

所蔵 LT・MT 貿易関係資料』全 8 巻（嶋倉民生・井上正也編、ゆまに書房、2018 年）

嶋倉民生（Shimakura Tamio）
1933 年中華民国関東州金州生まれ。愛知大学名誉教授。宇都宮大学農学部農業経済学科卒。専門領域：現代中国問題。主要論著：『人民公社制度の研究』（共編、アジア経済研究所、1980 年）、『北京日記』（日本経済新聞社、1972 年）、「中国観察点描備忘録―中国出生・往来84老」（『東亜』2018 年 3 月号、霞山会、2018 年）

三好正弘（Miyoshi Masahiro）
1937 年愛媛県生まれ。愛知大学名誉教授。ロンドン大学キングズ・コレッジ大学院 Ph.D コース修了。Ph.D（International Law）。専門領域：国際法。主要論著：*Considerations of Equity in the Settlement of Territorial and Boundary Disputes* (Dordrecht/Boston/London: Martinus Nijhoff Publishers, 1993); *The Joint Development of Offshore Oil and Gas in Relation to Maritime Boundary Delimitation* (*Maritime Briefing*, Vol. 2 No. 5: Durham, UK: International Boundaries Research Unit, 1999);『自叙傳―一国際法学徒の幸運な半生』（文芸社、2017 年）

川井伸一（Kawai Shinichi）
1951 年東京都生まれ。愛知大学学長、同経営学部教授。東京大学大学院社会学研究科国際関係論専攻博士課程単位修了。専門領域：経営学、国際経営論、中国企業経営論。主要論著：『中国企業改革の研究―国家・企業・従業員の関係』（中央経済社、1996 年）、『中国上場企業―内部者支配のガバナンス』（創土社、2003 年）、『中国多国籍企業の海外経営―東アジアの製造業を中心に』（編者、日本評論社、2013 年）

馬場 毅（Baba Takeshi）
1944 年埼玉県生まれ。愛知大学名誉教授。東京教育大学大学院文学研究科東洋史学科博士課程退学（単位取得済み）。博士（文学）。専門領域：中国近代史。主要論著：『近代中国華北民衆と紅槍会』（汲古書院、2001 年）、『多角的視点から見た日中戦争―政治・経済・軍事・文化・民族の相克』（編著、集広舎、2015 年）、『近代日中関係史の中のアジア主義―東亜同文会・東亜同文書院を中心に』（編著、あるむ、2017 年）

黄 英哲（Ko Eitetsu）
1956 年台湾台北市生まれ。愛知大学現代中国学部教授。立命館大学大学院文学研究科博士後期課程修了、博士（文学）。関西大学論文博士（文化交渉学）。専門領域：台湾近現代史、台湾文学、中国現代文学。主要論著：『台湾文化再構築1945–1947の光と影―魯迅思想受容の行方』（創土社、1999 年）、『漂泊與越境―両岸文化人的移動』（台湾大学出版中心、2016 年）、「『敗北者になりたい』―二人の台湾詩人の『1949』」（『20世紀前半の台湾―植民地政策の動態と知識青年のまなざし』塩山正純編、あるむ、2019 年）

翻訳者紹介

濱田麻矢（Hamada Maya）
1969 年兵庫県生まれ。神戸大学大学院人文学研究科教授。京都大学大学院文学研究科博士課程中退。博士（文学）。専門領域：現代中国文学。主要論著：張愛玲『中国が愛を知ったころ』（翻訳、岩波書店、2017 年）、「新式教育、自由恋愛与少女叙事―20世紀中国語圏文学的少女形象」（『長江学術』63期、2019 年）、「女学生謝婉瑩から作家冰心女士へ」（『『春水』手稿と日中の文学交流―周作人、謝冰心、濱一衛』花書房、2019 年）

グローバルな視野とローカルの思考
——個性とのバランスを考える——

愛知大学国研叢書第 4 期第 4 冊

2020 年 3 月 25 日　第 1 刷発行

編者——愛知大学国際問題研究所
発行——株式会社あるむ
　　　　〒460-0012 名古屋市中区千代田 3-1-12
　　　　Tel. 052-332-0861　Fax. 052-332-0862
　　　　http://www.arm-p.co.jp　E-mail: arm@a.email.ne.jp
印刷——興和印刷　　製本——渋谷文泉閣

愛知大学国研叢書第4期　既刊

愛知大学国研叢書第4期第1冊
対日協力政権とその周辺──自主・協力・抵抗
愛知大学国際問題研究所 編

日中戦争時期を中心とした対日協力と抵抗の諸相を、一次史料の検討から再評価。植民地朝鮮、満洲国、臨時政府、冀東政府、北京、上海、維新政府、抗日の山東根拠地、植民地台湾、そしてタイ。従来の傀儡政権論にとどまることなく、20世紀のアジア太平洋史に新たな視角を提示する。編集代表：三好 章

三ツ井 崇／森 久男／小笠原 強／広中一成／関 智英／菊地俊介／三好 章／馬場 毅／黄 英哲／加納 寛

A5判　336頁　定価（本体3000円＋税）

愛知大学国研叢書第4期第2冊
歴史と記憶──文学と記録の起点を考える
松岡正子・黄英哲・梁海・張学昕 編

記憶は歴史と文化を再現することができるのだろうか。文学はどのように歴史と記憶を叙述するのだろうか。文学の叙述と歴史の叙述、そして記憶の叙述のあいだの連関と相違を、新たな視点からとらえなおす。

黄 英哲／蒋 済永／王 玉春／賈 浅浅／劉 博／梁 海／李 梓銘／翟 永明／陳 政／梁 海／白 楊／季 進／三好 章／嶋田 聡／松岡正子／石田卓生／塩山正純／岩田晋典

A5判　296頁　定価（本体3000円＋税）

愛知大学国研叢書第4期第3冊
20世紀前半の台湾──植民地政策の動態と知識青年のまなざし
塩山正純 編

20世紀前半における約50年間の台湾を、歴史学・文学・政治学など多角的なアプローチから見つめなおす。近代知識青年を代表する東亜同文書院生の台湾に関する記録から、台湾像と彼らが抱いたアジア観も掘り起こしている。

荒武達朗／土屋 洋／加治宏基／黄 英哲／岩田晋典／塩山正純／須川妙子／加納 寛

A5判　188頁　定価（本体3000円＋税）

あるむ　http://www.arm-p.co.jp